中国困局

中国经济安全透视

CHINA'S DILEMMA
Anatomy of China's Economic Security

江涌 著

经济科学出版社

策划编辑：谢　锐　程晓云
责任编辑：游　泳　程晓云
责任校对：杨晓莹
版式设计：代小卫
技术编辑：邱　天

图书在版编目（CIP）数据

中国困局：中国经济安全透视/江涌著.
—北京：经济科学出版社，2010.7
ISBN 978－7－5058－9646－8

Ⅰ.①中… Ⅱ.①江… Ⅲ.①经济－国家安全－研究－中国　Ⅳ.①F123

中国版本图书馆 CIP 数据核字（2010）第 130568 号

中　国　困　局
——中国经济安全透视
江　涌　著

经济科学出版社出版、发行　新华书店经销
社址：北京市海淀区阜成路甲 28 号　邮编：100142
总编部电话：88191217　发行部电话：88191540
网址：www.esp.com.cn
电子邮件：esp@esp.com.cn
北京欣舒印务有限公司印刷
德利装订厂装订
787×1092　16 开　18.25 印张　350000 字
2010 年 7 月第 1 版　2011 年 2 月第 2 次印刷
ISBN 978－7－5058－9646－8　定价：38.00 元
（图书出现印装问题，本社负责调换）
（版权所有　翻印必究）

自序

在人类社会发展史上，中国、印度、阿拉伯乃至印加等诸多文明都创造了辉煌成就，这些成就很多迄今仍然于人类文明星河发出灿烂光芒。近代以来，西方开启工业文明，用不断发展的科学技术将社会生产力持续推向前进，为人类社会作出巨大贡献。但是，与其他文明古国不同的是，西方主要国家为保持发展的先进与富足的生活，一刻都没有停止对后进国家的军事与文化侵略、经济与技术剥削、金融与规则欺诈，处心积虑防阻后进国家的超越尤其是新兴大国的崛起，如此令诸多后进国家陷入金融危机、经济迟滞和社会动荡的陷阱。只有全景透视中国经济安全的现状，才能直面中国目前所陷的困局。

一、长期以来，西方大国孜孜不倦于"篡改一部历史，编织一套学说，培养一批人才，炮制一组政策，营建一个体系"，最终打造出一个使自己保持先进、后进国家固守落后的陷阱。

踢开"致富的梯子" 西方主流学者将人类社会发展史庸俗为自然生物演化史，或将人类社会早期蒙昧史放大为整个人类史。长期以来，西方不断宣扬自己光彩照人的文明，而竭力隐藏自己的真实历史，例如国家公然充当海盗、贩卖毒品、大规模屠杀土著居民、发动一个又一个侵略战争、肆意侵犯他国知识产权、制造资产泡沫大耍金融骗局等等劣迹斑斑。一些西方大国甚至还不断在教科书中"创造"历史，编制一个个所谓"好政策"和"好制度"，然后以之当做"致富的梯子"兜售给发展中国家，这些诸如自由贸易、知识产权等"成功经验"，在发达国家的历史发展早期或没有很好地用过，或根本就没有用过。而真正的"致富的梯子"（如保护关税、限制海运、抛弃知识产权等）却被它们故意踢开。① 诸多发展中国家在按图索骥后陷入了政治混乱、社会混乱与经济混乱，甚至落下"失败国家"的恶名。

"狼吃羊"的自由经济神学 西方主流学者遵循"狼吃羊是合理的"的"丛林法则"，演绎出社会达尔文主义，编造了一套核心为"强者奴役弱者是合理的"自由经济学说。长期以来，自由经济学各类相关"经济原理"（如"人都是自私的"）的成立、经济模型（如国家发展应立足自身"比较优势"）的建立要仰赖一系列假设，数不清的假设成为自由主义经济学大厦的梁柱。但是，在实际运用中，自由主义经济学家总是抛弃约束条件，偷梁换柱，直接将假说当作定理乃至真理。自由主义经济学说的始基就是将人看成理性而自私的"经济人"，自由主义经济学所揭示的至多只是"真假"世界的一小部分，而世界的"善恶"与"美丑"自由主义经济学永远无法企及。人不仅是"经济人"，更是"社会人"、"道德人"、"政治人"。人的本质不是"理性"与"自私"，而是"群"与"社会关系"，因此需要一定的组织与协调治理，而且人类社会越发展，组织与协调治理越复杂，而不是放任自由。因此，由自由经济理论支撑的经济学是伪科学，是一种经济神学。

---

① 德国经济学家李斯特如此表述："这本来是一个极寻常的巧妙手法，一个人当他已攀上了高峰以后，就会把他逐步攀高时所使用的那个梯子一脚踢开，免得别人跟着上来"。"然后向别的国家苦口宣传自由贸易的好处，用着那种过来人后悔莫及的语气告诉它们，它过去走了许多弯路，犯了许多错误，到现在才终于发现了自由贸易这个真理"。见［德］弗里德里希·李斯特：《政治经济学的国民体系》，商务印书馆1997年版，第307页。

鼓吹与传播经济神学的"芝加哥男孩"①。西方国家设立各种基金或奖学金，来坐地吸引或主动物色后进国家的学子，在"诱之以利"基础上"晓之以理"，为后进国家培养及输送一批又一批信奉经济自由主义且经过精心包装成光芒四射的"人才"，这当中最著名的要数智利的"芝加哥男孩"。1973年，智利皮诺切特将军在发动政变后，启用了大约30个"芝加哥男孩"，以经济自由主义来治理国家，结果引致国家经济灾难，人均收入增长不断下降，直到20世纪80年代末才达到政变前的水平（1971年是5663美元，1987年是5590美元），在同时期拉美的国家治理上，只有另一个信奉经济自由主义国家——阿根廷比智利更加糟糕。而80年代后期的经济恢复增长还拜拉美"债务危机"发生后大规模实行国有化之赐。在商业上，有一种简单便捷的经营模式，叫做"代理"，经营者若能代理一个好品牌，很快就能财源滚滚，因此那些希望快速发家致富的人，往往会削尖脑袋为名牌产品做代理。一些西方大国通过设立形形色色的基金，如同在世界销售商品一般，积极在东道国培植或寻找代理人，以传播自由主义思想。如此，"鸡生蛋，蛋生鸡"，一批又一批的"芝加哥男孩"，在他们所"效忠"的国家，施展他们的"真才实学"，最后无一不是搞乱了思想，搞乱了经济，搞乱了社会。

致富的"金马甲"实质是发展的"紧箍咒" 经济自由主义大师米尔顿·弗里德曼以佛陀一般无限怜悯之心给发展中国家亲手设计了一个脱离苦海的秘方，号称致富的"金马甲"。经济自由主义的僧侣们把"金马甲"鼓吹为通向富裕的唯一道路，全世界有且只有这一条道路。"金马甲"的主要内容包括：减少政府开支，减少政府干预，实施"小政府"；削减公共支出，反对福利政策，实行低福利；实施私有化，发展私有经济，推动自由

---

① "芝加哥男孩"（Chicago Boys）是指一群曾经（1955~1963年）在芝加哥大学研习经济学而成为米尔顿·弗里德曼的追随者的智利学者，是忠实的自由市场理论的教条者，为在智利贯彻实施"休克疗法"，极力支持国家恐怖主义，皮诺切特政府经济顾问弗里德曼曾经强调，民主最有可能扼杀自由经济改革。

市场；政策目标放弃充分就业，寻求物价稳定；开放金融体系，实现货币自由兑换；实行自由贸易，开放外资进入，开放资本市场，退休金私有化。"金马甲"横空出世后，很快就成为经济自由主义的标准治国方略，成为国际货币基金组织、世界银行、美国财政部以及它们的代理人——发展中国家的自由经济精英所积极推动的经济政策。"金马甲"在不同时期、不同国家被裁剪包装为不同的外衣，令智利、俄罗斯以及一些转型经济体"先休克再治疗"的医治方法，其核心药方就是"金马甲"的制作工艺，这些天真的倒霉蛋，不久便成了可怜的试验品，最终非但没有致富，反而亏了做买卖的本钱。

拒绝与接受都一样失败的国际秩序。以美国为首的西方国家是当今以科技推动生产力发展的先行者，同时也是国际理论的制造者、思想的领导者、政策的鼓吹者，当然也是利益的最大获取者，是国际秩序的主导者。国际货币基金组织、世界银行与世界贸易组织（前身是关贸总协定）是布雷顿森林体系的成果，长期以来是以美国为首的西方国家对世界实施"经济专政"的工具，被一些国际学者冠名为"邪恶的三位一体"。其中，国际货币基金组织的工具角色更加突出，该组织原本的主要职责是监督国际收支逆差国及时调整政策，以实现收支平衡进而维护汇率的稳定。但是，当美国国际收支出现持续且严重失衡后，国际货币基金组织不仅对美联储大起大落操纵美元汇率视而不见，反而积极推行美国财政部抛出的"华盛顿共识"，引导甚至直接施压发展中国家实行经济私有化、市场化、自由化与国际化，为跨国资本特别是美国的金融资本扩张清除障碍。国际秩序是强者送给弱者的一种礼物，它以双重的约束出现在后者的面前：拒绝这种礼物是失败；接受这种礼物也是失败。弱者唯一可行的反应，是既不拒绝也不接受，或既是拒绝也是接受（国际著名政治学家沃勒斯坦语）。

当今世界是大多数发展中国家的，也是少数发达国家的，但是归根到底是发达国家的。西方大国作为国际政治经济秩序的主导者，出于国际竞争、遏制对手与促进本国利益最大化的需要，他们在近乎垄断国际语境的背景下，不断制造议题——维持与强化其强势国际话语权，例如政治民主、社会人权、经济自由、知识产权、新经济与金融创新等等，如今又有了气候变化及碳交易、可持续与均衡增长、网络连接自由等新议题。综览这些议题设计大致具有以下特征：针对不同的竞争对手，扬长避短设定议题，如社会主义与资本主义两大阵营对峙，为赢得第三世界，他们推出"经济发展"、"消除贫困"等以吸引发展中国家；苏联对手体制更加公平，于是西方就突出效率，民主政府议事效率低，于是就凸显市场效率；或立足自己的竞争优势，美国的经济实力、战略谋划比苏联强，于是提出耗资庞大的"星球大战"，搞无休止的军备竞赛，以图拖垮对手；后进大国经济增长强劲威慑自身地位，西方便抛出"气候变暖"、"拯救地球"议题，欲以碳减排从新兴大国釜底抽薪，……西方大国制导一个又一个议题，如此，数十年间，一直令后进国家气喘吁吁，随西方大国的笛声起舞。

愚以为，我中华崛起之长征大致历经三大阶段，即站起来做人，富起来成人，强起来当巨人，从救亡图存，到发家致富，再到拥有掷地有声的国际话语权。但是，中国崛起的征程，必须经过"西方丛林"，这里有蔚蓝天空，有灿烂阳光，有山涧清泉，有百鸟歌唱，但是跋涉者绝对不应有漫步的浪漫，而应时时处处警惕脚下的陷阱。

中国人享誉世界的不仅是勤劳，而且富有智慧。但是，近些年来，中国在与西方的博弈中屡屡陷入被动，不断遭遇贸易摩擦、投资壁垒、资源敲诈、金融开放、储备缩水等纷至沓来的困境乃至劫难，一个重要原因是我们在进行一场严重"不对称的博弈"或就是"经济战争"。以美国为首的西方国家，依照自己成功的相反经验编制了一本"成功手册"、一个"致富的梯子"，一条指引后进国家做大、做强的通衢，然后借由代理人——"芝加哥男孩"的引领，将老老实实的学生一步一个脚印地送进了陷阱。

正是在西方及其代理人"芝加哥男孩"的诱导下，我们认真学习了西方已是篡改的历史，如获至宝般地接受了他们的新自由主义理论，持续重用了他们为我们培养的自由主义人才，在各方面积极落实"华盛顿共识"等政策主张，欣然穿上了致富的"金马甲"，按西方特意制定与随意解释的规则与西方大国博弈。说白了，我们在很多领域、很多问题上一直随西方大国尤其是美国的笛声起舞。

心理上，我们一直在以美为师，中美博弈中曾经呈现一个很奇特的现象，就是中方"选手"纷争着要到美国那里认师归宗。中国的仁义礼信、尊师重教的传统价值，是很难让学生与老师一较高下。这种心理上的劣势，自然体现博弈的不对等，由此陷于被动当属必然。世纪金融大危机，美国政、商、学、媒各界曾经都承认美国（华尔街）自己就是纵火犯，为此信誓旦旦要洗心革面，重新做人。但是，有了中国学生积极主动分忧解难，奋力搭救，美国老师由此赢取了难得的喘息机会。而待老师身体痊愈后，不仅意兴阑珊于国际金融改革，反而以针对中国用意明显的"可持续与均衡增长框架"来取代国际金融改革。如此，令国际社会错失国际金融改革乃至国际经济秩序变迁的世纪良机。

技术上，我们多数是在客场作战，遵循的是对手制定的博弈规则，关键的是，我们很多指挥员与战士是对手精心培育出来的。中国的"芝加哥男孩"远较当初智利的"芝加哥男孩"人多势重，位高权重，声强语重。由此也使经济自由主义在中国生根、发芽、开花、结果。统计部门发表报告称，2009年中国70个大中城市房价上涨1.5%，严重偏离基本事实，偏离城市居民实际感受，一些中心城市房价无法估算，只能用飙升来形容。但是，相关统计专家辩称，统计手段科学合理，统计方法与国际接轨，

1.5%的统计结果如果有问题,那是实际出了问题,市民的感受出了问题。"均衡汇率"子虚乌有,但是中国自由主义经济学家硬是相信,理论上存在均衡汇率,所以人民币汇率改革就是要向均衡汇率不断迈进。然而,他们没有按模型推算美元的均衡汇率到底在哪里,这是善意忽视还是有意而为?布雷顿森林体系崩溃以来,美元贬值了97%,美国操纵汇率大起大落可达30%~40%波幅,是当今世界名副其实的最大最持久的汇率操纵国。美元汇率波动与走势很明显是取决于国内政治经济的需要,取决于相关利益集团实际利益的需要,为何中国人民币偏偏要取决于"均衡汇率"的需要?无他,中毒太深了!

战略上,我们的老祖宗几千年前就总结出"上兵伐谋",而如今作为孙武子孙的我们在国际博弈中多数时间给人的感觉根本就没有什么战略,得过且过。相信时间是最好的适配器,相信后人比今人更有智慧,美其名曰"以时间换空间"。"中东有石油,中国有稀土"——小平同志在视察南方时一语道出中国稀土大国的战略地位。可惜的是,中国虽贵为"稀土王国",但是在国际上几乎没有定价权和话语权。几十年来,在"有水快流"的思想指导下,稀土一直被当成萝卜白菜一样贱卖,稀罕的资源不断作土价出口。这显然很合乎自由主义的"比较优势"理论。以美国为首的西方国家长期以来不仅制造与主导议题,如此把握话语权、牵引国际方向,而且针对中国的快速崛起,近年来还越来越多地特地为中国量身定做多个议题,如"中国威胁论"、"人民币币值低估"、"大国责任"、"中国制造危机"以及"利益攸关方"与"G2"等等,世纪金融大危机一下子将中国推到国际舞台的中心地带,忽悠中国"业已成为世界经济的领袖",为华尔街贪婪埋单,为美国危机埋单。令人不解的是,美国奥巴马政府在债务累累、近乎濒临危机的情势下借钱推行医疗改革,让"最懒惰的人"(美国人自己说法)享受医保;而中国将大把钞票借给美国廉价乃至亏本使用,去冬今春西南持续干旱清晰暴露出，中国广大农村百姓（绝对是"最朴实的人"）连喝水的基本保障都没有。

我们对国际形势与国内局势认识不足，对国际博弈与国内矛盾应对迟缓，对"面子"与"里子"更是处理不当，时常为争得虚幻的"面子"，而牺牲大量实际利益的"里子"；我们明明有中西部内陆地区大范围的"穷得像非洲"的"里子"，而不断向世界展示北京、上海、深圳等沿海"富得像欧洲"的"面子"。由此，我们承受越来越多与我们实力、能力不相称的国际义务，把大量资源、精力耗费在彰显国际形象的"面子"上，而国内"里子"破败（社会矛盾凸显）在某种意义上更加严重。

一朵白云横谷口，几多归鸟尽迷巢。自由主义思想在中国持续泛滥，已经成灾，而且灾难在加速扩大。新自由主义泛滥的中国大学正层出不穷地培育的是社会主义的掘墓人而不是建设者，是国际秩序的接轨人而不是独立自主的执行者，是丛林资本主义的鼓吹者而不是理想共产主义的接班人。越是最好的大学越是起劲地打造成为美国大学预科，为美国资本主义建设源源不断地输送人才。

近代国际政治史是一部血与火的历史；近代世界经济史则是一部欺诈与盘剥的历史。中华民族在伟大复兴征程中，不仅关注天空，更应留意脚下。"关注天空"是认准发展方向，防范强权猎杀；"留意脚下"是注意脚踏实地，以免落入西方陷阱。可惜的是，我们已经在知识产权、外汇储备等多个领域落入西方陷阱；急迫的是，在气候变化、央行独立等多个领域处于陷阱边缘；无奈的是，眼睁睁地看着一个接一个前赴后继落入陷阱。

二

庭前偶有东风入，杨柳千条尽向西。在相关部门"不争论"的旗号下，新自由主义正不断取代中国化的马列主义（毛泽东思想与邓小平理论），而大有成为中国社会经济的主导思想之态势。试看今日之经济中国，几乎尽是新自由主义天下。

挖掉基础 苏联及中国的经济实践表明，国有企业能有效体现国家意志，履行为政府排忧解难，以及一般市场主体不能扮演的职能。过去，国有企业有强大生命力，为国家独立富强与改革开放奠定坚实基础，成为共和国无可争议的长子；今天，国有垄断资本是阻击国际垄断资本肆虐铁骑的最强大主力军，为国家经济安全立下卓著功勋。全球化的大势下，国有企业的确面临新的调适问题，但是新自由主义者以一个产权明晰理论即令国企纷纷倒闭，令千万为共和国建设作出巨大贡献的企业劳动者蜂拥下岗，实现厂长经理向企业家富豪蜕变，国有经济向权贵经济蜕变，通过深挖社会主义墙脚而完成资本主义原始积累。试想，没有国有企业之皮，社会主义之毛焉附？除非相关决策本身真的就是在"打左灯向右转"，真的不打算要"社会主义"。

生产资料的社会主义公有制是中国社会主义经济制度的基础。《中华人民共和国宪法》（2004年修正案）第七条明文规定"国有经济，即社会主义全民所有制经济，是国民经济中的主导力量。国家保障国有经济的巩固和发展。"但是，我们的一些决策与执行机构，在自由主义思想的侵蚀下，不仅不敢、不愿捍卫公有制与国有经济，而且还全力推进国有企业私有化，让国有企业为私营企业甚至是外资企业腾出阳光下的地盘。若为自由（主义）故，宪法可以抛？其实，所谓"国进民退"的原动力主要来自在华外资长期享受"超国民待遇"与跨国垄断资本在华扩张，外企为获取垄断利润而压迫国企，国企为确保市场地位便挤压民企。民营企业经营环境恶劣追本溯源是不当开放与过度开放的结果。

腐蚀邦本 中国几千年的经验与教训揭示，国以民为本，民以食为天；食以粮为主，粮以安为先。政府及社会必须以高度的责任感、坚定的意志与周全的政策来解决粮食安全问题。但是，新自由主义拼命鼓吹以自由市场来解决中国的粮食安全问题。美国福特基金在华直接收买中国研究机构和学者放话，大力抨击中国立足自给的粮食安全政策，要中国放弃耕地底线，到国际市场花钱买粮。然而，国际市场根本就不存在什么自由竞争的市场，粮食市场更是如此，近乎被四大粮商完全垄断。如若让中国粮食需求任由国际市场调节，岂不是任由四大粮商敲诈和盘剥？如此简单清晰道理，本不需要论证质疑，无奈，自由主义学者正在买办化，被人家收买，自然要替人家办事。

掏空核心　金融是现代经济的核心，是国家经济安全的核心。国际经济金融化发展与国内金融自由化改革，使国有资产与社会财富愈发具有流动性，这在某种程度上恰恰迎合了国际金融大鳄猎取中国财富的需要。国有企业产权私有化，其价值实现市场化（主要是股票市场），最后定然有与国际接轨即国际化，如此将中国的国有财产和社会财富，通过一系列金融手段，最终流转到国际大鳄的腰包。自新自由主义于国际扩张以来，金融自由化在一个又一个国家与地区酿成灾难，但是中国的相关部门认为，金融自由化理论没有问题，有问题的是相关国家的实践方法存在问题，执行力存在问题。因此，执迷推进金融自由化，股指期货、融资融券等一个个有利于大资本尤其是国际金融大鳄投机的举措纷纷出炉。

新自由主义肆虐，祸害无穷！

新自由主义是民族虚无主义。中国的"芝加哥男孩"及其追随者一直在持续不断、不遗余力地诋毁自己的民族英雄、民族领袖、民族文化、民族价值、民族认同，试图"清零"我们五千年的文明史，一个半世纪的革命史，新中国成立30年后的社会主义建设史。与此同时，极力颂扬他们心目中的西方英雄——亚当·斯密、哈耶克、弗里德曼与格林斯潘，宣扬西方文化与价值，试图为更多的中国人确立另类西方英雄崇拜，依照西方丛林法则改写中国历史。

新自由主义者是社会达尔文主义者。在经济改革与社会发展上，他们看不到草根、人民甚至共产党自身的力量，而将力量寄托在外部压力上，寄托在全球化上，寄托在跨国公司扩张和"与国际接轨"上，形成所谓"倒逼机制"。由此，积极引进"丛林法则"，引狼入室，侵蚀国有经济，蚕食民族资本，如此以所谓"狼来了"、"鲇鱼效应"来增加所谓的自由市场活力。

新自由主义者在哲学上一般都是不可知论者（如其先驱哈耶克），因此他们主张任由"看不见的手"进行调节，反对任何政府干预，让强者自由奴役弱者。一般的新自由主义者是实用机会主义者，关注自己的眼前利益，缺乏应有的原则立场，他们积极投靠大资本、买办资本、境外资本，蔑视弱小的民族资本，敌视能与国际垄断资本抗衡的国有资本。他们挟洋自重，"赤膊"上阵，即裸官、裸学、裸商，随时做好弃"暗"投"明"的准备。

极端新自由主义者还是自私自利主义者。没有恻隐之心，极少人文关怀。他们主张的自由是大资本控制中小资本的自由，富人剥削穷人的自由，强者奴役弱者的自由。新自由主义是精英主义、个人主义，本质是一种经济专制主义，强调"用脚投票"即"一元一票"，反对"以手投票"即"一人一票"，是地道的反民主的，尤其是反社会主义民主，即人民大多数当家做主。

新自由主义者迷信法律力量，忽视鄙视道德建设。迷信法治的结果必然是人间温情迅速退却，社会关系只有靠冰冷的条文维系，人与人、人与社会、人与自然愈发对立。依照新自由主义政策主张所实现的社会治理，是经济动物而不是社会人，是消费者而不是公民，是大型超市而不是社区，是无穷的利益冲突而不是持续的社会和谐。看看自由资本主义统治下的国度：实用主义盛行，理想主义匮乏；物欲横流，精神颓废；利益主宰，道德沦丧；……令人呼吸紧迫的是，我们的社会正加速向这个方向大步迈进。

正是新自由主义盛行愈发使更多的中国人不再有任何敬畏的力量，从官员到商人甚至是普通大众，都可以毫无顾忌于神龛前偷盗，于乞丐钵中取食。有先知教导：学者的墨水比烈士的鲜血更加神圣。但是，看看当今在自由主义浸泡下的中国学者与研究机构，急功近利，哗众取宠，顶级的国家科学机构以研制推广三聚氰胺来牟利，顶级的国家社会科学机构推出贻笑大方的中国军力报告。

国家博弈，利益至上。实力是剑，道义是枷。国际竞争是磨剑，国际迎合是戴枷。市场保护是磨剑，自由贸易是戴枷。弘扬自己价值是磨剑，接受普世主义是戴枷。新中国诞生后，中国实行"独立自主，自力更生"的对外政策，由此在国际舞台上很快实现了由"棋子"到"棋手"的转变。如今，中国"芝加哥男孩"欲以新自由主义取代中国化的马列主义，接受"华盛顿共识"，穿上致富的"金马甲"，实际就是主动弃剑戴枷。中国接受新自由主义思想、不断跟随西方议题，随西方笛声起舞，老老实实地做西方给我们界定的"负责任大国"，由此我们落入一个又一个陷阱，国际舞台上也逐渐由"棋手"向"棋子"蜕变，不仅是霸权国家的"棋子"，甚至还成为众多普通国家、乃至一些小国的"棋子"。

"和谐社会"是一个伟大的理想，但是必须认识到，有些利益矛盾（如国有经济与民营经济）是可以和谐，另有一些利益矛盾（如国家利益与买办利益）是不可以和谐的，不可以调和的。可以调和的部分可以通过"理论的批判"得以实现，不可以调和的就必须通过"武器的批判"。当共产党还是人民的政党、大多数的政党时，就必须用专政维护大多数人的利益。我们需要"理论的批判"，也非常欢迎"理论的批判"，但是必须牢记，"理论的批判"不能代替"武器的批判"，忘记这一点就会犯"右倾主义"错误，值得注意的是，中国共产党在国内革命战争时期曾经因"右倾主义"而险些亡党。今天，极右思想泛滥已经使党和国家在思想意识形态、社会经济工作领域面临苏联解体之前的危局，该到了"理论的批判"乃至"武器的批判"来矫枉纠偏的时候了。纠偏当然不是要回到过去极"左"时代，中国共产党的革命与建设实践表明，极"左"与极"右"同样危险。中国的伟大传统智慧告诉我们，"执两端而用其中"是实现经济稳定、社会和谐、国家长治、民族久安的不二选择。

江涌于紫竹院

2010年7月

目录 Contents

第一部分　001　西方文明的陷阱
The Trap of Western Civilization

导　读　002

陷阱之一　006　产权明晰：专为瓦解国企而设计？
　　　　　　007　一个似是而非的产权理论
　　　　　　010　国企改制，理论偏差，政策误导
　　　　　　013　巨大而沉痛的代价

陷阱之二　017　知识产权：中国一直被动挨打
　　　　　　018　富国的粮食与穷国的毒药
　　　　　　020　"成功经验"实际是"危险陷阱"
　　　　　　023　中国要直面知识产权大战

陷阱之三　027　标准化：扼住中国经济的喉咙
　　　　　　028　西方：一切向我看齐
　　　　　　030　扼住中国经济的喉咙
　　　　　　032　中国：我的市场我做主

陷阱之四　035　气候变化：悬挂中国头顶的又一柄利剑
　　　　　　036　黑客引爆"气候门"
　　　　　　038　气候变化触发"安全门"
　　　　　　040　或将掀翻中国经济快马
　　　　　　043　中国陷入两难境地

陷阱之五 046 碳交易：当心沦为西方"卖碳翁"
047 撩开"碳交易"的面纱
049 国际碳交易市场热络
052 国际角力日酣，中国何为？
054 "卖碳翁"的尴尬与风险
057 不仅关注天空，更应留意脚下

第二部分 061 美国制造的谎言
Uncle Sam's lies

导　读 062

谎言之一 066 美国制造：高—精—尖？
067 美国创新已走火入魔
069 为中国量身定制的"经济鸦片"
072 美国吆喝什么，中国就买什么

谎言之二 077 强势美元：早就成为皇帝的新衣
078 最大最久的货币操纵国
080 无可奈何花落去
082 大中华区与美元一同沉没？

谎言之三 085 黄金非货币化：忽悠了世界？忽悠了中国！
086 金光无比灿烂
088 美国扭曲市场"软禁"黄金
092 中国如何算账，拿真金换伪金

谎言之四 096 经济失衡：美国危机中国制造
097 中国高储蓄的"罪过"

099　美国搅浑一池春水
101　金融危机：美国自导自演
103　借来的繁荣，能撑到几时？

谎言之五　105　"中国威胁论"：到底威胁了谁？
106　中国长期"威胁"美国
109　政治需要"中国威胁"
113　"威胁论"背后的玄机

第三部分　117　**金融领域的罗网**
Snares in Financial World

导　读　118

罗网之一　122　**央行独立：成为美联储第13个区行**
123　谜一样的美联储，是一个古怪的东西
125　央行独立：自觉为美元霸权服务
127　央行独立：折断发展中国家起飞的翅膀
129　实践证伪央行独立性理论
131　利益集团积极推动人民银行独立
134　防止成为美联储第13个区行

罗网之二　137　**美元陷阱：中国为何越陷越深？**
138　执迷出口导向
139　美国压力与诱导
141　挥之不去的部门利益
142　蔑视经济规律，挑战经济常识

罗网之三	145	主权风险：迪拜债务危机的警示
	146	易被忽视的"主权风险"
	148	"主权风险"美国最重
	150	中国面临的"主权风险"

罗网之四	154	资产泡沫：非理性繁荣下的中国
	155	"非理性繁荣"与资产泡沫
	157	国际热钱汹涌澎湃
	159	中国率先复苏率先遭遇泡沫困扰

罗网之五	163	金融博弈：中国收益几何？
	164	代价巨大！
	167	收益不小？
	170	掌控金融主导权

第四部分　177　自由经济的骗局
Illusions of Free Economy

导　读　178

骗局之一	182	自由贸易：后进国家的依附陷阱
	183	崛起秘诀：保护而非自由
	186	比较优势＝固守落后
	189	致富的"金马甲"，固穷的"紧箍咒"
	192	落入自由陷阱——越发展越依赖

骗局之二	198	自由言论：评级机构自由代行美国霸权
	199	以"言论自由"庇护
	201	"自由言论"的标准

- 205 "自由言论"下的话语强权
- 207 自由地损害中国利益与主权

骗局之三 210 **自由经营：跨国公司自由收购主权国家**
- 211 揭穿"自由企业"的老底
- 214 政府变小，企业坐大
- 217 "自由企业神话"的破灭
- 220 公司帝国崛起
- 224 跨国公司驰骋中国
- 226 地方政府为谁服务、为谁忙？

骗局之四 229 **自由市场：跨国粮商自由图谋中国粮仓**
- 230 自由市场之殃
- 232 自由粮食市场子虚乌有
- 235 继大豆之殇，将有玉米、蔬菜……
- 239 转基因粮食商业化经济风险重重

骗局之五 242 **自由竞争：工业间谍自由搜窃商业机密**
- 243 国际商业情报战愈演愈烈
- 246 间谍手段无所不用其极
- 248 官民联手参与商战
- 250 黄色间谍：肆意诋毁中国
- 252 中国：国际工业间谍的乐园

255 站起来·富起来·强起来

268 后记

第一部分

The Trap of Western Civilization

西方文明的陷阱

- 产权明晰：专为瓦解国企而设计？
- 知识产权：中国一直被动挨打
- 标准化：扼住中国经济的喉咙
- 气候变化：悬挂中国头顶的又一柄利剑
- 碳交易：当心沦为西方"卖碳翁"

第一部分 西方文明的陷阱

导 读

罗网、圈套与陷阱，都是人类早期的捕猎手段。罗网是应对天上飞的与水里游的，圈套是捕获一般陆地动物，陷阱则是诱捕大型动物或猛兽，后者更需要精心设计。长期以来，西方一直奉达尔文进化论"适者生存"为圭臬，用"丛林法则"看待人类社会、度量国际关系，而自由资本主义的出现与演化，将"弱肉强食"推向了极致。

本杰明·富兰克林如此总结资本主义精神：第一，切记，时间就是金钱；第二，切记，信用就是金钱；第三，切记，金钱具有滋生繁衍性；第四，切记，善付钱者是别人钱袋的主人。诚信、守时和勤奋，都是一种美德，它们都很有用。因为，有用才是美德，如果它们没有用，这些美德纯粹就是一种浪费。如果表面的或者伪装的诚实能够有用，那么只要有这种表面的诚实就足够了，并不需要真正的诚实，过多的美德就是浪费。这是美国最杰出的人物之一，精英中的精英对资本主义所做的最精辟的总结，也是最露骨的表白。

去过俄罗斯的人士，影响最深的一幕，恐怕就是顶着大圆顶（或黑或金）的教堂随处可见。我曾经问过和我们同行的"俄罗斯通"，沙皇治下的俄罗斯人如此虔诚信奉耶稣基督与崇拜圣母玛利亚，修了这么多教堂，他们怎么对领土扩张、对战争、对杀戮那么有兴致？我们的"俄罗斯通"告诉我，这是西方文明的悖谬，与东方文明存在明显差异，他们修教堂，做礼拜，是为了心灵的安宁，安宁之后，继续扩张、战争、杀戮，杀戮回来，到教堂再寻求安宁，如此循环往复。东方的菩萨、寺庙让你永久地放下屠刀，西方的基督、教堂使你更好地拿起屠刀。

在西方先行一步实现富强之后，他们脱下了战装，换上了西服，衣冠楚楚，举手投足都是文质彬彬的君子。但是，养尊处优的生活，必须有稳定且持续增加的收入来源，但是环视全球，由于劳动力无法自由流动（这是西方富国不愿世界穷人触动他们奶酪的、分享他们富裕的最好见证），在西方国家的制造业纷纷向海外、发展中国家转移，导致本土产业空心化。实体经济（主体是制造业）是创造财富的真正源泉，西方国家在不断放弃这些财富源泉的同时，又以维持他们养尊处优的生活，这就需要精心设计，需要"金字塔式"的国际分工。

西方的精英们设计一整套制度、方法与规则（是谓秩序），在这个秩序下，发展中国家、后进国家将他们的创造财富像农奴供奉领主那样，供奉着这些西方国家，西方主导设计的秩序主要包括知识产权、标准化、本身有利于发达国家的贸易条件、以西方货币为储备货币的国际货币体系等等。为保障秩序得到有效维持与持续贯彻，西方国家建立起一整套机制：

建立并强化相关国际组织。在经济领域主要通过"邪恶的三位一体"（Unholy Trinity）[①] 即国际货币基金组织、世界银行、关税及贸易总协定（后更名为"世界贸易组织"），分别维持国际金融、全球投资与世界贸易领域的秩序，这些组织在世界各地、主要经济体都设立代表办事处或派遣人员，以便对成员方的相关政策进行监督。

强化业已强势的话语体系。让领主的每一个旨意、高兴与不满都要及时传达给农奴，将农奴的每一个不满与怨恨都尽快消灭在萌芽状态，精神枷锁比画地为牢更加重要。为此，西方国家不断强化舆论宣导，充分发挥"第四权力"。为后进国家培养、输送能代表领主意志、传递领主声音、自觉履行效忠领主义务的人才。建立各式各样的基金，以资助研究、出国进修等名义，广泛网罗发展中国家的后备人才、未来精英，是谓"天下英才皆入我彀中"。让相关精英与准精英们制造一个又一个似是而非、实质为领主服务的理论与政策，迷惑普通大众，混乱社会思想，新自由主义就是这一理论的集中体现，"经济无国界"、"越开放越安

---

① 见韩裔英籍学者张夏准在其著作《富国的伪善——自由贸易的迷思与资本主义秘史》（社会科学文献出版社2009年1月版）中对三大国际经济组织的称呼。

全"、"造船不如买船，买船不如租船"、"只求所在，不求所有"等政策就此出台。

实施人质与抵押机制。中国春秋战国时期，诸侯国为了表示相互之间的友好与信任，一般会将王储太子送往对方"学习进修"作人质，史料记载，始皇嬴政的父亲庄襄王子楚就在赵国当过多年的人质，而嬴政也被历史记录为"人质之子"。当然接受人质的"东道主"为了战略利益，会给人质太子好吃、好喝、好玩、好乐，使之安心充当人头抵押。现代国际关系史上，就有苏联将中华民国总统蒋介石的儿子蒋经国当作人质。这种做法在当今世界越来越普遍，诸多发展中国家的高级官员心照不宣，默默接受了"人质"这一游戏规则，就是让他们心仪的西方领主放心，"我的命根子都交给您了，放心吧！不会对您有所冒犯"。

建立紧密的利益与利害关系。即在人质基础上更进一步，给"利益攸关方"以金钱、资产、名誉、子女学习就业等利益，或协助"利益攸关方"办理洗钱、不干净财富管理等形成利害关联。在苏联解体后，美国金融机构参与甚至直接协助俄罗斯官员洗钱，而在掌握俄罗斯政府高官（如前政府总管博卢金，甚至还有叶利钦的女儿）大量腐败把柄后，逼迫俄罗斯政府做出多种战略性让步。旧中国的腐败官员总是将大量贪污、受贿的金钱存放在西方银行，西方国家曾利用这些官员的把柄，获取谈判优势，谋求多种利益。这也是旧中国对西方国家一直处于经济依赖与政治依附的重要原因。

强化金融力量威慑。经济金融化与经济信息化可以让所有的财富都流动，而且可以通过电子符号的形式急速流动。这授予垄断资本（领主的新打手）以前所未有的权力，他们可以于斗室之中、谈笑之间、键盘之上，即可兵不血刃让富翁成为"负翁"，让后进国家多年辛苦积攒的财富在一夜之间蒸发。这些垄断资本就是衣冠楚楚的金融大鳄，就是经济全球化下的西方"轻骑兵"。这种巨大的金融威慑使得发展中国家尤其是金融市场不断开放的新兴经济体，必须保持越来越多的庞大的外汇储备，这为西方国家滥发货币以换取后进国家的财富提供条件与保障。

当以上所有措施与机制都无能为力、无法维持"金字塔式"的国际分工、无法维护领主与农奴关系的时候，西方国家的披坚执锐的军队就肩负起最终责任。这就是第六套措施与机制——强化政治与军事同盟，必要时直接以武力加以解决。在东欧剧变、苏联解体之后，世人以为"北大西洋公约组织"已成为"屠龙"之师，用无所用，理当解甲归田。但是，该组织非但没有解散，反而不断强化。看盟主美国，经济危机重压，财政捉襟见肘，然而军事开支还一路扶摇直上。这些反常现象其实非常正常，即为"金字塔式"的国际分工充当强大的最后保障。这也是军队最根本、最原始的存在价值。

当后进国家通过加倍努力、节衣缩食、发奋图强而缩短与西方先进国家的差距之后，西方国家则会重新修订规则、调整秩序，也就是重新修订契约，以保证农奴的持续供奉。这就有了如今的"气候变化"、"碳信用"等新议题。西方精英将他们的聪明才智、国家资源越来越多地用到对发展中国家、后进国家的设计与布置陷阱上，由此陷阱花样繁多、层出不穷。西方的陷阱，在坑杀一个个发展中国家鲜活个体的时刻，也不断预示西方文明的没落与自由资本主义的腐朽。从今往后，国际金融的动荡与世界经济的低迷并不像 G7 政要在峰会结束后那样挥挥手，就能轻易与过去作别，如此又能平静迎来一个新的风和日丽的一天。实际上，西方层出不穷的陷阱、周而复始且一次比一次猛烈的金融危机、金融危机后不断演绎的次生金融灾害，不断预示着西方文明与自由资本主义正穷尽它一切合理存在的理由。

陷阱之一

产权明晰：专为瓦解国企而设计？*

20世纪90年代，大大小小的国有企业在一个似是而非的"产权清晰"的指导思想下，纷纷被推上"所有权与经营权分离"的手术台，就像对待连体婴儿一样，进行分离手术。从1995~2005年的10年中，全国大约有6000万国有、集体企业职工丧失了工作，光荣的社会主义劳动者、建设者成为市场经济下的弱势群体，为维持基本生存、生活而艰难奔波。

国际舆论评论，中国"产权明晰"运动比俄罗斯的"休克疗法"更为激进。"产权明晰"国有企业改革的背后有着重要的利益动因，这就是攫取国家财富与国有企业资产，挖掉社会主义的经济基础与共产党执政的社会基础。"产权明晰"的国有企业改革是中国今日社会矛盾凸显的一个非常重要诱因。

"7·24吉林通钢喋血事件"是近年来国有企业改制中对工人权益漠视的结果，是资本与劳动对立而积蓄不稳定能量的一次爆发，是国有企业市场化所引发矛盾的集中体现。"批判的武器代替不了武器的批判"，如果没有"7·24事件"，很难设想中国社会会在市场化与自由化歧途上放慢脚

---

* 本文主要内容曾以《产权明晰：为国企做了什么？》为题，发表于《世界知识》2009年第17期。

步，很难设想位高权重的自由经济精英如今在纷纷找寻失去已久的道德良知。"7·24事件"还从侧面反映，地方政府如何确立科学的政绩观、如何正确处理政府与市场的关系、如何转变政府职能依旧是个迫切的课题。"7·24事件"也清晰映射出，一段时期以来，以产权明晰为口号、以私有化为手段、以瓦解国有企业、侵占国有资产为目标的"改制转轨"应该画上休止符，国有企业改革路径应当全新设计。

▶⋯⋯一个似是而非的产权理论

与众多经济理论一样，产权理论形形色色。而在中国经济改革中，独独选择了西方产权理论中以科斯为代表的新制度经济学产权理论。新制度经济学产权理论认为，在存在交易费用的世界里，产权安排对经济绩效有根本性的制约作用；明晰的产权制度是产权自由交易的条件，并有助于降低交易费用，从而有利于实现资源优化配置，达到帕累托最优；私有产权是最明晰的产权，所以最有助于增进经济绩效。

"科斯定理"实乃"科斯谬误" 新制度经济学产权理论源于所谓"科斯定理"，但是"科斯定理"在作为西方现代产权经济学的奠基人和最重要代表的罗纳德·哈里·科斯那里从未有过明确的表述，只是后来的研究者根据自己的理解加以阐释。《新帕尔格雷夫经济学大辞典》的《科斯定理》条目如是表述："科斯定理有可能是错误的或仅仅是同义反复。"中国著名西方经济学说史学家吴易风认为：科斯定理很难说是一个定理，充其量是个未经证明的假说。科斯主要代表作是《企业的性质》（1937年）和《社会成本问题》（1960年），科斯自己曾表白，"两者可以说都未曾立即获得经济学界的赞同。""科斯定理"与新制度经济学在沉寂多年后，于苏东剧变期间突然"焕发生机"，一时间洛阳纸贵。这当中有没有什么玄机？自由派经济学家、自诩为得到科斯真传的张五常一语道破:"科斯定律(科斯定理)"使举世开始明白私有产权的重要,间接或直接地使共产奄奄一息。"科斯定理"功勋卓著,科斯本人获得1991年诺贝尔经济学奖。

另外一个诺贝尔经济学奖获得者斯蒂格利茨在《关于国家的经济作用》(1989年)一文中直截了当:科斯定理是科斯谬误(The Coase Fallacy)。这位曾任世界银行副行长兼首席经济学家尖锐地指出,"经济学中也许没有一种神话像我要说的产权神话那样影响深远。这种神话是一种危险的神话,因为它误导了许多转型国家把注意力集中在产权问题上,即集中在私有化上"。他认为,明晰产权,对于向市场经济转型的国家来说并非关键问题,甚至是不必要的。"私有化不是万应灵药","私有化不能保证经济有效运行","没有私有化,甚至没有清晰地界定产权,也能成功地进行市场改革。"他还指出,西方顾问前去指导前社会主义国家改革时,片面强调产权而忽略了所有权和经营权的分离,在西方,大型股份公司、保险公司和银行的资本所有者几乎完全同管理职能相脱离。企业经营的好坏是企业治理问题,与所有权没有直接的关系。

以美国为首的西方国家软硬兼施、连哄带骗地要发展中国家尤其是转型国家"全面私有化"。巴西拍卖了大约80%的国有企业,得到了大约800亿美元的私有化收入,但是截至2000年,却要偿还1200亿美元的国债利息。在许多国家,私有化已经彻底搅乱了社会经济,以至于私有化被描述成"贿赂化"。俄罗斯的决策者正是按照美国顾问的建议拍卖(实际上在很大程度上是赠送)了几乎全部国有资产,消除了国有股的"一股独大",然而改革的最终结果是,经济效率并未提高而腐败更加严重,导致经济持续萧条和严重贫富分化,从1992~1998年,俄罗斯大众从大张旗鼓的私有化中仅得到相当于GDP的1%的收入,其余全部落入"寡头"集团的腰包,约2/3的新企业主是原来党、政府的官员与企业的管理人员,由此诞生了暴富的"新俄罗斯人",西方媒体反过来则将俄罗斯称为"强盗国家"。

世界经济史并没有给明晰的产权与经济绩效的增进之间的关联以有力而清晰的注解。历史上有诸多这样的事例，即产权明晰或产权保护最终危害了经济发展，而侵犯某种既有产权反而有益于经济发展。中世纪，莱茵河是神圣罗马帝国统治下的一条重要的欧洲贸易通道。商船支付一笔小额过路费，便可保证通行无阻。但是到了13世纪，帝国实力走弱，德国的贵族们开始沿着莱茵河两岸修建一个个产权明晰的城堡，对来往商船征收过路费，收费亭越来越多，水运越来越没赚头。最终，莱茵河水依旧流淌不息，商船却日趋稀少。广为人知的案例就有著名的英国"圈地运动"。"圈地运动"侵占了公有地，侵犯了公共财产，但是人们在侵占的土地上养羊，从而推动了毛织业的发展。"二战"后，日本、韩国、中国台湾地区的土地改革侵犯了地主的既有产权，却为这些国家和地区经济的快速发展做出了巨大贡献。法国、奥地利等国在"二战"后实行工业企业国有化，众多专家认为，这一政策大大推进了这些国家的工业发展。

英美经济并没有全面私有化　今天，即便在新自由主义滥觞的英美，也没有将自己牢牢地束缚在"科斯定理"及其私有化政策的绳索之下。经济学鼻祖亚当·斯密就反对有限责任公司，认为有限责任会导致管理者逃避责任。1720年，英国还通过《欺诈防止法案》（又称《泡沫法案》），禁止成立新的有限公司。巴西著名学者特奥尼托尼奥·多斯桑托斯指出：即使在撒切尔夫人执政时期，英国经济也没有全面私有化，仍然保持着比较大的国有经济成分，在英国石油工业的重组中，政府掌握着大部分股票，主要是便于政府对经济进行有效控制。同期的里根政府也是动用国家力量，增加国防、军事开支，以复兴美国经济。在美国，企业、学校与政府都在从事科技研究，但是一旦有重要技术突破，政府就要介入，如果是涉及国家安全的技术，将被列入保密范围，任何发明者都不能随便将其转移实现利益最大化，在这里根本没有什么私有产权。美国银行虽然是私有的，但是政府出于国家利益可以撤换管理层，中断分红，停止营业，甚至没收。美国有条例明确规定，股东大会对政府的上述行为没有任何否决权,而且任何法庭都不能接受股东的上诉。世纪金融大危机,英美等国不惜采取国有化等"极端手段"稳定金融市场、拯救资本主义。这清晰地展示,经济领域没有政策的最优化,只有利益的最大化,统治阶级只是根据自己利益最大化来选择适合自己的经济政策。

▶ 国企改制,理论偏差,政策误导

国企改制,言之凿凿,自由主义者的理论分析不外乎"委托—代理"、"搭便车"和"预算软约束"等三大问题,其实这三大问题在大型私有企业中同样存在,毫不逊色于国有企业。大型私有企业股东越分散,企业越易落入经理人手中,职业经理违背股东利益获取小集团利益(高薪、巨额花红、关联交易等等)比比皆是。由于"太大而不能倒"的缘故,企业偏向从事高风险与高收益的经营活动,如此获得的收益是企业自己的,而导致的风险、惹出的祸患则是社会的、国家的。滥觞于美国次贷的世纪金融大危机,将大型私有企业的各类"缺德"行为展露无遗。

理论偏差 以"科斯定理"为代表的新制度经济学产权理论,本来就是一个平常且充满争论的理论,但是出于某种需要,而将其上升为一种"定理"。西方社会以私有产权为主的企业管理体制事实上不是理论的产物,而是历史的结果,理论只是对历史与事实的解释。新制度学派的产权理论只能说明私有企业曾经不败的原因,而不能论证公有企业的成功机理。科斯本人认为,由于西方经济学的整个理论体系是以私有制已经存在为假定前提的,这就很容易推出私有制是市场经济唯一前提的结论,而我们现在能看到的市场经济的制度基础也只有私有制一种,但历史并没有对公有制基础上的市场经济作出证伪。且不说历史选择有其偶然性,单单仅就历史经验推论,市场经济只能在完全私有产权基础上运行,而排斥其他基础,这种推理不仅是先验的、武断的，而且很有可能是别有用心的。

因此，中国在1994年以后的国有企业改革，以"科斯定理"为理论指导，以"产权明晰"为政策纲领，尤其是在20世纪90年代中后期，国有企业展开了轰轰烈烈的"改制转轨、下岗分流、减员增效"的"改制转轨"运动。公有产权、国有企业被抨击的一个重要理由是"产权模糊"，由此导致"委托—代理问题"，即经理（代理人）违背股东（委托人）的意志为自己谋取不当利益。但是，"委托—代理"的问题并不仅仅是国有产权的问题，私有产权同样存在，西方经济史与现实所揭示的，只有规模小到个人企业才不会遇到"委托—代理"问题。近年来，美国一再出现诸如安然、世界通信等大型公司丑闻，尤其是此遭次贷危机更是暴露出华尔街、美国金融业普遍存在的道德风险，当中的腐败程度远远超过不规范的国有企业，而中国在"产权明晰"的改制后也屡屡出现银广厦、蓝田等丑闻，由此可见"委托—代理"问题绝对不是公有制的"专利"。

公有产权、国有产权被抨击的另一个重要理由是国有企业缺乏效率，或"私营企业效率高于国有企业"。这更是一个似是而非的命题。首先，效率本身的界定就存在着问题。国有企业在改制前长期肩负着一系列的社会责任，将一个包揽了"从摇篮到坟墓"职责的国有企业与"轻装简从"的私营企业做比较，无异于将满载的大卡车与单人摩托车比油耗那样荒诞。其次，现代社会共同关注的主题（效率与公平）从来没有、也不应该割裂开来。没有效率的公平等于落后，没有公平的效率等于野蛮。一个负责任的政府当然要同时考虑经济效率与社会效益的统一。第三，市场机制不能覆盖社会经济所有领域，一些自然垄断、具有较高外部经济或高投入高风险领域（如水务、环保、航天等），不太适合私有经济的运行，公有制经济则具有更好的适应性。世界银行的专家们在广泛考察西欧和发展中国家的国有企业后写道："决定一个企业有无效率的主要因素并不在于它是公有的还是私有的，而在于怎样进行管理，从理论上讲，任何一种类型的所有制都有可能创造最大限度提高效率的刺激手段。"

政策误导 国有企业的产权改革不仅存在理论偏差，而且一开始就可能存在某种政策误导。也就是，相关利益集团为攫取国有资产，通过代言人，而努力鼓噪"产权明晰"、"产权改革是国有企业改革和国有企业摆脱困难的先决条件"、"国有企业改革的唯一出路是私有化"。有经济学家言之凿凿，"以俄罗斯产权改革为例"，要求"消除对私有化的偏见"，宣称"私有化奠定了新的经济增长的基础"、"私有化促进了新的市场调控机制的形成"、"私有化促进了市场竞争规则和法律体系的建立和投资环境的改善"。然而，大张旗鼓的私有化浪潮书写了俄罗斯历史上可以说是最耻辱的篇章。斯蒂格利茨特别指出，俄罗斯提供了研究"不惜任何代价进行私有化"伤害的破坏性案例。无论是在俄罗斯还是在其他国家，私有化都没能像它应该的那样有效地促进经济增长。相反，有时候私有化与衰退相关，并且能够证明私有化是破坏民主和市场机构信心的强大力量。[①] 俄罗斯后来的执政者有无比的勇气进行拨乱反正，中国也在2001年叫停实施国有股减持计划，在2005年叫停国有产权向管理层转让，但是对于"产权明晰"的政策误导始终没有清醒的认知，因此国企私有化进程一直在不断推进，"7·24"通钢事件从侧面反映出私有化浪潮在中国依然方兴未艾。

实际荒谬 在美国，企业、学校与政府都在从事科技研究，但是一旦有重要技术突破，政府就要介入，如果是涉及国家安全的技术，将被列入保密范围，任何发明者都不能随便将其转移实现利益最大化，在这里根本没有什么私有产权。

鼓吹"国有企业就是不好，就是搞不好"的说法实际是很浅薄与荒谬的，浅薄与荒谬的背后则是非常可疑的动机。在国际上，成功的国有（公有）企业比比皆是。韩国浦项钢铁公司就是一个非常成功的国有企业。韩国早就想

---

① ［美］约瑟夫·E·斯蒂格利茨：《全球化及其不满》，机械工业出版社2010年版，第51页。

拥有自己的大型钢铁厂，但是耗资大，难度高，私人企业不愿问津。20 世纪 60 年代初，韩国就建立钢铁厂项目向世界银行申请贷款时，遭到了拒绝。因为韩国没有一个优势（原料、人才、技术、资金等）可以发展钢铁制造，只有雄心。但是，韩国举国力建立了国有钢铁企业，1973 年投产，十年间便成为世界上效率最高的钢铁企业之一，如今是世界第三大钢铁企业。中国台湾经济起飞，依托的基础就是国有企业。新加坡在国际上驰骋的几大公司，全是国有企业。在欧洲，诸如法国、奥地利、芬兰、意大利等国在"二战"后实现经济成功靠的就是国有企业。至今，像雷诺（汽车）、阿尔卡特（电信）、罗纳普郎克（制药）等等都是家喻户晓的国有企业品牌，著名的德国大众公司的最大股东是萨克森州政府。

以上是正面例子，负面的例子同样多。英国撒切尔夫人当政，全力推行经济自由化，其中铁路公司私有化后，经营更加惨淡，问题不断，最终又在 2002 年重新实现国有化。拉美企业先私有化而后再国有化的例子更是举不胜举。世纪金融大危机，自由主义大本营的英国与美国在金融海啸当头，纷纷脱去自由主义的"金马甲"①，毫不含糊拿来"国有化"这一"极端措施"，清晰显示出英美兜售经济自由主义的伪善，新自由主义者鼓吹的私有产权神话的破产。中国的"芝加哥男孩"② 要么自觉警醒改弦更张，要么为"我不是骗子"说明。

▶⋯巨大而沉痛的代价

世界上没有无缘无故的恨，也没有无缘无故的爱。对"产权明晰"与私

---

① 参见本书第四部分之《自由贸易：后进国家的依附陷阱》之《致富的"金马甲"，困穷的"紧箍咒"》。
② 1973 年，智利皮诺切特发动政变，而后任用大约 30 个曾经在芝加哥大学研习经济学而成为米尔顿·弗里德曼的追随者的"芝加哥男孩"（Chicago Boys），以新自由主义来治理国家，结果引致经济灾难，智利人均收入增长不断下降，直到 20 世纪 80 年代末才达到政变前的水平（1971 年是 5663 美元，1987 年是 5590 美元）。如今，在中国一大帮"芝加哥男孩"在指点中国经济江山，试图给中国套上弗里德曼的"金马甲"。

有化无限执着的背后有着重要的利益动因,这就是攫取国家财富与国有企业资产,挖掉社会主义的经济基础与共产党执政的社会基础。当初炫耀的成功,如今已无法掩饰国家与社会付出的巨大代价。

职工权益被漠视 由于国企改制核心放在产权上,相关政府的管理者与企业经营者以及其他投资入股者暗箱操作,主导着企业改制的全过程,而作为企业的劳动者基本没有发言权。由于股东权益至上,一旦政府管理者与相关股东达成协议后,股东便有全权处置企业,职工充其量不过是一种"生产要素"而被随意处置。在社会保障机制尚未健全的体制下,改革的成本几乎完全由职工承担。有多个专家研究,20世纪90年代以来在"产权明晰"政策指导下的国有企业改革,比俄罗斯的"休克疗法"更为激进,从1995~2005年的10年中,全国大约有6000万国有、集体企业职工丧失了工作,光荣的社会主义劳动者、建设者成为市场经济下的弱势群体,为维持基本生存、生活而艰难奔波。

国有资产巨额流失 国内有众多经济学家鼓噪,低估贱卖甚至赔钱出卖国有企业是"明晰产权"的最好方式。2004年6月23日国家审计署所发表的审计报告显示,国有企业转轨改制导致国有资产流失十分严重,一部分人通过产权改革出现的漏洞一夜暴富。在产权由"模糊"到"明晰"的过程中,由于绝大多数为暗箱操作,国有资产被贱卖比比皆是,郎咸平教授所揭露的《格林柯尔:在"国退民进"的盛筵中狂欢》,当然只是冰山一角。若国有资产真是流到民间,继续为中国经济增长与社会发展做贡献倒是一种安慰。但是,"产权明晰"不仅停留在私有化,还有更重要的国际化,这是新自由主义理论与"华盛顿共识"[①]政策的必然要求。私有化只是为国际化做好铺垫,让发展中国家财富"自由流动",流到国际垄断资本的腰包才是目的。所以,

---

[①] "华盛顿共识"是国际货币基金组织、世界银行和美国财政部之间就发展中国家"正确"的政策所达成的共识。财政约束、私有化和市场自由化是"华盛顿共识"建议的三个重要支柱。见[美]约瑟夫·E·斯蒂格利茨:《全球化及其不满》,机械工业出版社2010年版,第12页、第46页。

不难看到，改制后的国有企业到境外上市、引进境外战略投资者等，都是将财富流向境外的"成功范例"。韩裔英籍学者张夏准可能一语道破国有企业私有化、国有资产被贱卖的玄机，他认为"腐败官员有一种不惜一切代价推进私有化的动机，因为这意味着他们不再需要与他们的继任者分享贿赂，能立即'兑现'未来所有的贿赂流（bribery stream）"。①

经济基础与社会基础被严重侵蚀 以国有企业为主导的公有制经济是社会主义的经济基础，工人阶级是中国的领导阶级。国有企业被大规模私有化，工人大批下岗，社会主义的经济基础与中国共产党的执政基础被严重侵蚀。在2005年开展的国企改革讨论中，有些省市自豪地说，我们早就卖完了，怎么还讨论这个问题？在经济增长的政绩推动下，资本早已取代劳动成为地方政府的服务对象，资本成为政绩的代名词，而劳动者则成为"麻烦制造者"，越来越多富人进入地方人大与政协，参政议政，政权的性质在地方层次正在改变。改革开放的总设计师邓小平曾谆谆告诫："如果我们的政策导致两极分化，我们就失败了；如果产生了什么新的资产阶级，那我们就真是走了斜路了。"②

社会矛盾日趋尖锐 鼓吹"产权明晰"私有化的经济学者目光短浅，只看中经济利益与成本，忽视了社会效益与代价。私有化的结果最后无不是以私有垄断代替国有垄断，而实际表明，私有垄断除了利己效率提高外，并不能保证在财富创造上比国有垄断更有效率。更为重要的是，私有化过程必然伴随腐败滋生、失业增加进而诱发犯罪与暴力上升、社会矛盾凸显甚至是社会政治动荡。

国企改制使资本与劳动的对立日趋严重，在被改制的企业，那些有幸在岗员工，其薪金也往往被压低到生活基本保障线。通钢集团工人之所以"闹

---

① [英] 张夏准：《富国的伪善——自由贸易的迷思与资本主义秘史》，社会科学文献出版社2009年1月版，第108页。
② 见《邓小平文选》第3卷，人民出版社1993年版，第110页。

事"，是传言被建龙集团控股后，要辞退数千名工人，并削减薪金（此前在职员工一度每月只有二三百元），而新任总经理的年薪至少有300万元。传言并非空穴来风，国有企业改制后，无论假公还是真私，企业经理的收入都有大幅度成长，与普通职工收入差距悬殊巨大，当然与买断、辞退职工的收入差距更大。收入差距的扩大不断加剧社会矛盾。近年来，由企业改制导致的群体性事件居高不下，而且"不明真相"的群众闹事越来越多，清晰显示社会矛盾正日趋尖锐。

贻误国企同时也贻误了民企的发展机遇 根据相关部门的调查报告，国有企业亏损70%左右与经营管理松弛有关。由于"认定"国有企业就是搞不好，于是从中央到地方一门心思就是对国有企业进行产权改造，而没有在企业治理上多下功夫。很多地方政府将国有企业当作一种包袱尽可能、尽快甩掉。有经济学家鼓噪，"卖掉了企业，政府甩掉了包袱，今后不再有补贴性支出，不再有人天天找上门来要钱、要物、要安置，不再天天发愁去解决国企内一大堆头痛的问题……里里外外，减支增收，比拖下去不卖要合算得多。""冰棍理论"认为，与其让国有企业的资产逐渐地"消融"掉，不如让它被民营企业兼并。众多类似格林柯尔的民企感悟为商有"终南捷径"，终日盘算从国企那里获取各种资源，千方百计进行政府公关。2005年一场规模宏大的国资流失大讨论在全国尤其是互联网上掀起，国企改制成为官商勾结的同义词，一些民企的贪婪与官员的贪腐结合，导致"国退民进"之路遭受广泛的质疑，这两股力量的结合反而吞噬了民企的健康前进之路。在2004年实施新一轮宏观调控后，民企进入一些垄断行业的渠道越来越窄。

陷阱之二

知识产权：中国一直被动挨打[*]

知识产权属于"人赋法权"，而模仿与学习是"天赋人权"。在西方先进之前，包括中国、印度、波斯、阿拉伯等在内诸多文明为人类社会的发展贡献了巨大的精神财富。而以美国为首的发达国家在自己实现先进之后，便与国际社会积极推动知识产权保护，并且编织了一张严密的国际知识产权保护网，以努力保护与强化先行者的利益，防范发展中国家对自己的无偿学习与模仿。发达国家每年从发展中国家获得上万亿美元的"知识产权税"。

知识产权在成为发达国家持久与营养丰富食粮的同时，俨然成为悬挂在发展中国家头顶的利剑，成为发展中国家的烈性毒药。中国在知识产权问题上全盘接受西方的游戏规则，实际上就是自觉地站在被告席上，不断拼命地证明自己的无辜。

知识产权（IPR）是指法律赋予自然人或法人对其智力成果享有专门利用的权利。知识产权最早适用的主要是著作权，后来专利权、商标权、商业秘密等纷纷被纳入，其中专利权为知识产权的核心。当今，由发达国家主导而编织的严密的国际知识产权保护体系不断强化对智力资本的保护，使知识产

---

[*] 本文主要内容曾以《知识产权：中国一直被动挨打》为题，发表于《世界知识》2009年第19期。

权不仅在狭义上成为大资本利用专利瓜分市场、排除新的竞争者的特权，更是富国对穷国、强者对弱者、资本对劳动的特权。

▶…富国的粮食与穷国的毒药

美国总统林肯曾经说过："专利是在天才的火焰上添加利益的燃料"。林肯是个政治天才，他没有泄露专利还是国家的工具，是富国的粮食，但是穷国的毒药。

知识产权已成发达国家发展战略 当今，美国、日本等众多发达国家都将知识产权纳入国家发展战略，严格知识产权保护措施，力图以知识产权来促进本国发展与遏制对手进步。美国在宪法、专利法、商标法、版权法、贸易法、反不正当竞争法和海关条例中，都有相关的知识产权保护内容，特别是国内贸易法特殊301、306、337条款，经1988年修改后，更是成为威慑竞争对手的大棒。一旦相关国家企业与产品被列入美国的监视名单，进入司法调查程序，即有可能出现被禁止进入美国市场的威胁。

发达国家在世界专利技术上一直占据压倒优势，因此在知识产权保护问题上，不仅单兵挺进，而且还互相策动，构筑共同利益堡垒。在发达国家的集体推动下，《与贸易有关的知识产权协议（TRIPS）》便纳入多边贸易体系，成为当今世界知识产权保护领域涉及面最广、制约力最强的一个国际公约，成为国际贸易的重要支柱之一。此外，还有《保护工业产权巴黎公约》、《专利合作条约》、《商标注册条约》、《世界版权公约》等等，由此编织了一张严密的国际知识产权保护网。

知识产权维护先行者的利益 国际知识产权保护网严密地维护知识产权先行者的利益，强化发达国家对发展中国家的知识特权。例如：在"乌拉圭回合"达成TRIPS之前，专利保护期限日本为15年，英国为16年，美国为

17年，德国为18年。但是，在技术更新日益加快的今天，TRIPS则规定，专利权的保护期限至少为20年。1998年美国通过《版权保护期延长法》，将版权保护期从"作者的寿命加50年，或法人作者的作品为75年"（1976年的规定）延长到"作者的寿命加70年，或法人作者的作品为95年"。在国际知识产权保护网的过度保护下，发达国家在全球范围内大肆进行知识产权"圈地运动"，积极拓展专利的内涵与外延，凡是能纳入专利的都被毫无遗漏地纳入，甚至将诸多依照传统理念根本不可能被授予专利的商务模式、技术方法、服务方式等纷纷纳入专利，全力强化先行者利益的保护屏障。

模仿与学习是"天赋人权"，理当比知识产权"人赋法权"更加重要。当今最发达的资本主义强国——美国与日本，都是大肆模仿与学习先进国家而实现先进的。然而，发达国家主导而编织的严密的国际知识产权保护网严密地保护着发达国家的利益，为发展中国家的模仿与学习人为设置巨大障碍，限制乃至剥夺发展中国家的"天赋人权"。

据统计，目前占世界人口75%的发展中国家，只拥有世界不到10%的专利，而占世界人口25%的发达国家，却拥有世界90%的专利。显然，严密的知识产权保护政策，获益的主要是发达国家。而且在众多发展中国家统计表上的专利，很大部分还不属于发展中国家的个人或企业，而属于进入发展中国家的跨国公司。因此，不论在国际层面，还是在发展中国家国内层面，对知识产权的严密而过度保护，实际就是保护发达国家的利益，保护来自发达国家的垄断资本获得垄断利益。

知识产权成为穷国的毒药 实际上，发展中国家是被引诱接受TRIPS的，因为发达国家把保护知识产权与开放农业与纺织品市场、减少关税等打包成一揽子安排，发展中国家接受TRIPS，是他们认为可以从发达国家的贸易开放中获得更多利益。如今，越来越多的发展中国家已经感受到，发达国家许下减少贸易保护的承诺并未兑现，而自己不得不承担TRIPS所带来的负担。

此外，自1980年以来发达国家在接受专利申请时不断降低原创性标准，如此导致"专利爆炸"。1930~1982年美国专利授予数量年增长率为1%，而1983~2002年平均年增长率竟达5.7%。对专利原创性标准的降低，实际是在鼓励申报者肆意侵犯发展中国家一些已经是熟知而没有合法保护的知识，是在鼓励对传统知识进行大规模而合法的盗窃。例如，一种叫"姜黄"的传统医药，数千年来一直被印度人知晓而广泛使用。但是，1995年美国将"姜黄"专利授予两位大学研究人员。后来，在印度的强力干预下，该专利才被取消。

知识产权不断增加发展中国家的经济成本，加深对发达国家的技术依赖，导致民族主动精神和创新能力下降，甚至驱使一些弱小国家日甚一日地附庸化。知识产权不只是悬挂在发展中国家头顶的"达摩克利斯之剑"，而且业已成为发展中国家的毒药。根据世界银行的估计，仅TRIPS协议所涉及的技术许可费用一项，每年就会令发展中国家增加450亿美元的额外负担，这个数字接近发达国家总的对外援助的一半，也就是说发达国家对发展中国家承担的道义责任因TRIPS协议而悄悄地被"卸载"了。

▶⋯"成功经验"实际是"危险陷阱"

确立知识产权的最初用意非常美妙动听，那就是鼓励发明创造[①]，并因此促进经济增长。然而事实是，不少发展中国家在发达国家的强大压力下，不断强化知识产权保护的政策实践，后果是，加强了知识产权者的垄断权，限制了可供交易的技术成果的供应量，制约了科技成果更大范围的传播，降低了科技成果从潜在生产力变为现实生产力的可能性。如此，过"度"的保护非但没有鼓励发明创造，反而遏制了技术创新，并阻碍了经济增长，进一步

[①] 英国最高科学学会皇家学会13名会员在给《金融时报》的一封信中指出："专利只是促进发现和发明的一种手段。对科学的好奇以及服务人类的愿望，在整个历史发展中起着更为重要的作用"。见英国《金融时报》2001年2月14日。

拉大了与发达国家的技术创新和经济发展的差距。

谨防发达国家所谓"成功经验" 发达国家在发达过程中都搬用过"大肆侵犯他国知识产权"的致富梯子,如瑞士"借用"德国的化学发明,德国"借用"过英国的商标,美国"借用"英国的版权材料。以美国为首的发达国家编织了一张严密的国际知识产权保护网,以努力防范发展中国家对自己的无偿学习与模仿。而实际上美国的工业化就是无偿模仿英国的一个例证。19世纪,美国法律也提供版权保护,但仅仅是保护美国的公民和居民,外国作品被肆意出版,廉价销售。英国著名作家狄更斯的作品《圣诞颂歌》(*A Christmas Carol*)在英国每本售价是 2.50 美元,而在美国仅为 6 美分。这种随意侵犯他国知识产权的行为一直持续到 1891 年,当美国出版业迫切需要它们的知识产权在海外得到保护时,美国国会才通过了知识产权延展法案,使国外作品享受美国作者的同等待遇。

非但美国,整个发达国家在其经济发展过程中近乎都不尊重知识产权,瑞士在 19 世纪是世界技术领袖之一,而它当时也没有专利法。严重侵犯知识产权的行为在当时的西方国家泛滥成灾,特别是对外国人的知识产权保护更成问题,工业间谍的盛行就是对知识产权忽视的一个很好注解。

如今,发达国家不断向发展中国家推荐、推销他们的"成功经验",即所谓"好政策"和"好制度",引导发展中国家把这些"好政策"和"好制度"当作"致富的梯子"来使用,但是这些"好政策"和"好制度"在发达国家的历史发展早期或没有很好地用过,甚至根本就没有用过。保护知识产权就是他们不断鼓吹的"好政策"与"好制度"。因此,发达国家从来就是说一套做一套,双重或多重标准近乎一以贯之。中国古语有"听其言,观其行",中国借鉴国际经验,要看发达国家所做的,而不是听其所说的。

避免跌入"危险陷阱" 长期以来,中国人近乎没有知识产权的概念,直到 2000 年,"知识产权"这个词条才写入权威中文词典。在中国,由于缺乏知识产权氛围,保护知识产权的费用高昂,侵权行为时有发生。有专家分析,对知识产权的忽视影响了中国自主创新战略的实现。因此，对知识产权的"适度保护"，会刺激创造者生产更多的知识产品，让社会公众享受到更多的知识产品，对中国科技进步与创新型国家建设有利。2004年和2005年中国分别成立了"国家保护知识产权工作组"和"国家知识产权战略制定工作领导小组"。2008年6月国务院发布了《国家知识产权战略纲要》，指出必须把知识产权战略作为国家重要战略，切实加强知识产权工作。

但是，"适度保护"的"度"如何掌握，即在多大程度上保护、按照什么标准来保护知识产权却是一个见仁见智的话题。很多专家认为，这个度就是"国际标准"。然而，国际标准的基本原则是"知识产权保护越严越好"。2002年9月，英国知识产权委员会（CIPR）发布了《知识产权与发展政策的整合》的长篇报告指出，评估知识产权保护的价值，就如同评估税收政策一样。没有人能够宣称，税收收得越多越好。但是，现在却有一种趋势，认为知识产权保护越严越好，而且是不言而喻的。

中国专利法中的"专利"包括发明专利、实用新型专利和外观设计专利，而在欧美，后两者一般不能称为专利，也不适用专利法。在中国，最能体现技术含量的发明专利一般只有20%。近年来，外国企业在中国申请专利呈逐年递增趋势，如2004年在中国申请的专利数量超过13万个，其中约有一半来自外国人或外国企业。有关方面声称，如今中国一跃成为世界第三大知识产权国，问题依然是量大质低，真正属于自己的发明专利未见其祥，但是肯定难以乐观。数据显示，中国加入世贸组织前，跨国公司在中国的研发中心只有200多家，目前已超过1000家。而且，国外企业申请的中国专利主要为发明专利，并重点集中在高新技术领域。因此，在某种意义上，中国对知识产权的保护越是严格，对外国企业就越有利，对发达国家就越有利，有利于维护它们对先进知识的垄断，扩大"人赋法权"与"天赋人权"的鸿沟。

▶ 中国要直面知识产权大战

跨国公司在中国掀起知识产权圈地战 近年来，跨国公司在中国国内掀起了广泛的知识产权圈地战。继2004年5月国家工商总局发布《在华跨国公司限制竞争行为表现及对策》之后，2005年11月科技部发布《在华跨国公司知识产权滥用情况及其对策研究报告》，指出包括柯达、利乐、微软、思科、通用电器、飞利浦等在内的跨国公司不同程度地存在"拒绝许可"（拒绝授予其竞争对手合理的使用许可）、"搭售行为"（将两种或两种以上产品捆绑成一种产品进行销售）、"价格歧视"（对不同的客户实行与成本无关的价格上的差别待遇）、"掠夺性定价"（为排挤竞争对手或者独占市场而以低于成本的价格销售商品）以及"过高定价"（利用市场支配地位实行垄断高价）等滥用知识产权的现象。

由于中国企业先天不足，常常会落入精于算计的跨国公司布好的"专利陷阱"。一些跨国公司提前3～5年就布置好了"专利陷阱"，并耐心收集中资企业的侵权证据，微软公司在华专门组织一个"技术侦察队"，专门搜集中资企业与机构的侵权与销售盗版行为。在中资企业侵权之初（很多中资企业一开始也未觉察自己在侵权），跨国公司睁一眼，闭一眼。等侵权企业具有了相当规模，有了足够的经济实力，有油水可榨时，便进行知识产权诉讼，索取高额的专利使用费。

一些跨国巨头的专利战略布局，不仅在于获取垄断利润，而且旨在夺取行业技术创新主导权，加强对整个产业链的控制力。这迫使相关中资企业退出相关生产领域，或沦为外资的贴牌生产企业。近年来，从打火机到节能灯、从电池到手机、从空调到汽车、从彩电到电脑、从DVD到MP3等等，众多中国企业纷纷遭遇跨国企业设置专利壁垒或"专利陷阱"，由此给中资企业造成的损失每年都超过百亿美元。

随着中资企业"走出去"步伐加快，跨国公司知识产权圈地战也延烧到国际。一些发达国家在不断指责中国侵犯他们知识产权的同时，往往却无视他们的企业对中国知识产权的侵犯，连一些知名企业都在做"商标耗子"。有媒体载文称，15%的中国内地驰名商标遭境外抢注。

近年来，随着越来越多的"中国制造"打入国际市场或到海外参展，相关竞争对手也频频基于知识产权的理由对中国参展商和中国产品采取措施，以维护其作为"地头蛇"的利益，由此造成中国企业遭遇查抄或侵权诉讼的案例屡见不鲜。例如：中资企业华旗公司和纽曼公司的产品因涉嫌侵犯意大利 Sisvel 公司有关 MP3 方面的专利，其在德国汉诺威消费电子、信息及通信博览会的展台遭到德国海关查抄。而意大利 Sisvel 是一家专利收费公司，专门为一些拥有专利技术的企业进行专利管理，客户包括像飞利浦等一批大型公司，在业内影响很大。诸多中资企业不断受到类似 Sisvel 公司这样的"专利蟑螂"的骚扰。

对"中国制造"的追杀显然得到东道国政府的支持。中国的打火机因实用、美观、廉价而行销世界，占全球金属打火机市场总量的70%，其中1/3出口欧盟。2001年9月，欧盟对温州打火机发起反倾销后又祭出"专利技术壁垒"，要求所有售价在2欧元以下的打火机必须安装儿童锁，而儿童锁就是欧洲的专利，如此中国打火机要再进入欧洲市场，就被活生生剥下一层皮来。有报道显示，发达国家政府甚至不惜动用情报部门与相关企业或企业协会、商会联手，加强对中资企业侵权的打击。在金融危机冲击、世界经济衰退阴影笼罩下，发达国家正不断以保护知识产权为名，强化技术贸易壁垒，实施贸易保护。

中资企业绝地反击需综合应对战略 越来越多的中资企业陷入狭路甚至是被逼进死胡同，因此进行绝地反击，目的其实很简单，就是要规则制定人遵守他们自己制定的规则，不再滥用知识产权。2007年7月，经过3年的马拉松式的知识产权诉讼，温州企业家陈伍胜拿到了美国新墨西哥州联邦地方分区法院做出的胜诉判决书，美国电器巨头莱伏顿公司欲通过专利诉讼将陈伍胜赶出美国市场的"阴谋"因此破产。

国人曾经为这一极具有象征意义的案例扬眉吐气，国家知识产权局的官员也喜上眉梢，甚至以"民族英雄般"礼遇很快安排陈伍胜到北京向中国的企业家与相关官员介绍经验。但是，熟悉内情的人士很无奈地指出，在可预见的将来，中国在知识产权上的被动难以扭转。即便陈伍胜为中资企业赢了面子，但是依旧输了里子。为打赢这场官司，这位坚忍不拔的企业家聘请了一个强大的律师团，费用惊人，据传首席律师费用是每小时560美元，每月费用约10万美元。西方发起对中国的知识产权大战，中国"认了"，丧失市场，或赔付巨额费用；中国据理力争，则要付出巨额官司费用，如此活跃了相关国家的法律服务市场，因此西方国家及其企业发动知识产权战是稳赚不赔的。

中国也有针对知识产权滥用的相关法律武器，如《反垄断法》。《反垄断法》规定"经营者利用知识产权采取限制竞争的滥用行为适用本法"，法条出台之时国人欢欣鼓舞，视之为"化解知识产权国际压力的中国"。然而，自"利器"诞生以来，一直波澜不惊，影响微乎其微，国内众多企业仍将面临着一个接一个的专利陷阱和专利侵权诉讼。

知识产权大战直接涉及企业的生死存亡，因此要调动各方面因素参与。就西方来看，他们本身就处于强势，掌握游戏规则，而且善于使用资本、司法、媒体、机构等各方面乃至国家力量。而中国有关部门要么似乎缺乏清晰认识，缺乏综合应对策略，要么由于一直视外资为"天使"，是促进地方GDP增长的菩萨，存在敬畏心理，在涉及具体纷争时，往往投鼠忌器，因此《反垄断法》便自然成了"银样镴枪头"，中看不中用。如此，也就导致中国在知识产权问题上陷入了"中资企业与西方国家对抗"的尴尬境地，这种尴尬境地从20世纪90年代中期中美两国知识产权出现纷争开始，至今没有实质性改变。

在目前的国际知识产权维护体系下,只要中国不改变"生产大国,品牌小国"、"制造大国,创造小国"、"名义专利大国,核心发明小国"的窘境,不改变对外资的崇拜,拿不出综合应对战略,中国在国际知识产权大战中被动挨打的处境就难以改变。

陷阱之三

标准化：扼住中国经济的喉咙[*]

己丑夏末，笔者跟随领导去了一趟俄罗斯，经常去俄罗斯的同事提醒我，对俄罗斯入境通关手续一定要有耐心，中国好像规定每人一般不得超过1分钟，俄罗斯则是每人至少3分钟，排在我前面一共11个人，等我入关，整整花了50分钟，无奈！这就是大俄罗斯的标准，要来俄罗斯就必须适应它的节奏，接受它的标准。

专利影响的只是一个或若干个企业，标准影响的却是一个行业，甚至是一个国家的竞争力。从世界范围来看，谁掌握了更多的标准，谁就掌握了更多的现在和未来；谁缺失了标准，谁就没有了话语权，没有了更好的发展机会。世界经济史与现代管理学清晰揭示：一流的国家/企业制定标准，二流的国家/企业开发专利，三流的国家/企业制造产品。长期以来，由于中国"以市场换技术"，忽视实际上就是放弃自主创新，因此中国在专利技术上犹如"小脚女人"，在标准问题上同样也是个"跛脚鸭"，所以近乎被钉死在"贴牌制造"的国际分工上。

今天一提"标准化"，很多人一头雾水，多半是被专业化忽悠了，其实国

---

[*] 本文主要内容曾以《标准化：扼住中国经济的喉咙》为题，发表于《世界知识》2009年第20期。

人对"标准化"并不陌生。秦灭六国,一统天下,实行"度同衡、车同轨、书同文、人同伦",这个标准化为中国的大一统奠定了坚实的基础。国民政府时期,军阀割据,阎锡山在山西修筑窄轨铁路就是搞自己的标准,据山西人说这对后来抗日以及限制日本掠夺山西资源也起了一定的作用。今天的标准化是工业化的直接产物,国际标准的广泛与深入应用对于国际分工、科技进步与世界经济增长都有着明显的促进作用。但是,在一个产品标准化的必要性与日俱减,信息化、个性化与多样化与日俱增的大势之下,西方大国以不断强化的"国际标准"作为一种谋取垄断利益、获取"非价格竞争优势"的战略手段,努力维护他们作为国际标准先行者的利益,这也显示其反历史潮流而动的"反动"实质。

▶…西方:一切向我看齐

标准制约市场 标准在经济中的广泛应用应当是在西方工业革命之后。标准化是工业化的基础,工业大生产分工体系需要严格的技术标准。工业化使生产力空前提高,商品极大丰富,国际贸易迅速增长,世界市场由此形成。为保证世界市场有序运行,从技术层面看,就需要在国际贸易中制定一个为各方所能接受的游戏规则,这就是国际标准。从世界经济发展的实践来看,标准化一方面成为推动技术进步、拉动经济增长、促进社会发展的有效工具,另一方面也成为西方大国谋取垄断利益、获取"非价格竞争优势"的一种战略手段。20 世纪 70 年代,德国生产的磁带录音机在西欧市场一直处于垄断地位,德国利用标准问题极力阻止美国磁带录音机染指德国市场。美国则采用迂回战术,使美国的磁带标准成为 ISO 国际标准,如此顺利闯入德国市场。

当今世界已进入由标准规范、制约市场的时代,控制国际标准是应对世界市场竞争的有力武器,开发新标准甚至比研发新产品、新专利更加重要。

一般而言，专利影响的只是一个或若干个企业，而标准影响甚至能决定一个企业的前途、行业的兴衰，甚至是一个国家的竞争力。因此，西方大国、跨国公司和产业联盟都在不断开发新标准、竭力控制标准，想方设法把标准与专利捆绑在一起，而且是把尽可能多的专利技术嵌入标准之中，一旦某国某企业不得不采用该项标准，就必须向专利拥有者支付专利使用费，从而使标准制定者取得有利的市场竞争地位。

标准成为战略手段 当前有关国际标准的竞争日益激烈，所涉及的不只是技术问题，也不是一般的战术问题，而是战略问题。从世界范围来看，谁掌握了更多的标准，谁就掌握了更多的现在和未来；谁缺失了标准，谁就没有话语权，没有更好的发展机会。世界经济史与现代管理学清晰揭示：一流的国家/企业制定标准，二流的国家/企业开发专利，三流的国家/企业制造产品。因此，西方大国都把参与制定国际标准提升到战略竞争的高度，不断增加科技投入、产生更多专利、诞生更多标准，而且通过各种途径努力将自己的标准（企业的标准、行业的标准、国家的标准）上升为国际标准。长期以来，美国 ANSI 标准、日本 JIS 标准、德国 DIN 标准、英国 BS 标准、法国 NF 标准均已被世界公认为先进标准，并被众多的国家采用。在德国，标准与资本、人力资源（劳动力与知识产权）一起，构成经济增长的三大动力。专家揭示，欧洲 80% 以上的工作是做国际标准化。

诸多富可敌国的跨国企业通过技术专利化、专利标准化、标准许可化而不断强化自己对相关产业链的控制，获取超额利润。美国高通公司就是一个范例，高通在 CDMA 移动通信领域拥有国际标准，而该国际标准镶嵌着高通 1400 多项专利，因此高通不仅从产品销售中获得巨大收益，而且专利收益更加庞大，占到公司收入的 80%，国际标准与众多专利使高通在国际移动通信市场处于巨无霸地位，至今如日中天。

西方大国在把标准作为一种谋取垄断利益或获取"非价格竞争优势"手段的同时，也一直努力把标准作为扶持国内薄弱行业与缺乏竞争力的企业、保护国内经济发展的工具。日本曾经大力提倡以"歧视性"标准为手段来保护和促进战略行业的发展。在关税不断降低情势下,西方大国"披着国际标准的外衣"的技术壁垒愈发兴盛。

当今,诸多传统产业的国际标准一直牢牢掌握在西方大国手中,而且西方大国利用在国际科技领先、话语权垄断之优势,不断拓展新产业的国际标准,不断"刷新"已有的国际标准,使后进国家往往不得不花大量的人力、物力、财力去跟随更新。西方大国通过对技术标准的垄断,使技术相对落后的发展中国家始终处于被动地位,被锁定在"微笑曲线"的底部,被钉死在国际分工链条的末端和附属地位上。

▶…扼住中国经济的喉咙

专利往往只影响一个或若干个企业,而标准则能影响整个行业,所涉及的利益可直接体现为国家利益。因此,在经济全球化时代,谁掌握了标准的制定权,谁的技术与专利成为标准,谁就掌握了市场的主动权,可谓"得标准者得市场"。从这个意义上,标准是企业产权、国家主权在经济领域的另类体现。

中国缺乏国际标准之痛　改革开放,中国参与国际分工,众多企业乃至越来越多的行业成为跨国资本国际分工链条的一部分,成为名副其实的"世界工厂"。但是,多年来"世界工厂"基本是按照外国(主要是订单来源国)的标准进行生产。当世界经济一帆风顺时,"中国制造"行销世界,物美价廉受到世人赞誉甚至依赖。但是,当世界经济遭遇不测,或进口国因国内政治需要而转移视线时,"中国制造"往往成为替罪羔羊,经济大国乃至一些小国都可以用不断修改的标准对"中国制造"发难问罪。"北京奥运"之前,西方刮起的"中国制造"有毒风,玩具、食品、牙膏等被纷纷召回,相关中资企业遭受重创，中国形象受损。如此清晰地显示，中国缺乏国际标准之痛。

西方大国实施标准卡位战 早就有媒体披露，那一轮"中国制造"危机更多是西方借机生事，在"北京奥运"给中国增添光环前"修理"一下中国。更重要的是，西方的跨国公司利用中国在标准问题上的软肋，实施标准卡位战，获取垄断利益，抑制中国相关竞争对手的发展。中国生产了全世界50%的DVD，造就了金正、新科等业内DVD知名品牌，但是该行业却一直背负沉重的知识产权"十字架"，中资企业每年要向6C联盟（六家外国厂商利用专利达成的联盟）缴纳巨额专利技术转让费，由此沦为外国品牌的加工厂。为了持续从中国DVD生产中抽取利润，2008年12月日本东芝与NEC公司提出新一代DVD标准"HDDVD"，不仅取得国际"DVD论坛"支持，而且被确定为新的通用标准。这意味着面世不久的拥有中国自己知识产权的下一代DVD产品EVD，仍有可能继续向这些持有并不断刷新标准的外国公司交纳一定额度的专利费。当然，DVD悲剧不是中国第一幕也不是最后一幕，面对西方大国和跨国企业的标准杀手锏，缺少国际标准和标准发言权的中国，似乎只能束手待毙，提供世界上几乎最廉价的劳动力，大量消耗着不可再生的资源、持续承受着铺天盖地的污染，而跨国公司往往只需一纸镶嵌专利的标准，就可以抽走绝大部分利润。一台中国制造的MP3售价79美元，仅专利费就有45美元，中资企业纯利只有1.5美元。

标准亦矛亦盾 当然，由于规则制定与解释主要掌握在西方大国手中，因此标准不仅可以当矛，也可以做盾，越来越多标准成为西方大国限制"中国制造"进口的技术性贸易壁垒。在机电产品方面，一些发达国家实行CE标准认证制度，使中国电视机、收音机等产品出口受到严重影响；欧盟执行新的茶叶农药残留量限量标准，部分农药残留量标准提高百倍以上。此外，中国产品在包装上也常常遭遇外国刷新标准的"突然袭击"。据有关报道，近年来国外类似标准法规更新修订越来越频繁，有的在不到两年的时间内就修改了5次。2009年7月，美国众议院通过了《韦克斯曼－马基法案》，即《清洁能源安全法案》，法案赋予政府对高能耗产品征收"碳关税"。围绕低碳经济的国际标准正在激烈的争夺之中，美国欲后来居上且先声夺人，以"碳关税"来抢占国际标准、增加市场保护的用意明显，而"碳关税"的大棒明显向着中国高碳产品挥舞。

西方大国在积极推动本国标准成为国际标准的同时，不断为中国标准成为国际标准设置障碍。2003年11月，中国宣布将采用自主开发的无线加密标准WAPI作为"国家标准"，并要求在国内所有的无线装置遵循该标准，该标准解决了当前广泛应用的802.11x（Wifi）无线（美国）标准中众所周知的安全问题。但是，以英特尔为代表的美国企业向美国政府与国会申诉，要求美国政府采取强硬措施阻止中国实施WAPI标准。并且宣称，如果中国实施WAPI标准，他们将共同对中国实施关键零部件的禁运。美国国会立即表达"严重关切"，随后美国动用国家力量全力阻止WAPI成为国际标准。在美国的压力下，2004年4月，中美商贸联委会竟宣布中国将推迟WAPI标准的实施，甚至无限期中止WAPI标准的执行。2004年12月，ISO/IEC的联合技术委员会第六分会（JTCIS6）在美国佛罗里达举行会议，讨论WAPI的修订版，然而美方通过延迟中国代表团签证的方式阻止中方的努力。2005年2月第六分会在德国法兰克福举行后续会议，美方操纵会议议程支持IEEE802.11标准，Wifi标准最后以多数胜出，WAPI竞争国际标准失败。

▶⋯中国：我的市场我做主

西方大国在不断刷新传统领域国际标准的同时，将目光更多地投向新领域国际标准的争夺：一是集中在健康、安全、环境等社会公益性领域，该领域关系到社会的可持续发展，是ISO、IEC的战略方向，西方大国当然视其为标准战略的重点；二是集中在信息、生物、纳米与新能源等高技术领域，该领域不仅是未来国际产业分工的制高点,也是国家创造更多财富的源泉;三是集中在国际竞争盲点,例如,日本把没被各国重视的发展残疾人、老年人、弱势群体技术作为国际标准竞争的重点。据日本调研结果,欧美日老年人、残疾人约占20%,潜藏着数百亿美元的"通用产品"之商机。

"起了个大早,赶了个晚集" 作为一个新兴大国,一个拥有庞大人力资源与巨大市场资源优势的大国,中国在公益性领域与高技术领域都有巨大潜力,有能力将更多的自己的标准上升为国际标准。这就需要一个清晰的国家标准战略,然而这恰恰是中国所缺乏的。尽管近年来相关部门做了很大努力,一些企业如华为、宝钢与海尔都有出类拔萃的表现。但是,在西方大国都已明确颁布国家标准化工作战略并投入大量资源的同时,中国则相形见绌,国家和企业的标准化工作缺乏整体的规划和指导。全美亚洲研究所在其2006年6月发布的特别报告《标准就是力量?中国国家标准化战略制定中的技术、机构和政治》中尖锐地指出,中国由于技术实力薄弱、组织机构条块分割严重,导致各种利益集团互相倾轧,从而使标准战略一致实施的连贯性极为困难。正是由于应对不力,中国的标准化建设越来越不适应世界标准争夺日趋激烈的态势,行家们分析,中国在标准化问题上可谓"起了个大早,赶了个晚集"。

中国现有的标准体系分为四层,即企业标准、行业标准、地方标准和国家标准。截至2007年底,中国共有国家标准21569项,国家标准中采用国际标准的总数为7745项。据专家介绍,中国大部分国家标准落后于国际水平,而采用的国际标准也是以1994年及以前制定的ISO、IEC标准居多,其中很多已经落后、已被更新或被淘汰。中国自己的技术标准被国际市场认可的为数不多,截至2007年底,在ISO共制定的17041个国际标准,中国提出并成为ISO标准的有29个,由中国提出并正在制定的ISO标准有26个;在IEC共发布5794个各类标准中,由中国提出的有27个,由中国提出并正在制定的IEC标准有25个。尽管近年来数目有所增加,但是比例仍然很低,而且基本上是一些非关键性的标准。因此，在多数情况下，中国只能被动地执行国外或国际标准，中国面向国际市场的制造与服务当然要受制于人。

亡羊补牢，立自己标准　中国至今缺乏一个能影响全球的标准来提升中国的声誉。因此，中国必须加快国家标准战略的制定与实施工作，为国家、行业和企业各个层面的标准化进行细致规划，确保资源投入的有效进行。国际社会的标准化有两大思路：一是欧洲、日本倾向于依靠正式的国际标准化组织来制定标准，二是美国侧重于依靠以市场为导向的标准工作组和企业联盟来制定标准。中国作为新兴大国能否在兼顾欧美标准化思路的同时，走出第三条发展思路，值得尝试。中国应利用自己的巨大市场优势，努力将自己的标准放大，上升为国际标准。俄罗斯之行从侧面提供有益思考，凡是来俄罗斯的，都得习惯与遵从俄罗斯的"标准"，否则就别来好了。中国是世界上最大并且增长最快的手机市场，中国信息与通讯技术中巨星璀璨，"巨大中华"（巨龙通信、大唐电信、中兴通讯、华为技术）正成为世界级跨国企业，因此中国没有理由不制定自己的标准。同样，家电、汽车、中医药、中餐等等已经成为或正在成为世界第一大市场或具有重要影响力的市场，未来都有潜力培育出"中国的国际标准"。

标准化是工业化的基础，只有标准化，才能产业化、工业化，才能获得更多更好的经济效益。不过，也应当注意到，世界是多样的，物质或组织在"本"上一些细微差别，往往在"末"上就有显著差异。西方的技术标准化是技术理性在社会生活中的泛化，人已经沦为标准化技术组织的工具。标准化正令整个社会成为技术控制的社会，使人的社会本质与社会价值出现严重异化。因此，在中国努力夺取更多国际标准的同时，不应忽视，标准化不是一切，多元社会需要个性化与柔性化，这也许是后工业真正到来、西方文明逐渐淡化之前人类社会经济正悄然酝酿的新变革。

陷阱之四

气候变化：悬挂中国头顶的又一柄利剑*

"人类行为导致地球气候变化而且变暖"这个论点一开始就充满了争议。其实，西方大国能找出100个科学家支持变暖，怀疑论者也能找出101个科学家出来支持变冷，只是怀疑论者不掌握主流媒体，缺乏话语权。如果历史能使人聪明，我们就来翻翻历史。历史（包括甲骨文）记载几千年前中国（夏朝）的河南省地域，多有大象漫步，"豫"至今还是这个省的简称。地方志专家告诉我，三国的关羽关云长"千里走单骑"，横穿的是茫茫亚热带丛林。而今天的河南既无大象，又少丛林。聪明的，请告诉我，你说这地球是变暖还是变冷？

气候变化本是自然科学问题，但是西方的政治家比科学家更感兴趣，如今气候变化议题显然在自然科学之上，打上了明显的政治烙印，涂抹了浓厚的道德色彩——人类生存，如此在整个世界以恐惧压倒了理智，以道德淹没了质疑。长久以来，政治家的天职就是说谎，西方政治家更是以能撒出弥天大谎而著称，因此对西方政治家的口吐白沫，世人不可不察。

---

* 本文主要内容曾以《气候变化：中国头顶上的又一柄利剑》为题，发表于《世界知识》2009年第21期。

气候变化、地球变暖一开始就充满了争议，2007年联合国政府间气候变化专门委员会（IPCC）第四次评估报告结论："人类燃烧化石燃料是造成气候变化的主要原因"，并声称该结论"可信度超过90%"。IPCC报告随后即被当作最主流、最权威的论点而被世界广泛引用，被发达国家广泛宣传。气候变化本是自然科学问题，但是对气候变化议题，政治家似乎比科学家更有热情。中国被深度卷入气候变化议题，并要求承担越来越重的大国责任，中国正处在工业化、城镇化与居民家庭生活现代化鼎盛时期，能否经得起"釜底抽碳"的重击，值得思考。

▶…黑客引爆"气候门"

有关"人类燃烧化石燃料是造成气候变化的主要原因"的定论来自联合国政府间气候变化专门委员会（IPCC）的第四次评估报告。但是，IPCC报告在形成过程中存在严重瑕疵。首先，报告引证的材料主要来源于发达国家的公开文献，中国等发展中国家文献基本不被采纳。[①] 例如，美国的SCIENCE杂志的影响系数超过30%，而中国权威的《中国科学》及《科学通报》却不到1%，而SCIENCE杂志每年发表来自中国的文章只有十多篇，而且多数还是与中国的一些特色研究相关，其他主要发展中国家与中国遭遇的"技术壁垒"大致相同。其次，对于气候变化有着重大影响的自然变化因素，几乎不在报告的视野范围之内。根据相关专家介绍，气候周期性变化伴随地球的诞生已经有了非常久远的历史，而且每隔10万年就有一个比较温暖的时期，暖期持续有几千年到2万年不等，如今已经持续1万年。即便如此，IPCC给自己报告的核心结论"人类燃烧化石燃料是造成气候变化的主要原因"评价是

[①] 《河南大学学报（自然科学版）》1993年第4期刊登了署名为凌荫崧的文章《从河南省简称看气候变迁》，详细考证了河南省古代气候的变迁，建议中国以及世界研究气候变化的专家与学者好好读一读。

"可信度超过90%"，也没有十足的把握。

其实，气候变化、地球变暖即便有超过90%的"可信度"，但是地球变暖的结果是好是坏、好坏程度仍没有定论。对气候变化议题，政治家似乎比科学家更有热情。2008年，美国总统大选的副总统候选人阿拉斯加州长莎拉·佩林（Sarah Palin）部分揭示其中的玄机，佩林虽然不是气候专家，然而是一个政治专家，而且有共和党为其配备的强大顾问团队，因此她在竞选期间的讲话不仅仅是她个人观点。佩林清楚气候变化议题的政治化成分，一直对人为活动造成全球变暖的说法持怀疑态度，"如果是人为的，那也是戈尔制造出来的"。美国前副总统阿尔·戈尔在卸任之后，一直积极从事气候变化议题的宣传与相关产业运作，由此赚取数以亿计的美元财富。2007年10月，鉴于戈尔对人类所作出的"巨大贡献"，戈尔和政府间气候变化专门委员会共同获得了诺贝尔和平奖。中国人很清楚，诺贝尔和平奖本身具有明显的政治倾向。总部设于伦敦的世代投资管理公司是"环保主义者"、美国前副总统戈尔的产业。他与高盛公司前任CEO戴维·布拉德合作，斥巨资投资丹麦的诺和诺德公司，而该公司的子公司Novozyms在生物乙醇蒸馏过程中的参与程度高达40%。生物乙醇造成的最严重后果就是带来了大约9亿的饥饿人口，至少这正是美英粮食卡特尔所追求的效果。2009年，全球12%的收割玉米都用来生产了生物乙醇。

2009年11月20日，国际媒体披露英国东英吉利大学气候研究中心（该中心为研究气候变化的领先机构，为联合国政府间气候变化专门委员会提供重要参考依据）遭到黑客入侵，数以千计电子邮件和数据文件被盗载，随后在一个气象科学家网站上公布。这些邮件和文件内容显示，在过去几年间，有关科学家涉嫌操纵数据、夸大人类对全球气候变暖所产生的影响。在联合国气候变化大会于哥本哈根召开的关键时刻（12月7日），"气候门"爆出，一方面给气候变化鼓吹者一记闷棍，一贯连篇累牍报道气候问题的国际主流媒体对该事件显得非常冷淡，英国BBC甚至一度取消有关该事件的网络评论；

另一方面，极大地鼓舞了作为非主流气候变化怀疑论者的斗志，他们坚称"总有一天全球变暖论将被揭露为一场骗局"。

但是，在气候变化议题上，发达国家拥有强大话语权与近乎绝对的主导权。12月4日，来自哈佛大学、斯坦福大学、麻省理工学院等多所名校25位美国科学家发表公开信，称这些邮件的内容无法动摇全球变暖的现有结论，决策者和公众应该明了控制全球变暖的紧迫性。信中说："人类活动是全球变暖的主因，证据是压倒性的。被盗的电子邮件内容不管怎样对于我们的总体理解没有影响，即人类活动正将全球变暖推进到危险水平。"多个发达国家政要轻描淡写，称"气候门"不会影响国际社会为遏制地球变暖所做的努力。"非主流"气候变化怀疑论者的声音很快便被淹没。发达国家的绝对主导权是因为他们都已经完成工业化与城镇化，居民家庭总体上也实现了生活现代化，除了汽车尾气排放外，基本步入"低碳经济"的发展轨迹。

气候变化是自然科学问题，气候变化议题显然在自然科学之上，打上了明显的政治烙印，涂抹了浓厚的道德色彩——人类生存。自然科学上的"可信度"与政治化与道德化成分，使任何一个国家政府都不敢正面挑战"人类行为导致气候变化而且是变暖"的定论。在毫无疑问的前提下，西方大国高分贝吹响了集结号："Let's go！"

▶ 气候变化触发"安全门"

"人类行为导致气候变暖"无论是真是假，但是气候变化议题业已成为国家安全的一个重要内容。道理很简单，那就是欧洲与美国已经将气候变化议题作为国家经济战略与安全战略加以重视与应对。

应对气候变化，欧盟盘算经济账 在气候变化问题上表现得最为积极的是欧盟。麦肯锡公司研究发现，在2030年前，75%的温室气体减排可以通过现有技术和非技术措施实现，无需开发新的技术。但是，相关技术主要掌握在发达国家尤其是欧盟手中。如果发达国家让渡这些技术，配备以适度资金援助或新的国际融资安排，气候变化问题即使是真的，也是可以解决的。

但是，将气候变化议题炒得热火朝天的欧盟，在技术转让与资金援助方面的态度却非常消极，它不断以知识产权为借口，拒不履行向发展中国家提供资金和技术援助的承诺。国际媒体早就披露，欧盟有意通过全球变暖议题，积极推动气候谈判，目的是增加其环保、新能源产业的发展和对外出口。同时，在全球竞争日益激烈的今天，欧盟将自己现行的生态保护标准推广到全球其他地区，将迫使其主要竞争对手提高类似的生态成本支出，借以遏制其经济竞争力。要知道，标准是欧盟经济增长的重要动力与收益来源，几个西欧发达国家80%以上的工作就是做国际标准化。

应对气候变化，欧盟的解决方案依托的是市场，由企业按照市场行为来解决技术与资金问题。"人类行为导致气候变暖"如果是真的，那也是人类有史以来最严重的"市场失灵"，然而发达国家的解决思路是依靠市场，匪夷所思。然而，这恰恰是发达国家尤其是欧盟积极倡导应对气候变化的动机，那就是他们要用"气候变化议题"来赚钱，而且是赚大钱。

应对气候变化，美国考量政治牌 在积极应对气候变化方面，如果说欧盟主要是在算经济账，那么美国更侧重政治利益。美国国会曾拒绝批准1997年克林顿总统签订的《京都议定书》，理由是如果美国企业减少排放，它们必将陷入财务困境，整个美国经济因此将受影响。布什政府对气候变化的态度一直消极，甚至认为"人类行为导致气候变暖"是个伪命题。在民主党掌控国会与政府后，美国在气候变化议题上来了个180度大转弯。美国是当今世界的无冕霸主，美国对气候变化议题的高度重视，自然会对国际政治经济产生重大影响。2009年7月，美国众议院通过了《韦克斯曼－马基法案》，即《美国清洁能源与安全法案》（ACESA），法案赋予政府对高能耗产品征收"碳关税"。如此，"在气候变化借口之下推进贸易保护主义"，为美国的经济霸权提供了一个新工具、新武器，而这个新武器指向中国的意图明显。

发达国家借气候变化来"拯救"人类共同家园这一道德高地，一开始就有令人质疑的动机。目前，欧洲联盟与伞形国家（美国、加拿大、日本、澳大利亚与新西兰的地图连线形似一把雨伞）正积极着手2012年以后（即"后京都协议"）的二阶段碳排放的国际角力，但是在斗争中不断增进联合，共同应对发展中大国的挑战。与此同时，不断努力分化瓦解发展中国家的联合：给一般发展中国家不设定减排义务，对非洲国家提供财政援助与技术转让（实际对非洲的资助迄今仅达到目标的1/10），而且通过清洁发展机制（CDM）为穷国提供"卖碳"赚钱的好机会。而众多小岛与低洼国家也是由于担心灭顶之灾，极大的恐惧心理使他们无法认真理性应对气候变化议题，积极跟随与响应发达国家的倡议，向中国等发展中大国施加减排压力。

西方大国掀起一股强大而持久的舆论攻势，在整个世界恐惧压倒了理智，道德淹没了质疑，发展中国家不得不跟风而动。如今，世界末日就在眼前，欧美振臂高呼：政策都有了，措施都有了，我们现在需要立即行动起来。

▶…或将掀翻中国经济快马

中国作为一个发展中国家、一个新兴市场，在由发达国家主导的国际经济秩序中总体处于被动地位。与诸多经济议题一样，西方大国设定与操纵气候变化议题同样成为中国经济安全的重要内容，而且与以往诸如知识产权、金融开放等议题不同的是，气候变化议题这一经济安全"纬线"，涉及中国各类重要经济安全"经线"，对中国经济安全与社会发展将产生广泛与持久的影响，气候变化议题正在成为另一把悬挂在中国头顶的"达摩克利斯之剑"。中国经济安全的"经线"主要体现在三大类产业中的主要行业。

气候变化议题触及第一产业安全"经线"集中在粮食、水、矿产资源的

生产、储存、流转与消费 由于自然资源的有限、稀缺与分布不均，所以相关国际竞争也日益激烈。中国虽然地大物博，但是人口众多，人均资源占有量普遍低于世界水准，而且经济的持续快速发展，对粮食、水与矿产资源需求呈现加速增长态势。自然资源的稀缺与分布不均，与中国日益增长的需求产生矛盾，因此其安全形势相当严峻。

2007年1月，科技部、中国气象局、中国科学院等六部门发布《气候变化国家评估报告》指出，气候变化将对中国自然生态系统和社会经济系统产生重要影响，尤其是对农牧业生产、水资源供需等影响显著，而且这些影响以负面为主，某些影响具有不可逆性。该报告默认的前提就是"人类行为导致气候变暖"的命题为真。

气候变化议题的设定，为跨国垄断资本炒作粮食、资源提供了极大理论与政策支持。2007～2008年世界粮食危机，国际社会普遍认为是美国与欧盟的生物燃料计划提供炒作背景，国际垄断资本尤其是"四大粮商"恶意投机所引发，包括联合国秘书长在内的诸多国际重量级人士都尖锐指出，美欧生物燃料计划是不道德的，是反人类的。因此，美欧在生物燃料计划上承受巨大的国际压力。他们极力辩解，气候变化才是粮食危机的主要原因。如今，气候变化"在科学上"似乎已被证实，在国际社会已经被广泛接受，因此未来美欧生物燃料计划与国际垄断资本的炒作可能会肆无忌惮。美国学者莱斯特·布朗（Lester Brown）《谁来养活中国》一书一度使国际粮食市场高度紧张，国际垄断资本一直伺机炒作"中国因素"，气候变化议题无疑为中国粮食安全增添新风险。

气候变化议题直接导致一些河流下游国家对上游国家的不信任乃至敌视，为水而战充斥国际舆论。亚洲80%以上主要河流的源头在喜马拉雅/青藏高原地区，中国水资源日趋紧张，自然会加快、加大对喜马拉雅/青藏高原地区水资源的利用，由此很有可能增加与周边国家之间的矛盾。近一段时间以来，印度在中印边境调兵遣将，忙得不亦乐乎，就有媒体报道此举旨在向中国施加领土与水要求的压力。

气候变化议题触及第二产业安全"经线"集中在制造业的竞争力 对于诸多发展中国家而言,工业化与工业文明是一个无法逾越的阶段,对中国这个发展中大国来说尤其如此,强大的民族、强大的国家与强大的国防依赖强大的制造。

依照人类现有的发展模式,除了工业化外,城镇化与居民家庭生活现代化都是以"碳"为基础的,釜底抽"碳",发展中国家就无法发展。发达国家主导的清洁发展机制(CDM)貌似公正合理,但实际上可能妨碍穷国的发展。2008年6月,国际人权政策理事会(ICHRP)发表报告指出:"卖给其他国家的每一个碳信用额度,都代表着本国基于碳的发展的机会流失。"

煤炭资源丰富是中国能源也是中国经济的比较优势所在,以煤炭为主的能源结构为"中国制造"的价廉物美奠定了基础。先进技术的严重缺乏与落后工艺技术的大量存在,使中国能源利用效率比国际先进水平约低10个百分点,高耗能产品单位能耗比国际先进水平高出40%。但是,中国的高碳产品并非都由中国自己消费,中国温室气体排放总量中约30%是"转移排放",实际上为许多发达国家承担了排放压力。中国正处于工业化、城镇化、居民家庭生活现代化的鼎盛时期,中国的富强离不开"碳"。"低碳经济"无比美妙,但是作为一个发展中国家,中国在中短期内难以承受"低碳"之重。因此,气候变化议题下的国际责任,很有可能成为延缓或掀翻中国这匹经济快马的"绊马索"。

气候变化议题触及第三产业安全"经线"集中于交通运输成本与金融发展机会 现代经济中,资源控制权、价格决定权与利润分配权对于一国的经济发展与经济安全至关重要,而商品流通与金融业则扮演着关键角色。综观世界经济发展的历史与国际经济竞争的现实,商业资本驱使产业资本,而金融资本又统领商业资本与产业资本。在日益开放的当今世界,发达国家在商业资本尤其是在金融资本上具有绝对优势。迄今,中国的商品零售、物流以及评级、会计咨询等金融中介服务越来越多地为跨国垄断资本控制，在脆弱性基础上正在酝酿体系性风险。

自《京都议定书》生效以来，国际上出现了名目众多的、专门从事碳交易的"碳基金"和公司。按现行规定，发展中国家企业不能直接将配额出售到西方市场，这些企业卖出的二氧化碳"减排权"主要由来自西方的"碳基金"和公司，或通过世界银行等机构参与后才能进入国际市场，这使得投资于"减排权"转让的基金或公司可以从中赚取丰厚利润，每项交易差价（毛利）往往比发展中国家出售的"减排权"还要高。

气候变化及其议题直接有利于跨国垄断资本的扩张与发展。气候变化议题将世界引入一个充满急流、旋涡与险滩的水域，在发展中国家的企业还无法有效应对经济全球化、信息化、金融化的同时，又面临产业低碳化、经济绿化的重压，这将显著增加对保险、投资咨询、相关金融衍生产品等广泛金融需求。此外，各类金融中介服务及其标准都将面临一场新的革命，而在金融服务领域西方大国远远领先于发展中国家，话语权几乎完全掌握在他们手中。因此，气候变化及其议题将为发达国家开辟极其广阔的金融服务市场，却显著增加发展中国家生产、流通与服务成本。尤其是国际垄断资本肯定会借助气候变化议题中衍生出的各种子议题进行金融炒作，劫掠发展中国家的财富。中国金融发展严重滞后且对西方高度依赖，因此必将面临更为不测的风险。

▶⋯中国陷入两难境地

气候变化议题因为政治化与道德化，比气候变化本身更加复杂。面对全球气候变暖及其议题这一"疑难杂症"，需要非常高明的"医术"，需要综合应对战略，敷衍的策略正带来明显的"副作用"。就目前而言，气候变化议题已经使中国陷入两难境地，跟也不是，不跟也不是。

战略高度不够高　中国在求证"气候变化"真伪这一科学问题上近乎没有发言权，在"气候变化议题"上对其复杂性认识不够，从而使中国总体陷入被动。

1997年，在围绕《京都议定书》重要规则形成过程中，以美国为代表的反对方和以欧盟为代表的支持方都曾通过承诺技术转让和经济援助来积极争取中国。尤其是美国为摆脱"孤立"而一直努力推销《亚太清洁发展和气候伙伴关系》来取代《京都议定书》。根据《京都议定书》的规定，中国不承担减排义务，在"无责一身轻"的思想下，中国选择了《京都议定书》支持方，给美国以重压，当初这被视为打击美国的一个很好的策略。然而，中国很快成为世界温室气体第一大排放国，美国由原来拒绝与反对转向积极支持乃至主导气候变化议题，美国极力要否决《京都议定书》给中国的"优惠安排"，美国反戈一击使中国承受巨大的压力，难以招架。

中国不仅是战略准备不足，而且技术与机制准备同样不足。中国人民大学一项研究报告认为，在电力、钢铁、交通、水泥、化工、建筑等重点行业、高耗能行业及通用技术领域中，未来低碳经济发展需要60余种关键技术支撑，而目前中国仍有42种尚未掌握核心技术和核心知识产权。中国在风能、太阳能设备生产上具有明显优势，但是关键技术主要来自西方。欧盟和美国手中却掌握着节能减排的高新技术和雄厚的资本优势。2005年欧盟就启动了排放交易机制，涉及的工业部门覆盖发电、供热、炼油、金属冶炼、造纸和其他高耗能企业。2006年欧盟委员会公布了《能源效率行动计划》，包括70多项高技术节能措施。发达国家正凭借这些领先技术以"错位竞争"的态势，在低碳经济领域应对新兴大国在传统经济领域突飞猛进的发展。

社会广度不够广　欧美等西方国家花大气力应对气候变化，主要是来自相关利益集团的压力，以及在舆论导向下形成的强大民意基础。"人为导致气候变暖"尽管可能是"莫须有"的，但是社会宁可信其有，因此政府顺势推动，势如破竹。

在中国，应对气候变化及其议题挑战几乎一直是政府而且还是中央政府的工作。绝大多数地方政府由于沉迷于 GDP 增长的政绩，仍然一如既往引进各类形式外资，"科学发展"同样只是嘴上哈哈，纸上画画，墙上挂挂。"气候变化"往往只是少数领导偶尔用于点缀乏味报告、赶赶时髦而已，有高明者则把气候变化当作一个筐，将发展布局失当、经济决策失误等引发的环境问题纷纷装进"气候变化"。

在西方对气候变化最为敏感的当数企业，它们在节能减排的压力下，努力在低碳经济的倡议中寻找商机。在中国，企业"三军"（国有企业是主力军，民营企业是生力军，跨国企业是雇佣军）中，唯有跨国企业最先感知"春江水暖"，对气候变化议题以及相关的低碳经济发展敏感度较高。诸多国企和民企都将气候变化、低碳经济当作政府的事、遥远未来的事，坐等政府的优惠政策。

大众深度不够深　在西方，随着生活水平富足，人们对自然安全的需求越来越高，环保意识越来越强，由工业文明迅速走向生态文明。在欧洲兴起一种"共用汽车合作社"（car-sharing），人们将各自购置的汽车放在一个合作社里合用，合作社对成员的所有汽车统一维护与保养，成员按照需要提前预约，并可使用不同品质的汽车。这从某种程度上减缓了由于私家车过多造成社会交通负荷沉重和资源相对闲置的问题。荷兰号称欧洲的"自行车王国"，城市中绝大多数职工上下班不用私人汽车，而是骑自行车或乘公共交通。北欧国家瑞典地广人稀，资源丰富，但是瑞典人十分注重生态文明，优先发展公共交通以及适当的住房消费。但是，人均资源短缺的中国，却选择了美国的发展模式——城市不断扩张、私家车拥有量大增以及享用大房子乃至豪华别墅。因此，中国应当借助气候变化议题与国际压力，来提高社会"节能减排"意识。例如，能否考虑在国内也实行"共同但有区别的责任"，即对豪华汽车、极宽敞住房或别墅、奢侈品等消费征收碳税，对城市非年老居民喂养宠物征收宠物税，定向用于中西部乡村的脱贫事业。

陷阱之五

碳交易：当心沦为西方"卖碳翁"*

只许富翁排气，不准穷人放屁。2009年12月，联合国气候变化大会在丹麦首都哥本哈根召开，发达国家竟抛出"丹麦文本"协议草案，抛弃《京都议定书》的"共同但有区别的责任"减排原则，赋予自己在未来谈判中有更大话语权与更高的排放额度。鉴于发达国家主要是工业国，发展中国家主要是农牧业国，工厂排废气可获高额度，猪牛放屁只给低额度，因此，这是一个"只许富翁排气，不准穷人放屁"的实施双重标准的不平等草案。

发达国家借气候变化来"拯救人类"共同家园这一道德高地，一开始就有令人质疑的动机。在所谓道德高地脚下却是发达国家精心布置的屠宰场、角斗场，发达国家政治家用"碳关税"驱赶着、垄断资本用"碳交易"牵引着发展中国家蜂拥而来。中国在国际碳交易价值链中处于低端位置，有沦为"卖碳翁"而成为发达国家廉价减排工具的风险。中国的行动应当更具战略眼光，在关注天空的同时，应当密切留意脚下，避免落入西方的新陷阱。

---

* 本文主要是《碳排放：中国工业化的绞索？》(《世界知识》2009年第13期)与《碳交易：当心沦为西方"卖碳翁"》(《国有资产管理》2010年第2期)两篇文章的综合，中国现代国际关系研究院王力博士对本文有贡献。

哥本哈根气候变化会议最终只达成一项无法律约束的政治性协议,"后京都时代"减排框架仍不明朗,中国作为国际碳交易市场的重要参与者,角色变化仍未确定,但有沦为"卖碳翁"而成为发达国家廉价减排工具的风险不断增加。2012年之前的三年时间短暂且弥足珍贵,如何抓住眼前机遇窗口,摆脱被动尴尬的处境,为日益激烈的国际碳竞争打下良好基础,值得细致谋划与积极应对。

▶…撩开"碳交易"的面纱

为迎接日益紧迫的挑战,国际社会在1992年制定了《联合国气候变化框架公约》(以下简称《公约》)。1997年12月,《公约》第三次缔约方大会在日本京都召开,149个国家和地区的与会代表达成了《京都议定书》(以下简称《议定书》)。《议定书》规定,到2010年,所有发达国家二氧化碳等六种温室气体的排放量,要比1990年减少5.2%。《议定书》于2005年2月16日正式生效。由于对地球温室气体存量影响的差异,资源禀赋和经济发展水平的差异,在履行减排义务时所付出的代价不同,因此,《议定书》赋予各国在温室气体减排方面具有"共同但有区别的责任"。

根据"共同但有区别的责任"原则,已完成工业革命的发达国家应对全球变暖承担更多的历史责任。自工业化时代起所排放的每10吨二氧化碳中,约有7吨是发达国家排放的,因此,《议定书》只给工业化国家制定了减排任务,对发展中国家没有相应的硬约束要求。但是,占发达国家温室气体排放约40%的美国和澳大利亚当时没有批准《议定书》。2007年11月,新任澳大利亚总理陆克文上任不到3小时,就签署了《京都议定书》。至此,美国成了孤家寡人。

迄今,二氧化碳减排主要有三种技术方向和选择:一是以清洁能源、可再生能源、新能源（不包括核能）等技术来替代化石能源技术；二是提高能效，进而通过减少能耗实现二氧化碳排放的削减；三是碳埋存及生物碳汇技术。按照《议定书》的减排目标，2012年前发达国家需要减少的二氧化碳排放量在50亿~55亿吨，其中一半减排量由发达国家通过各类技术改进等方式"内部消化"，余下超过25亿吨则需要通过向发展中国家输出先进技术或设备改造资金实现减排抵免，或经由发展中国家与发达国家基于项目合作的清洁发展机制（CDM），进行排放额度转让贸易来完成。

由此，便人为形成了一个奇特的"碳交易市场"，实际上就是CDM市场。核心内容就是，有减排义务的国家，通过和没有减排义务的国家进行CDM项目合作，发达国家获得项目产生的全部或部分经核证的减排量（CERs），用于履行其在《议定书》下量化的温室气体减排义务，同时相关发展中国家可以获得额外的资金或先进的环境技术。全球碳排放交易市场一经产生，成长迅速，如今在千亿美元左右规模。专家预测，未来这个市场的规模可达到2000亿~2500亿美元，超过国际石油交易规模，中国有可能将占有该市场1/4的份额。

自《议定书》生效以来，国际上出现了名目众多的、专门从事碳交易的"碳基金"和公司。按现行规定，发展中国家企业不能直接将配额出售到西方市场，这些企业卖出的二氧化碳"减排权"主要由来自西方的"碳基金"和公司，或通过世界银行等机构参与后才能进入国际市场，这使得投资于"减排权"转让的基金或公司可以从中赚取丰厚利润，每项交易差价往往比发展中国家出售的"减排权"还要高。因此，整个国际碳交易市场如今还是一个买方市场，发展中国家的企业本来就没有定价权，议价能力又较弱，信息与能力的不对称，使发展中国家处于被动与不利地位。

发达国家借气候变化来"拯救"人类共同家园这一道德高地，一开始就有令人质疑的动机。如果"人类行为导致地球变暖"这一"科学共识"成立，那么地球变暖恰恰是"市场失灵"的最大、最直接后果，但是发达国家采用的"药方"竟然是采用"市场化手段"来遏制地球变暖、保护环境，并给各国设定二氧化碳排放配额（即所谓的"碳信用"），并允许配额的买卖赚钱。此外，成立以美元计价的"碳信用"期货交易市场——世界第一家碳股票市场（芝加哥气候交易所）——以便随意进行价格操纵，如同石油等大宗商品交易市场现在发生的情况一样。发达国家将自己摆放在"拯救人类生存"的道德高地，但是不难看出通过一系列的策略谋划与市场安排，在道德高地脚下是屠宰场、角斗场，政治家驱赶着、垄断资本正牵引着发展中国家蜂拥而来。

在气候变化问题上表现得最为积极的欧盟，在技术转让与资金援助方面的态度却非常消极，它们不断以知识产权为借口，拒不履行向发展中国家提供资金和技术援助的承诺。国际媒体早就披露，欧盟有意通过全球变暖议题，积极推动气候谈判，目的是增加其环保、新能源产业的发展和对外出口。同时，在全球竞争日益激烈的今天，欧盟将自己现行的生态保护标准推广到全球其他地区，将迫使其主要竞争对手提高类似的生态成本支出，借以遏制其经济竞争力。目前，欧洲联盟与伞形国家（美国、加拿大、日本、澳大利亚与新西兰的地图连线形似一把雨伞）正积极着手2012年以后（即"后京都协议"）的二阶段碳排放的国际角力，而发展中国家尚沉溺于如何向发达国家更多更好地"卖碳"赚钱，而且为更多地"卖碳"赚钱而相互杀价，相互指责。

▶ 国际碳交易市场热络

地球变暖，本是一个似是而非、见仁见智的话题，但是如今在西方强大舆论攻势下，怀疑论者的声音越来越微弱了。在地球变暖的"定理"下，全球人民行动起来了，在西方"一二一"的口令声中，调整参差不齐的步伐，以"拯救"人类的共同家园。由此，碳交易市场因理性抑或非理性而迅速热络繁荣，不能不让人感慨"无形之手"的巨大魔力。

碳交易发展态势逼人　包括二氧化碳在内的温室气体本身并不具有价值，

不是自然可交易商品。1992年签署的《公约》及1997年通过的《议定书》为碳交易提供了法律依据。在"共同但有区别的责任"原则下，以欧盟为主导的发达国家对碳排放行为进行总量控制，导致碳排放权产生稀缺性，从而人为创造了一种有价资产。

2005年《议定书》正式生效后，全球碳交易出现爆炸式增长，市场参与者从最初的国家、公共机构向私人企业及金融机构拓展。据国际排放交易协会统计，2008年全球碳交易市场市值为1263.5亿美元，比2007年翻了一番。

随着世界进入低碳时代，碳交易市场正日益成为国际经济体系中重要组成部分。据世界银行预测，2012年全球碳交易市场将达到1500亿美元。据英国新能源财务公司报告预计，2020年全球碳交易市场规模将达到3.5万亿美元，有望超过石油市场成为世界第一大市场。

低碳经济扩张方兴未艾，国际碳交易外延不断伸展，发展中国家尤其是新兴经济体正受到越来越紧的市场裹挟。首先，企业跨出国门将必须遵守发达东道国硬性约束，包括自身运营排放、上下游排放、产品使用排放三个层次的规定。在欧洲，碳排放正成为企业例行的风险管理项目，并对财务报表产生直接影响。瑞士再保险和慕尼黑再保险公司甚至拒绝为碳表现不良的企业提供服务。

其次，来自国际供应链的减排压力倒逼。发达国家已经建立起"低碳标准"，绿色供应链成为新的门槛。目前，沃尔玛已要求10万家供应商必须完成"碳足迹"验证，贴上不同颜色的碳标签，其中大部分供应商是在中国。大量原材料企业、制造商、物流商、零售商必须降低碳排放，否则将拿不到相关跨国公司的订单。

再次，碳治理成为国际金融投资决策的重要考量。企业排放渐渐成为高管、机构投资者、保险业者密切关注的事务。2002年，美国证券管理委员会敦促公司主管把气候变化视为核心价值驱动力，董事会参与环境规划并监督公司碳责任。同年，英国修订退休基金披露法则，要求投资机构在选择、保留投资组合时，明确纳入社会、环境和道德考量。

碳交易市场纵横分裂 国际碳排放权交易并未形成统一市场。全球范围内共有20多个碳交易平台，交易标的主要有两种：一是二氧化碳排放配额，以及由此衍生出来的期货与期权金融产品；二是产生实际减排效果的投资项目。

基于项目的碳交易市场是一级市场，涉及具体减排项目开发。发展中国家对一级市场的贡献占据绝对主导地位。2008年，围绕发展中国家的"清洁发展机制"（CDM）交易规模为65亿美元，占全部一级市场的90%；围绕发达国家的"联合实施机制"（JI）交易金额仅为2.9亿美元。从供需结构来看，欧洲是主要需求方，2008年占据一级市场份额的80%以上。中国是CDM市场上的最大供应方，2008年占据CDM市场份额的84%，远远超过其他发展中国家。

基于配额的碳交易市场是二级市场，具有排放权价值发现的基础功能。受排放配额限制的国家和企业，通过购买碳交易单位来满足排放约束。配额多少与惩罚力度大小，影响着碳排放权价值的高低。据世界银行统计，2008年基于配额的市场交易额为920亿美元，占全部碳交易总额的74%左右，规模远大于一级市场的72亿美元。

国际碳交易绝大多数集中于相关国家或区域内部，市场规则多种多样，发展程度参差不齐。不同市场之间难以直接跨市场交易，形成了国际碳交易市场高度分割的现状。欧盟排放交易体系是全球最大的碳交易市场。2005年成立时，碳交易总量仅为9400万吨，2008年已猛增至28亿吨，占全球碳交易总量的近60%。欧盟排放交易体系对欧盟27国实行"总量控制与交易"制度，是一个欧盟内部的强制减排配额市场。美国芝加哥气候交易所成立于2003年，是全球第一家自愿减排碳交易市场，2008年市场规模约为3亿美元。

碳交易金融化倾向突出 本质上讲，碳交易是一种紧密联系绿色实体经济的金融活动。通过碳交易，金融资本直接或间接投向企业或项目，推动技术革新和优化转型，减少对化石燃料的依赖，降低温室气体排放水平。碳金融交易既包括排放权交易市场，也包括与之相关的各种衍生产品交易。

碳排放权成为继石油等大宗商品之后的一个全新的国际价值符号，"碳货币"体系竞争悄然成型,各经济大国纷纷争当碳交易的主导货币。国际货币霸权崛起,通常与国际大宗商品、特别是能源的计价与结算紧密绑定在一起的。从19世纪"煤炭—英镑"、20世纪"石油—美元",再到今天的"碳排放—X元",演绎出国际主导货币依托能源贸易崛起的一贯路径。欧元在碳货币领域已抢占先机,在全球碳交易配额或项目市场都占据着相当大的比例。日元开始发力,澳元、加元都具备提升空间。如美国会最终通过《美国清洁能源与安全法案》(又称《瓦克斯曼-马基法案》),美元在碳交易领域的话语权也将大大加强。

碳排放权还进一步衍生出具有投资价值和流动性的金融资产,如碳减排期货、期权等。碳金融衍生品已经成为金融市场的新贵,未来市场发展空间巨大,可能会超过任何金融产品。首先,碳资产备受私人金融资本青睐。自2004年以后,私人资本开始大举投资减排项目,截至2007年底,私人资本主导的基金数量超过了政府机构或组织主导的基金,如挪威碳点公司、欧洲碳基金等都非常活跃。

碳交易指数成为金融市场一个重要指标。2008年,纽约—泛欧交易所推出低碳100欧洲指数,成为第一个有低碳排放记录的欧洲公司指数。金融市场更以此为基础,创建了碳指数交易基金(ETF),如巴黎银行Easy ETF,就是在纽约—泛欧指数基础上建立的指数交易基金。

另外,传统银行业积极参与碳金融创新。商业银行参与碳金融的常见途径是为碳交易提供中介服务。之后,逐渐发展出多种形式,包括设计各种碳金融零售产品,以及为企业直接提供相关融资服务等。

▶⋯国际角力日酣,中国何为?

发达国家上百年工业化过程中分阶段出现的环境问题,在中国近20多年来集中出现。中国在传统污染问题（空气、水、酸雨、土壤、海域等污染）依旧十分严峻的态势下，温室气体排放等新型污染也在迅速增加。

英国和美国的二氧化碳人均历史排放量约达1100吨，而中国和印度的人均水平分别为66吨和23吨。根据联合国开发计划署发布的《2007/2008年人类发展报告》，到2015年，中国的人均碳排放量预计会达到5.2吨，只相当于届时美国人均19.3吨的1/4，或相当于整个发达国家平均水平的1/3。但是，中国如火如荼的工业化，使得二氧化碳排放增量迅速，未来十年内势必成为世界最大的二氧化碳排放国。西方有报道渲染，中国如今已经超越美国成为世界上头号碳排放国。

中国"以煤为主"的一次能源结构短期内很难改变。中国正进入工业化中期，重化工业比重仍在持续增加，能源密集度在不断提高，能源消费呈现迅速增长态势，由此决定了中国温室气体排放总量大、增速快，单位GDP的二氧化碳排放强度高。由于能源结构的刚性，以及能源效率的提高受到技术和资金的制约，因此中国控制二氧化碳排放的前景不容乐观。中国政府不但要承担各种各样的国内责任，如今扑面而来的是多种多样的国际责任，减少碳排放只是新增加的一种。

在《议定书》的"共同但有区别的责任"下，中国作为发展中国家，如今仍享有减排达标的"豁免权"。但是，中国要捍卫这种权利，已经越来越不轻松。首先，美国一直将中国作为它拒绝《议定书》的"挡箭牌"，布什政府就认为，不对中国、印度等发展中大国设置控制标准是不公平的。其次，2006年8月，巴西推出了一个后京都国际气候制度的全面设计方案（《圣保罗案文》），呼吁限制中国在CDM市场的发展，认为中国应该在CDM市场达到一定规模后，转换成定量减排目标。也就是，在中国尚未完成工业化、实现消除贫困人口之时，逼迫中国提前进入"买碳"行列。

更值得关注的是，奥巴马政府一改前任在温室气体排放与全球气候变暖问题上的消极态度，以高姿态积极介入。明确提出以优先发展清洁能源、积极应对气候变化为内容的绿色能源战略。5月21日，美国众议院通过了《美国清洁能源与能源安全法案》，确立旨在限制温室气体排放的"总量管制和交易"制度已在预料之中，而且随着时间的推移，排放限制会变得日益严厉。因此，可以预期，一旦美国采取行动，世界多国将仿效美国的做法。而拒绝限制其温室气体排放的国家将面临制裁。

3月17日，美国能源部长朱棣文在众议院科学小组会议上称，如果其他国家没有实施温室气体强制减排措施，那么美国将征收碳关税（Carbon Tariff），这将有助于公平竞争。所谓碳关税，是指对高耗能的产品进口征收特别的二氧化碳排放税。欧盟一直积极倡导，对未遵守《议定书》的国家课征商品进口税。西方已经着手"后京都时代"的国际竞争战略布局。

那么，中国为此做了些什么？2008年4月，美国国际集团（AIG）宣布，将注资400万美元于中国和美国温室气体减排项目，用于补偿该公司2006年业务部门所排放的62万吨温室气体总量，其中200万美元将投资在中国新疆和四川的农村，并将碳减排的补偿额度在北京产权交易所进行注册，并被封存。中国官员非常高兴，"通过使用沼气减少氮肥和机械使用的四川60万户农民参与该交易"，"要让农民知道，除了农产品，还可以卖碳排放指标"。当中国还在乐颠颠地寻找卖碳商机、忙活着与美欧经济战略对话时，西方的气候变化软刀正指向中国。

▶ "卖碳翁"的尴尬与风险

中国碳交易资源巨大，但处于国际碳交易链低端，沦为"卖碳翁" 按现行规定，发展中国家不能直接将配额出售到西方市场。卖出的减排额主要由一些国际碳基金和公司或通过世界银行等中间机构参与后才能进入国际市场，由此衍生出大大小小的国内外咨询、中介公司。由于碳交易二级市场价格高于一级市场，中间商购入 CDM 项目实现的减排单位，转手卖向二级零售市场，赚取市场之间的价差。国际社会对减排要求越严格，二级市场上碳交易价格必然越高，中间商套利收益也越大。

中国是发展中大国，人均碳排放量低，与此同时中国通过种草植树造林、新能源发展、产业改造等为中国赢得大量碳交易资源。截至 2009 年 10 月，中国在联合国清洁发展执行理事会已注册 663 个项目，预期年平均减排量达 1.9 亿吨，约占全球注册项目的 58%，注册的项目数量和年减排量均居世界第一。[①]

中国参与碳交易的主要形式为 CDM 项目买卖，由于缺乏自己的碳基金、碳交易机构等中间组织，中国大量低成本 CDM 项目资源必须通过国际碳基金、西方交易机构等中间组织，方能到达最终买家。国家规定二氧化碳排放权的保护价是 8~10 欧元/吨。2008 年 7~8 月间，国际二氧化碳价格排放权曾高达 25 欧元/吨。经过国际金融危机冲击，国际碳交易价格被"腰斩"，现在国际价格是 13~14 欧元/吨，但是仍然高于中国卖出价。发达国家交易商转手就有超过 30% 的利润，在国际碳交易价值链中所占优势由此可见一斑。国际碳交易价值链上的垄断现象，使中国失去利用资源优势获得价格影响力的机会。

中国在国际碳交易价值链中处于低端位置，有沦为"卖碳翁"而成为发达国家廉价减排工具的风险。中国为全球碳市场创造的巨大减排量，被发达国家以低价收购后，包装成价格更高的金融产品在国外交易，中国碳交易由此成为"生产加工在国内、市场在国外、市场渠道完全被国外机构把持"的新型"加工贸易"。

国际碳交易机制待变，中国缺乏话语权　国际碳交易市场成长迅速，成为推动低碳经济发展的重要动力。但是，作为一个对国际政治高度依赖的市

---

① 参见《我国 CDM 项目的注册数量和年减排量均居世界第一》，中央政府门户网站（www.gov.cn）2009 年 11 月 19 日。

场，碳交易市场仍存在诸多缺陷。2009年12月，世界银行发布《碳金融十年经验：碳市场发展与减缓温室气体排放》报告，认为目前碳交易市场有必要重新厘清"游戏规则"，建议通过完善评估标准、加强监管，使交易项目更具有操作性和实质性。

CDM市场发展走到十字路口。《议定书》在2012年到期后，碳交易新规则难以预知。但是，CDM市场经过十年发展，逐渐暴露出机制滞后的一面，有待未来加以优化。当下，机制缺乏改革动力，将令投资者望而却步，阻碍CDM市场的可持续发展。这主要表现在以下两个方面：

一是审批过程过于繁琐、漫长。CDM项目在得到国内审定后，还需要通过联合国CDM专门机构审核，得到许可后才能在国际碳交易市场上交易。从立项到最终通过联合国机构确认，项目审批周期一般长达18个月。随着申请项目越来越多，审批压力越来越重，耗时也越拉越长，严重缺乏效率。

二是评判标准不够稳定、透明。表面看，CDM项目国际交易的负责机构是联合国，实际掌握规则制定权与解释权的仍然是西方国家。中国作为世界上最主要的碳减排资源国和排放国之一，未来很可能成为最重要的国际碳交易主体之一，而目前仅是国际碳交易市场的被动参与者，缺乏话语权。比如，哥本哈根气候大会前，联合国CDM注册审批机构无端怀疑中国政府故意调低风电上网价格，因而拒绝批准来自中国的10个风电项目。

国际碳交易风险潜伏，危机防范意识有待提高　正如市场机制本身就会助长金融风险，碳交易市场也具有严重局限性。自《议定书》签署以来，西方经济学家、环保主义者和政客不断鼓吹"碳市场教条"，即出售各种碳信用额度是把资金和技术引向世界上最有价值的减排项目的有效途径。然而，碳交易市场不是自然形成的，完全是人为制造的，其价格机制形成存在偏差，供求机制调节作用较弱，影响该市场有序发展的外部因素众多。

一方面，碳交易不断衍生化的发展趋势导致该市场内容与结构日渐复杂。银行和其他金融机构推出的碳金融工具越来越复杂和不透明，要想保证市场机制持续有效，就需要解决许多难题，美国的次贷危机已经清楚表明复杂与不透明的金融衍生产品的巨大危害，碳交易市场要避免产品过度衍生化，避免次贷危机式的系统性风险。

另一方面，利害关系不断增大，助长市场贪婪、短视心理。滥觞于美国的世纪金融大危机也清楚表明，自由资本主义的无序竞争驱使企业只追求巨额短期利润，导致在中长期内风险不断积累，最终以爆发危机的形式表现出来。比如，碳项目的注册和实际排放量的核实主要由运营机构负责，涉及费用较为高昂，中介机构在材料准备和核查中存在一定道德风险。

国际碳交易领域缺乏保护公共利益、防范系统风险的机构。在国际能源市场上，有关国际能源组织负责分析、防范全球性风险，各国政府亦高度重视能源市场的监察与干预。在国际贸易市场上，世界贸易组织制定与完善贸易规则、维护贸易秩序、解决贸易争端。在国际金融市场上，国际货币基金组织工作尽管差强人意，但是有负责判断、提示系统性风险之职能，各国国内金融监管体系也相对成熟。相比之下，碳交易市场对世界经济与国际金融的重要性越来越突出，但是缺乏风险管理意识。无论是联合国框架下的《议定书》市场体系，或是地区性碳交易体系，均未建立起配套监管框架。

▶…不仅关注天空，更应留意脚下

由于中国处于世界产业链的低端，高耗能、高污染、低附加值的产品在总出口中占很大比例，因此在很大程度上，中国的能源消费量和二氧化碳排放总量持续上升是因为相关产品出口的不断增加。

发达国家消费了"中国制造"，却把巨大的温室气体排放量留给了中国。据国内研究机构测算，2006年中国的"内涵能源"出口量达6.3亿吨标准煤，占当年一次能源消费量的25.7%；净出口"内涵能源"的二氧化碳排放量超过 10 亿吨，占当年二氧化碳排放总量的 35% 以上。[①]"内涵能源"是指产品上游加工、制造、运输等全过程所消耗的总能源。2007 年 11 月，根据英国一家研究机构的研究，中国大约 25% 的碳排放是由于出口导致的。如果把出口产品的"内涵能源"计算在内，中国实际上是能源的净出口国，并不是国际社会指责的净消费国。换言之，某种程度上，"中国制造"非但不是推高国际能源价格的罪魁祸首，而且还是帮助发达国家降低碳排放的牺牲者，中国是在用本国能源贴补发达国家的消费者。

但是，当今国际游戏规则掌握在发达国家手中，话语权、裁量权也在它们手中。在后京都时代，发达国家针对"中国制造"征收碳关税，并非遥不可及。一旦碳关税付诸实施，"中国制造"的低成本优势将不复存在。例如，按碳排放硬约束推算，未来电价至少得上涨一倍，太阳能电池板所需的硅原料加工的耗电成本就会超过了三四百元，如此相较于美国，中国新能源的电池组件就没有任何优势了。出口是拉动中国经济增长的"三驾马车"之一，2008 年中国 GDP 为 4.22 万亿美元，进出口总额达到 2.56 万亿美元，其中出口 1.43 万亿美元，进口 1.13 万亿美元，贸易顺差 2954 亿美元，对中国经济增长的贡献，出口约占 34%，净出口约占 7%。碳关税的征收必将对中国外贸进而对中国经济增长产生重大影响。

原煤储藏丰富是中国的比较优势同时也是中国制造的竞争优势所在。但是，在国际责任的重压与未来贸易大棒的高压下，中国在工业化尚未完成之际，将被迫进行能源消费结构的调整。有关部门以 2003 年中国能源消费数据进行了相关推算，当年煤的比重为 67.1%，天然气的比重为 2.8%。如果将煤的使用比重降低 1 个百分点，代之以天然气，二氧化碳的排放量会减少 0.74%，而 GDP 会下降 0.64%，居民福利降低 0.60%，各部门生产成本普遍提高（其中电力部门受影响最大，平均成本提高 0.60%）；如果"气代煤"

[①] 参见《中国商品"内涵能源"净出口不容忽视》，人民网（www.people.com）2007 年 12 月 11 日。

的比例为5%，二氧化碳的排放量会减少4.9%，而GDP会下降2.0%，居民福利减低2.0%，电力部门平均成本提高2.4%。因此，中国能源结构调整的后果是，一方面二氧化碳排量会显著降低，另一方面GDP增长速度会放缓，居民福利受到的影响较大。在2020年之前，中国一直将面临巨大就业压力，"保增长，就是保就业，就是保稳定"。因此，碳排放问题直接关系到中国对外贸易、经济增长、就业增加与社会稳定。

此外，还有一个重大危险就是财富的大量流失。在后京都时代，发达国家可以通过碳关税的形式堂而皇之地直接虹吸中国的财富。此外，依照《圣保罗案文》，中国应该在CDM市场达到一定规模后，转换成定量减排目标，中国将由"卖碳"者变为"买碳"者，企业的利润由此将被大量分流。值得关注的是，中国相关部门提出了遥远的、或者说不切实际的超主权货币，恰好给西方正在酝酿的碳货币本位的推出提供契机。由此，中国可能将在"美元陷阱"与"金融陷阱"中越陷越深。

全球气候变暖，增进国际合作，发展低碳经济，限制温室气体排放，已逐渐成为世界共识。对中国而言，研发和推广低碳能源技术、发展低碳经济既是中国负责任形象的展示，也是中国在经济风险增加的背景下，实现可持续发展、转变经济发展模式的历史机遇所在。但是，中国的行动应当更具战略眼光，在关注天空的同时，应当密切留意脚下，避免落入西方的新陷阱。

第二部分

Uncle Sam's lies

美国制造的谎言

美国制造：高—精—尖？

强势美元：早就成为皇帝的新衣

黄金非货币化：忽悠了世界？忽悠了中国！

经济失衡：美国危机中国制造

"中国威胁论"：到底威胁了谁？

第二部分　美国制造的谎言

导　读

　　谎言重复一千句，就会成为真理。美国有超群的经济实力，有压倒性的军事实力，有强大的"软实力"，克林顿"巧妇"在"无米"或"少米"的情形下又玩起了"巧实力"。因此，美国强权不可一世，他说话，世界都要认真倾听，不需要重复，而强权就是真理，美国发声当然句句是真理。

　　"美国制造"是优质资产。美国制造的航天飞机、电子对撞机、超大计算机等高科技产品，复杂、精湛、世界一流；F16、阿帕奇、集束炸弹等杀人武器，样式、效率世界一流；美国石油、稀土等资源丰富，品位高、易开采世界一流；美国信息技术、生物技术等世界一流；这些都是"美国制造"，但是美国人很少对外推销，奇货可居，想买还不一定卖给你。

　　相反，长期以来，美国一直向国际社会兜售麦当劳和可口可乐、好莱坞电影与迪斯尼动画、CDO与迷你债券、民主与人权以及自由资本主义等等，这些都是"美国制造"。麦当劳和可口可乐属于"半垃圾"食品与饮料，在美国常常用来派发给流浪汉、无家可归者充饥；好莱坞电影与迪斯尼动画多半在宣扬美国的追求感官效果、内容浅薄、唯我独尊的文化快餐；CDO与迷你债券就是"金融毒品"、"大规模金融杀伤武器"，直接制造出国际金融动荡与世界经济危机；民主与人权对于很多发展中国家是"奢侈品"与"兴奋剂"，南亚、拉美与非洲国家因服用导致社会持久动荡，有的甚至被美国贴上"失败国家"的标签。

　　自由资本主义纯粹属于强买强卖。美国为推销自由主义，通过各类NGO为发展中国家培养、输送信奉自由主义的人才，乘发展中国家经济之危通过国际组织或自己的援助，间接或直接要求受援国实施自由主义，更有甚者通过支持目标国发动颜色革命或军事政变（如在智利、巴西、阿根廷与乌拉圭等国）

直接输送自由主义。过去，美国以其独有建国方略与理想主义精神在更多的方面造福人类，如今滥觞于美国的自由资本主义将人类本性之自私自利的消极面推向了极端，从而在更多的方面破坏人类和谐与持续发展。美国经济社会长期为大企业、大资本垄断，自由市场、自由竞争、自由经营早就无影无踪，只是以"概念"形式存在于媒体与书本之中，官僚与学阀的口头之上，但是美国硬是要将它推销给世界，为美国资本于全球扩张铺平道路。然而，此遭金融危机袭击，在火烧眉毛的情势下，美国完全抛弃了自由资本主义的概念与遮羞布。"己所不欲，硬施于人"的实质大白天下。

美国是当今世界超一流国家，经济、科技、军事、政治与外交等多种力量使世界诸国难以望其项背，美国所能制造的远远超乎世人的想象，而美国所做的比他所说的要多得多。世人要认清美国这个庞然大物，不能听他所说的，而应当更细致地观察他所做的。

美国制造了诸多大规模恐怖事件。被公认的当代西方最有影响的思想家之一、也是当代最著名的语言学家之一的乔姆茨基认为，美国是世界上首屈一指的恐怖主义国家。在美国遭受9·11恐怖攻击后，乔姆茨基在接受采访时分析，在过去数百年中，美国灭绝了数百万计的土著人，征服了半个墨西哥，武力干涉周边地区（在20世纪90年代于中美洲发动侵略战争，四个国家遭受蹂躏，留下20万肢体不全的居民），征服了夏威夷与菲律宾。[①] 更有甚者，它在过去数百年中将武力扩张到世界多数地区，牺牲者的数字不可胜计。萨达姆·侯赛因在伊拉克的残暴统治长期得到美国的强力支持，包括1988年用毒气残杀库尔德人。"如今，枪口第一次掉转方向"。

美国政策制造了"9·11事件"。"9·11事件"是美国政策的产物，这几乎是无可争议的。美国长期偏袒以色列滥用武力，肆意欺负巴勒斯坦人；觊觎中东石油财富，长期驻军沙特阿拉伯，这个伊斯兰中最神圣人物的故乡；美国推行的全球化以及美国文化严重冲击伊斯兰社会与文化，造成伊斯兰社会的严重分裂；美国为了自己的利益，长期支持阿拉伯那些腐败的、压迫性政权；侵

---

① 参见哈佛燕京学社主编：《全球化与文明对话》，江苏教育出版社2004年版，第2页。

略伊拉克，滥杀那里的人民（至少有100万平民与50万儿童死亡），造成大规模人道主义灾难。1996年5月11日，美国时任国务卿马德琳·奥尔布赖特在接受哥伦比亚广播公司采访时称，美国的对外经济制裁在相关国家共造成150万人死亡，其中有50万儿童，这是值得付出的代价。乔姆茨基认为，如果说美国是一个"无辜的牺牲品"，那就只有在无视这个国家及其盟国的历史记录的情况下才有可能。

美国亲手制造了本·拉登以及恐怖组织"魔鬼"。本·拉登这一"魔鬼"，实际上是由美国为首的西方国家培育出来的。美国当年"出于某种高尚的目的"，将苏联拖入"阿富汗陷阱"，也就是诱使苏联入侵阿富汗，美国选择在沙特阿拉伯招募、武装和训练最极端的伊斯兰原教旨主义分子，然后源源不断地派送到阿富汗与苏联周旋。布热津斯基一直将这个"陷阱"当作自己的得意之作而四处炫耀。当塞尔维亚与美国站在一边时，美国曾经公开谴责科索沃解放军为"恐怖组织"，但是当美国改变塞尔维亚政策后，美国则将科索沃解放军称为"自由战士"。在此，美国的价值观又是错乱的，美国制造了这些"魔鬼"，只要为美国服务，就认为它们是正当的而给予支持，如今不为美国服务，与美国为敌，就施加"魔鬼"的恶名。

美国不断制造对立与冲突。这种对立与冲突可以是思想与意识形态上，也可以是经济利益上，甚至可以直接是军事上。如此以便美国浑水摸鱼，或从双方对立与冲突中渔翁得利。在当今国际，任何一个国家如果希望寻求真正的独立，或者在美国和西方之外寻找新的发展路径，那么美国就会自动给其贴上"共产主义"或"极端民族主义"的标签。中国的右翼很好地继承这个衣钵，在时下中国凡是伸张国家利益或甚至与新自由主义观点相悖的，都会被贴上"左派"与"保守"或"民族主义"的标签。为动员徘徊犹豫的民众，美国的一贯而成功的做法就是要明确树立一个让民众害怕的"邪恶敌人"。"9·11事件"后，美国打出的赤裸裸的口号就是"或加入我们，或面临毁灭"，在制造认同的同时，也在制造对立。

长期以来，美国利用起强势话语权，把美国的这些不人道、霸道的行径粉饰为正义或正当的行为，或编制一套类似"文明冲突"的理论加以模糊。中国国内也有诸多美国的帮腔学者（中国民间喜欢称他们为"美国鹦鹉"）努力替美国说话，强调美国的行为对于维护世界秩序是必需的，美国作为"世界警察"是必要的，一旦美国放弃"世界警察"，或甚至走向"孤立主义"，那么国际社会将无所适从，这个世界会更加混乱。这种逻辑推理其实并不陌生，现代医学有个奇异的心理疾病叫"斯德哥尔摩综合征"。

2004年美国制作发行了一部电影叫《谍影迷魂》，影片讲述的是美国政客为窃取国家权力、谋取总统大位，与相关财团勾结，将一种芯片植入政治明星等相关人士的身体，通过遥控，一方面对被植入芯片的人士进行洗脑，使其丧失原有的记忆与独立的思维；另一方面可以对被植入芯片的人士发出指令，使其在神志不清的情况下无条件地执行任何任务。自20世纪70年代初中美恢复接触尤其是1979年实现外交关系正常化以来，美国帮助中国生产了一大批精英，这当中是否有"芯片精英"不敢断然肯定，但是替美国人说话、帮美国人做事的不在少数，而且还越来越多，势头越来越大。

世纪金融大危机是美国经济精英的贪婪一手造成，美国金融机构沉沦与美国经济受挫咎由自取，但是中国等诸多国家也遭受了态势愈发严重的池鱼之殃，经济形势严峻，社会矛盾突出。但是，就是在这种情形下，在中国竟然掀起一股强大声浪："救美国等于救中国！"、"我们不救美国，谁救美国?"如此，才有今日被深度套牢，经济遭遇寒冬，外汇资产大幅缩水，而且还将持续被蒸发。如今，等到美国危机渐渐平息，经济趋于稳定，美国纠集西方同盟对华发动一个接一个贸易战，一招比一招狠毒，尽朝中国"要命的地方"踢，而且在发动贸易战的同时，敲打"人民币升值"的大棒又重新抡起。次贷危机爆发以来，中美之间活脱脱演绎了一个"农夫和蛇"、"东郭先生和狼"的童话之现代板，谁之过?!

第二部分 美国制造的谎言

谎言之一

美国制造：高—精—尖？*

2008年9月，美国投资银行雷曼兄弟破产，酝酿许久的暴风骤雨瞬间降临。次级贷款证券化，一个地地道道的由美国本土研究制造，利用现代营销手段向世界推而广之。危机爆发后，诸多持有这类"美国制造"的遍及世界的投资机构，一网打尽，纷纷被拖入金融泥沼。

形形色色的金融衍生品无不是经过质量检验合格而投放市场的，根据美国证券业和金融市场协会（SIFMA）公布的资料，从2001~2007年美国将大约27万美元的金融产品出口到世界各地，而研制与检验这些产品的机构都是政府认可的，政府的监管机构对相关次级产品的掺杂使假早就心知肚明，因此是美国政府在变相发放行骗执照，在纵容华尔街银行家骗取世界各国钱财。

但是，与实体经济的"美国制造"不同的是，金融衍生品不只是普通商品，也不是一般的"双刃剑"，而是一种金融怪物，一种"金融大规模杀伤武器"。所以，当这一"大规模杀伤武器"被引爆后，不仅杀伤了世界，杀伤了资本主义，也杀伤了美国，破灭了"美国制造"的"高精尖"的神化。可惜的是，举世皆醒，唯我独醉，中国依旧像一个巨大的海绵在无限吸取美国制造的"优质资产"——美国债券。

---

* 本文主要内容曾以《美国制造：一个正在破灭的神话》为题，发表于《世界知识》2009年第15期。

"美国制造"了诸多"高精尖"的产品，不仅能制造电脑、互联网与波音飞机，也能制造 B52 与集束炸弹；不仅制造好莱坞电影与迪斯尼动画，制造"国际标准"与国际秩序，同时也制造贴上美国标签的"民主"与"自由"，制造"有毒债券"、"大规模金融杀伤武器"（沃伦·巴菲特语）与国际动荡。过去，美国以其独有建国方略与理想主义精神在更多方面造福人类，如今滥觞于美国的自由资本主义将人类本性之自私自利的消极面推向了极端，从而在更多的方面破坏人类和谐，以至毁灭人类。

▶⋯美国创新已走火入魔

美国之所以成为世界"领头羊"，是因为美国强而有力的创新，长期掌握先进的科学技术，保持科技领先优势。科技领先是美国军事实力独步世界的关键，同时也是美国确保在国际分工中始终占据有利地位、获得巨额垄断利益的关键。美国每年在研发方面的公共和私人投资一直在稳步增长，从 1976 年的 1000 亿美元增长到了 2000 年的 2650 亿美元，2002 年美国在研发上的投资超过日本、德国、法国、英国、意大利以及加拿大的总和。巨大的投入，使美国的科技一直保持领先优势，使美国在世界高科技产品生产中居于领导地位，直到 20 世纪末，美国高科技产品的产量一直占到世界总产量的 1/3。

然而，在自由资本主义的旗帜下，经济金融化、金融全球化、全球利润垄断化与集中化，使得美国越来越多的资源配置到金融领域。美国传统的精英教育集中培养两大类人才，早期的大多数都是教会学校，诸如哈佛等常青藤名校，以道德理念、宗教精神和价值观打造为主导，成为牧师、政客或学者的摇篮；后来出现公立的赠地学院，在农业、工程技术的发展和人才培养方面立下了汗马功劳。然而，近几十年来，伴随着金融资本的发达，精英教育日趋世俗化、市场化，传统名校集中培养商界和法学精英，不少非但没有成为西方传统社会良心的卫道士和制度设计者，反而成为资本社会世俗力量中的食利急先锋，活跃在咨询、会计、金融、公司买卖和媒体的最前线，成为资本寻租的得力干将，将资本对社会的侵夺推高到无以复加的地步。

从科技创新到金融创新，一方面是美国社会经济发展的必然，另一方面也是美国霸权需要的必然。金融创新的一个重大使命，就是吸引国际资本持续流向美国，而且由广大发展中国家逆向流动到美国。这实际就是"向不可能挑战"，因为资本总是向能够提供更高回报的地方流动。美国作为发达国家，资本充沛而且经济增长率低，正常情况下资本回报率也低；发展中国家资本相对稀缺，经济增长率高，资本回报率也相对较高。水向低处流，人向高处走，资本应当是从低回报的地方流向高回报的地方，也即从发达国家、从美国流向发展中国家。但是，为了维护美元地位、维护美国金融霸权，美国需要国际资本逆向流动。金融创新就是因应这一"向不可能挑战"的需要。通过金融创新，创造出大量能提供高回报的金融产品，而承担金融创新重任同时也是承担美元霸权、美国金融霸权重任的就是华尔街。

华尔街的金融创新与一般科技创新的重大区别在于，首先要打破道德底线，模糊创新与欺诈的界限。这也就是"金融大鳄"索罗斯所反复强调的"金融领域没有道德"的真谛所在。因此，华尔街的职能演变（从提供金融服务到积极推动金融创新）一方面是美国社会经济发展的必然，另一方面也是美国霸权需要的必然。其中，美国社会经济向虚拟化发展应是推动华尔街金融创新的主要动因，金融创新与金融发展则又加速美国社会经济向虚拟化方向发展。而美国金融当局放松对华尔街的监管，其实就是纵容华尔街的金融创新以因应美国霸权的需要。

透过华尔街的演变即可推知美国经济虚拟化的程度。在过去20年，华尔街起着经济杠杆作用，扮演世界经济的心脏，供给世界需要的大部分美元资金。但是，华尔街的金融家们远远不满足中介服务、风险经营，而是努力发展金融工程制造业，设计和制造多种且数额巨大的金融衍生产品，其中多数产品流动性很低，没有市场，无法依靠市场定价，只能按照模型或者管理层来设定价格，因此隐藏巨大金融风险。此外，各类金融衍生品都竞相通过借贷杠杆使金融市场风险成倍放大，并脱离实体经济成为"风险制造业"。由于资源过多流向金融领域，导致美国制造业在国民经济中的比例不断下降，从战后的约40%到现在只有15%左右，而金融业在国民经济中的比例不断上升，从战后的约5%升到现在50%左右。国民经济严重虚拟化，导致头重脚轻，失去重心。

在自然科学中，任何一项重大发明创造，都要经过多次实验或验证，才能正式推广使用。但是，美国的金融机构、华尔街，发明难以数计的金融产品，未经任何论证或验证，就直接投入市场，而且往往是高调、高价投入市场。这是美国金融监管的严重失职，是美国金融创新的严重偏离。美国的金融创新，最终创造出了一个金融怪物——"金融大规模杀伤武器"，不仅杀伤了美国，也杀伤了世界，杀伤了资本主义。

▶⋯为中国量身定制的"经济鸦片"

改革开放以来，尤其是中国申请加入WTO以来，美国（不是人民而且是垄断资本及其寡头）利用中国"钱多，人傻"，不断向中国推销"经济鸦片"，有的近乎就是专门为中国量身定制的。

新自由主义与金融开放 新自由主义本是一类平常的经济理论，但在被政治化与范式化后，逐渐成为美国对外扩张的重要工具。美国发明新自由主义后，宣传的多，使用的少，如美国金融市场对外资进入限制措施多达1000多条，外资金融机构进入美国金融市场很难，而取得很好业绩的难上加难。但是，美国政府通过各种途径在国际上大肆兜售新自由主义，并强调这是发展中国家通过改革而获得经济持续增长的"最低要求"、最低限度的"共识"

即"华盛顿共识"。

在美国长期努力下,新自由主义在全世界逐渐成为主流思想,金融自由化由此在全球蔚然成风。在中国,多年来新自由主义早就取代了马克思主义而占据着高校的经济学讲堂,如此影响的不仅是几代学生,还有很多官员与商人,因为中国各大高校也与美国高校一样早就世俗化与市场化,招纳社会"成功人士"(官员与企业主),举办各类进修班,兜售的尽是新自由主义。当然,官员与(国有)企业家不仅在本土进行自由主义"自我升造",而且还被有组织输送到美国自由主义大本营"集体锻造"。

某高级领导在一个县市长学习班发表训话,特意向学员"隆重推荐"他所见过"最好的书"——《世界是平的》。这就是中国新自由主义泛滥、不顾一切努力"与国际接轨",拼命引进外资而且给予"超国民待遇"的重要思想与组织根源。如此,在中国学界(尤其是经济学界)、媒界、部分政界纷纷以时髦的新自由主义教条代替过去的马克思主义教条,中国在一些领域的不均衡开放(对外开放但不对内开放)、定向开放(只对一些发达国家开放)、不对等开放(中国对外国开放,而外国不对中国开放)由此盛行。

国际责任与世界经济失衡 此次美国金融危机与历史上形形色色的经济危机一样,其爆发是由资本主义基本矛盾决定的,只要资本主义存在,只要搞自由市场经济,危机就不可避免。这是世界经济史所展现的、同时也是马克思主义经典著作所揭示的基本规律。但是,美国抛出了所谓"世界经济失衡论",包括美联储主席伯南克在内的众多人士认为,美国的经常账户逆差不是美国经济或政策导致的结果,而是全球储蓄过剩使然。美国卡托研究所副所长詹姆斯·多恩直截了当,"金融危机祸起中国"。

其实,"失衡论"理论依据就是"两缺口模型":投资-储蓄=进口-出口(即$I-S=M-X$)。而"两缺口模型"是在一堆假设前提下,才能成立的理论,这是当代西方经济学固有的逻辑推理,其合理性早就被人怀疑。以美国为例,是储蓄缺口导致了贸易赤字,还是贸易赤字恶化了储蓄缺口,这本身就是一个"先有蛋还是先有鸡"的饶舌话题,永远找不到令人信服的答案。

但是,美国的"歪理邪说"得到了中国主流学者热烈附和与追捧,"失衡论"在中国大兴其道。美国及其代理人、代言人向中国泼脏水本不是目的,而是混淆是非。隐藏在"失衡论"背后的是"中国责任论",即中国理当继续增加持有美元债券,救美国就等于救自己,就等于救世界,就等于赎买因世界经济失衡而引发金融大危机的"罪恶"。

金融创新与衍生产品 美国金融创新,创造出了系列金融怪物,对中国诸多投资者而言很多都是陌生的,如 CDO、CDS 等,尽管也给我们一些争抢着与国际接轨的机构造成了不小的损失,如某金融机构一次资产减记就高达 90 多亿美元。但是,大多数企业与投资者都是以"隔岸观火"的心态看待美国与西方的金融危机。然而,正如美国哈佛大学历史学教授尼尔·弗格森所言,这场灾难性的危机不会有一个赢家。

自 2008 年 10 月份以来,媒体陆续披露众多中资企业与大陆富豪,因为套期保值或委托理财,而陷入巨额亏损的困境。中信泰富亏损 186 亿港元,东方航空亏损 62 亿元,几乎都是他们在 2008 年的全部利润。国资委披露,至少有 28 家国企涉足衍生产品业务,损失惨重,境外专家估计在千亿元以上。更为惨重的是各类富豪,由于怕被讥讽嘲笑,怕被质疑财产来路,怕被追究违规挪钱到境外投资,因此巨亏之后还不敢对外伸张,哑巴吃黄连。也有境外人士估计,富豪损失更为巨大,当在成千上万亿计。

在各类金融衍生产品中,一种取其谐音称做"I will kill you later"(我以后杀死你)的 Accumulator(累计期权)的产品,被设计得异常复杂诡秘。依照西方的规则,结构性产品只能卖给专业投资者,不可以卖给非专业投资者。Accumulator 是一种结构性的金融衍生产品,就连很多专业投资者也不甚清楚其风险如何控制、价格如何确定。有专家分析,Accumulator 近乎是"专门给亚洲尤其是中国人设计的金融鸦片",鸦片当初就是由西方发明,但不允许在西方出售。如今,美国人设计出 Accumulator 之类的金融衍生品,严格限制在美国销售，但是可以经由香港的分支机构销售给中国人。购买 Accumulator 的不只是中信泰富，众多中资企业、无数大陆富豪，都购买了与 Accumulator 相关的产品。由此使相关中资企业与大陆富豪陷入"对赌"陷阱，损失惨重，有的血本无归。

当然，美国为中国量身定制的东西还很多，如哈佛大学肯尼迪政府学院"中国公共管理高级培训班"（一个典型的"芯片精英"移植、洗脑培训班），有"中美经济共生"与"同舟共济"，有"战略经济对话"、G2 以及 Chimerica，有"人民币汇率低估"和"负责任大国"，等等，而且针对中国钱多、人傻，美国还在不断为中国人制造更新奇的产品。

▶…美国吆喝什么，中国就买什么

钱多人傻的中国人不断被忽悠，美国人吆喝什么，我们就买什么。对"美国制造"的迷信缘于一个简单的思路——"跟着美国的那些国家都富强了"，相关学者曾为之界定为低成本与高效率的"后发优势"。

对美元的迷信　在一些机构的负责人那里，认为美国国力强大，美元与美元资产无可替代。美国力量的确非常强大，以至于在当今世界没有一个对美国构成有效制约、制衡的力量，这使得美国的经济政策，更易于倾向以邻为壑，转移风险，转嫁危机。

其实，美元就是一种印有美国总统头像的绿色的纸张，是一种电子符号。在金本位与布雷顿森林体制下，美国金融当局受到黄金的约束，或受到"克里芬难题"的约束，发行货币还是比较谨慎。布雷顿森林体制崩溃后，尤其是冷战结束后，美国一家独大，无拘无束，大肆印制与发行美元，令美元泛滥成灾，国际流动性严重过剩，金融市场趋于动荡。

相对美国经济规模，美国国债无论是总债务还是年度赤字，其比例都远远超出国际警戒线。美元的风险不仅在于美国的偿债能力，而且还在于美国的偿债意愿。双赤字制约美国的还债能力，而美国霸权"制约"了美国的还债意愿。美元贬值是美国还债的最好方式。

正是由于对美元的迷信，使我们丧失了理性思维，违背经济常识，将大部分鸡蛋放在一个篮子里，即外储的70%投资于美国债券，如今使中国深陷"美元陷阱"，而且可悲的是相当一部分尚未觉悟，继续像吸食鸦片一样，不断增持美国债券。

对美元资产的迷信　国际金融危机的警报并未解除，世界经济的衰退仍在持续。中国的相关高官与高管仍然认为，持有美元资产要比其他货币资产更加安全，更有收益。其实，美国当局急功近利，不断陷入"格林斯潘困境"，即囿于眼前利益，当局往往为解决一个问题，而会为未来埋下一个更大的问题的隐患。目前，美国为解决信贷危机，拼命向金融体系注入资金，由此极有可能引爆美元危机与财政危机。尤其是美元"硬着陆"风险不仅存在，而且还越来越大。

金融危机爆发后，我们的一些财金高官与高管总想有点作为，总想到美国那里"有所作为"，捞点什么。先是抄底，结果抄到半山腰，搭进去诸多银子。后来，又萌发奇想，吸引那里的"人才"。要知道华尔街的人才主要是些什么货色，这些不讲道德、失去诚信的"人才"搞乱了美国，我们不拘一格引进，恰如引狼入室，未来要搞乱中国。

也有"高明者"提出，不能买美国债券这样的"有毒"资产，而应买美国的优质资产，如美国的土地、企业、科研机构等等，所有的视线都离不开美国。实际上，美国早已通过一系列的立法与安排，使得中国只能买国债、机构债这些"有毒"资产，只能买美国 IMB 个人电脑业务以及"悍马"这样的"包袱"资产。这就是《超限战》作者乔良将军所提出的"聪明的请回答我，为什么会有'中国美元'与'美国美元'的区分？"其实，世界舞台很广阔，投资对象众多，为何偏偏要在美国这棵歪脖子树上吊死？无他，中毒太深了!

对美国机构的迷信 世纪金融大危机,使美国金融机构贪婪、缺德的本性水落石出。由于金融创新可以分散风险,放贷机构因此肆意放贷,根本不在乎借款人是否能够偿还贷款。因此,有了"零文件"、"零首付"的放贷条件。华尔街银行从放贷机构那里购入抵押贷款、或从"两房"那里取得"抵押担保证券"(MBS)后,精心包装,以次充好,衍生成各种"有担保的债务权证"(CDO),然后出售给各类投资者,转移风险。信用评级机构"以价定级,价高级高",众多低质高险资产得了高等级标号,以光鲜靓丽的外表呈现在债券市场上。购买持有次贷债券的有各类银行、基金尤其是对冲基金等投资机构,其经理们为了眼前业绩,进行高风险高收益的投机赌博,从中赚取巨额佣金与分红。

根据哥伦比亚广播公司报道,2007年华尔街高管奖金总额高达400亿美元,而金融风暴肆虐的2008年华尔街高管的奖金仍高达184亿美元,几乎跟大牛市的2004年差不多。当国际投资者因华尔街的"缺德产品"而损失惨重、欲哭无泪的时候,华尔街的银行家们依旧在享受着天堂般的生活。著名金融家乔治·索罗斯为此做了精辟的总结:"在金融运作方面,说不上有道德还是无道德,这只是一种操作。金融市场是不属于道德范畴的,它不是不道德的,道德根本不存在于这里,因为它有自己的游戏规则。我是金融市场的参与者,我会按照已定的规则来玩这个游戏,我不会违反这些规则,所以我不觉得内疚或要负责任。""金融只讲规则,不讲道德"不只是索罗斯的一家之言,而是"华尔街共识"。世纪金融大危机清晰展示,美国金融机构只有利益的引擎,没有道德的舵盘,大船航向何处,无人知晓。

长期以来,中国财经界的一些人士对西方尤其是美国金融机构情有独钟,迷信的主要因素有:说英语的白种高端人才集中、管理先进、产品科技含量高、财源滚滚等等。在美国次贷危机爆发前,有高官、高管甚至直白,中国金融要是被美国机构接管了,像墨西哥那样,就能实现金融稳定了。所以,一直以来，中国金融领域主要向西方尤其是美国金融机构开放，这些机构的高管与首席经济学家等一直是中国某些高官、高管的座上客。对国际金融机构的狼、鳄、鲨的本性认识远远不足，不仅认识不足，而且还引狼入室。如此，境外战略投资者、境外投融资顾问以及评级、审计等好赚钱、赚大钱的机会都给了这些机构。中国有关部门还规定，中资机构必须通过外资金融机构购买用于避险的金融产品。五矿、株冶、国储铜与中航油都因监管机构的指引与自己的恶性投机而出现巨亏的惨痛教训。

对美国以及美国思想的迷信 对美元的迷信、美元资产的迷信、美国机构的迷信实际就是对美国的迷信、对美国思想的迷信、对自由资本主义的迷信。不知从何时起，中国的一些国际会议、会展、商贸洽谈，以请到说英语的白人之比例高低作为成功标志，如此通常日本人、新加坡人等黑头发、黄皮肤的也是不太受欢迎的。个别部门领导"习惯"用英文给属下批示，尤其是他不喜欢的、英文不好的属下，研讨、会议不论规模大小，是否是国际会议，只要有美国人在场，往往都不约而同地使用英文。

清华大学的学生质问来校演讲的克林顿前总统义正辞严，但是过后去美国跑得比谁都快。某诺贝尔奖获得者，2005年来中国在人民大会堂鼓吹他的"世界货币"，五年后来北京中国大饭店演讲还是那套东西，连演示课件似乎都未多少改变，即便如此，台上台下的经济学者都在洗耳恭听。长期以来，新自由主义者不仅垄断着中国高校的经济讲坛，还部分主导着中国经济政策的制定与执行，他们一直在照搬美国的发展模式，孜孜不倦地"以美为师"。①

新自由主义泛滥给中国带来了严重的经济与社会恶果：自然环境在不断恶化，社会出现严重两极分化，国民经济日趋外资化，中资企业被不断边缘化。尤其值得关注的是，长期讲求礼仪、注重伦理与弘扬道德的中国人，越来越利欲熏心，见利忘义，"残童现象"、"黑砖窑事件"、"毒奶粉风暴"等

---

① 迄今，拉美、非洲、俄罗斯、东南亚等在自由经济上凡是"以美为师"的地区与国家，近乎清一色遭遇悲惨窘境。

等挑战中华乃至人类文明道德底线的骇人听闻事件层出不穷,这不仅严重损害的广大民众利益与中国的国际形象,而且严重挫伤民族产业,重创民族品牌,威胁国家经济安全。

美国舆论一度将"中国制造"有意刻画为低值、廉价甚至是"假冒伪劣"的代名词。"美国制造"则是金字招牌,是"高精尖"的代名词,是"梦幻"的再现。金融危机显示,美国不仅能制造世界顶级的"大规模核子杀伤武器",也能制造"大规模金融杀伤武器"。透视美国金融危机,再联系国际石油、粮食等大宗商品价格危机,不难结论,美国是地道的国际金融动荡的制造者,"美国制造"的神话已经破灭。

谎言之二

强势美元：早就成为皇帝的新衣*

2009年3月，在美国次贷危机引发全球金融海啸的情形下，我国某金融主管部门发布《2008年国际金融市场报告》，报告指出，中国外汇储备资产总体上保持安全。这个报告一发布立即引来广泛的质疑，不仅美国人民笑了，世界人民都笑了，连该部门的人自己也窃笑，中国决策者与老百姓太好糊弄了。美国在主观上不愿"强势美元"、在客观上无法维持"强势美元"，"强势美元"早就成为"皇帝的新衣"，一个连小孩子都能看穿的把戏。

中国将外汇储备中的大部分投资于美元资产，所依赖的前提就是"强势美元"，美元唯有"强势"，中国外汇储备安全才有保障。中国将人民币钉住美元，实际隐含的前提也是"强势美元"，美元强势为中国外贸赢得相对稳定的金融环境。然而，"强势美元"早就不在了，中国外汇储备早就在而且还会持续大幅度缩水。美国要恢复实体经济、增加就业、增强出口商品的竞争力，势必要在对华经贸与人民币汇率问题上大做文章，市场保护与施压人民币升值会日益明显。中国人是否想过，"我们支持美国人是以掉脑袋为代价的"。

---

* 本文主要内容曾以《强势美元：一个没穿衣服的皇帝》为题，发表于《世界知识》2010年第3期。

在美元跌跌不休的情势下，美国财经高官甚至连奥巴马总统本人都在不断重复一个连他们自己都没有底气，甚至根本就不相信的陈词滥调——支持强势美元政策，强势美元符合美国利益。长期以来，美国一直依照国内相关集团利益最大化、国家利益最优化来确定美元汇率。如今，强势美元不再而弱势美元重现，这不仅是美国政府的主观选择，更多的是世界局势的客观使然。那些央求美国政府保证美元资产安全的债权人，不仅出于无奈，恐怕也有几分无知。

▶ 最大最久的货币操纵国

金融利益集团需要"强势美元" 战后，美国利用"美元荒"，通过布雷顿森林体系制造美元强势，高估美元币值，即有意抬高美元对黄金兑价（35美元兑1盎司黄金），以此廉价利用世界资源，便利吸取世界财富。但是与此同时，美元高估严重不利美国出口，美国产品越来越缺乏竞争力，贸易逆差不断扩大，国际收支失衡日趋严重。这反过来削弱美元稳定与强势的基础，最终导致美元与黄金脱钩，布雷顿森林体系崩溃。

布雷顿森林体系崩溃后的"强势美元"主要是伴随着美国国内不同利益集团的争执而诞生的。布雷顿森林体系下的美元强势在给美国坐享其成的同时，也加速美国经济结构软化、虚拟化，即在美国的国民经济统计中以制造业为主的实体经济的比重越来越低，以金融业为代表的虚拟经济的比重越来越高，由此也不断强化金融利益集团（集中于华尔街）对国家决策尤其是货币政策的影响力。美元强势虽然不利于美国的制造业和出口，但是能够吸引国际资本，有利于金融市场的繁荣，金融利益集团由此可以获得更多的利益。因此，"强势美元"政策符合美国金融利益集团的利益，美国金融利益集团需要"强势美元"。

20世纪90年代初,代表制造业的商务部与代表金融业的财政部就美元走势问题争吵不休。1994年夏,当时的财政部副部长阿特曼把贸易代表凯特、商务部长布朗与财政部长萨默斯之间的争执称为"强势美元政策"之争,"强势美元政策"即由此而得名。1995年初,原高盛公司总裁鲁宾出任财政部长,他充分利用财长权力与个人魅力,说服华府公开支持美元升值,强势美元政策自此确立。鲁宾将他的观点浓缩为一句话:强势美元政策符合美国的利益。

从1995~2001年,美元汇率一直保持强势。强势美元为这一阶段美国经济增长起到了促进作用。1992年,美国财政赤字高达2900亿美元,但是到1998年实现了收支平衡。这是因为强势美元吸引国际资金持续不断流入,压低了借贷利率,降低了融资成本,从而鼓励企业投资,促进经济增长,由此增加财政收入;强势美元吸引资金流入,活跃了美国股市,有利于创业投资,为美国的高科技产业发展和结构调整提供了支持;强势美元有助于维护美国的世界经济霸主地位,还可以带来丰厚的铸币税收益,因为每个美元(有印刷美元与电子美元)的综合生产成本不足一美分,在全球流通的数万亿美元中,有70%在美国以外的国家流通,美国每年由此获得巨大的铸币税收益。

"善意忽视"政策的呼出 强势美元政策类似布雷顿森林体系下美元币值高估产生的负面效应,即令美国的贸易逆差不断扩大,美国的传统制造业受到了严重冲击。为降低生产成本,诸多制造企业将生产基地转移到海外,服务企业外包也日益盛行,失业率不断提高,美国产业加速空心化,实体经济与虚拟经济失衡加剧,1991~2000年的10年间,在美国的新增GDP中,制造业所占的比重只有5%左右。如今,美国制造业已经萎缩到只占其GDP的11%。强势美元政策造成的负面效应越显著,在美国国内遭遇制造、贸易以及劳工团体的反弹力度也越激烈,实行弱势美元的政策要求也就越大。随着国内不同利益集团在政治舞台上博弈力量的消长,美国的货币政策最终也出现调整。

在调整货币政策转换强弱美元之间,美国政府创造性地使用了一个词汇,叫"善意忽视"（benign neglect）。在"善意忽视"政策的作用下，自2002年初开始，美元表现一直疲软，步入了长达7年的下滑之路。美国政界反复强调：美元汇率的下跌完全是以有序的方式进行的。这足以显示，美国对货币政策的操纵得心应手，美元的强弱完全依赖美国的时段需要。

▶…无可奈何花落去

2008~2009年的金融危机沉重地打击了以华尔街为代表的金融利益集团，城头变幻大王旗，以制造、贸易以及劳工团体为基础的民主党翻身执政，由于要兑现竞选时开出的增加劳工就业、扶植制造企业的承诺，因此弱势美元便成为奥巴马政府货币政策的必然选择。而金融利益集团之所以能够向弱势美元低头，不仅仅他们是真正的危机祸首，广受贪婪的谴责，而且更重要的是，他们可以从美元大幅贬值中获得实际赖账的好处。当然，美国政府改弦易辙，抛弃强势美元，除了主观选择外，其实更多的是客观使然。

美国长期以来大手大脚，借债度日，日积月累使外债占美国GDP比例不断上升。2007年，美国的外债数额达到GDP的30%以上，相当于拉美发展中国家在1982年爆发债务危机前的债务水平。目前，美国国债总量已逼近13万亿美元，与GDP的比例已经接近100%，远远超过了60%的风险警戒线。成功预言这次金融风暴的纽约大学商学院教授鲁里埃尔·鲁比尼预言，美国债务泥足深陷，相信在数年内美债会增加4万亿~5万亿美元，未来2~4年内美国主权评级会被调降。IMF预计，2010年美国债务将增至GDP的98%，较英国73%还高。而英国已被评级公司降级，美国结果如何世人拭目以待。也许评级公司出于压力不敢调低美国评级，但是这并不代表没有危机。犹如体温计坏了，并不代表病人没发高烧。美国的债务评级可以再次直接检验美国的评级机构是否客观公正。

自欧元流通以来，欧元兑美元汇率从 2001 年 1∶0.82 的低点上升到 2008 年 1∶1.50 的高点，欧元走势总体强劲。根据国际货币基金组织的统计，2009 年第一季度末，全球共有 6.4 万亿美元的外汇储备，确认的外汇储备有 4.1 万亿，其中美元占 64.1%，欧元占 26.3%，英镑和日元分别占 4.4% 和 2.5%。仅有 10 年历史的欧元如今对美元构成越来越强劲的挑战，美元与欧元在国际储备、贸易计价结算中的比重仍将持续此消彼长。相对于美元，欧元的优势主要表现在：支撑欧元的黄金储备高于美元；欧元区外部逆差规模较小；欧元区将控制通货膨胀置于经济目标首位，因此财政和货币政策更加稳健。这些因素抵消了欧元其他僵硬的弱点，使得 2002 年来欧元相对于美元不断走强，成为国际资本规避美元风险的主要工具之一。此外，作为天然货币的黄金直接以不断贬值的美元计价，黄金对美元构成的压力空前。

越来越多的国家、投资者对美元的稳定性产生怀疑，对"强势美元"政策产生怀疑，对美国的信任产生怀疑。"强势美元"政策的创始者鲁宾在任财长期间，从未就代表美元强势或弱势的具体价位作出任何暗示，"强势美元"政策的内容从来未被明确定义，具体的实施手段和工具也无从谈起。自鲁宾之后，萨默斯、奥尼尔、斯诺乃至盖特纳等，没有任何一位美国财长愿意而且能够提供一个前后连贯的解释。而美国政府通常也是在美元出现贬值而令市场怀疑时，抛出"强势美元"政策，以此向公众表明政府态度，增强人们对美元的信心。此次金融危机，美联储"从直升机投掷下来大量钞票"，所谓"量化宽松"货币政策实质就是将财政赤字直接货币化，由此必然导致美元"冥钞化"，只会令美元的信用破产，加速世界对美元信心的萎缩。美元大势已去，"强势美元"只不过是一句"空话"。有末日博士之称的麦嘉华（Marc Faber）直言不讳，美国政府滥印钞票其实是一个不折不扣的庞氏骗局。

如今与未来，美元持续贬值，国际社会都不愿持有美元，不仅不愿意持有而且都在努力抛弃美元。海湾阿拉伯合作委员会、玻利瓦尔美洲联盟等都在谋划自己的区域货币，海合会明确将以"海元"计价、结算石油，美洲联盟要用"苏克雷"主导美国经济后院。美元奠定在国际贸易中的基础地位就是石油以美元计价、结算，以"海元"替代美元，无异于釜底抽薪，等同宣判美元死刑，即便不是立即执行，也是死缓。此外，俄罗斯积极推动"上海合作组织"用区域货币结算，日本促进东亚货币合作的劲头日益高涨，而欧元争取阳光下的地盘一刻都没有停止，不断蚕食着美元占据的领地。就连经常被世人遗忘的非洲大陆，区域化货币呼声也日益高涨。美元安魂曲已在全世界响起。

暴风雨就要来了，美元危机真的就要来了。预测美元贬值乃至崩溃在西方已经成为一个热门话题。当中，有比较谨慎的如哈佛大学教授尼尔·弗格森，他在2009年10月表示，美元兑欧元未来2~5年将继续下跌，跌幅最大可能达到20%，并创欧元1999年推出以来的纪录新低。而最劲爆的算是罗杰斯的预言，这位传奇投资人在2008年12月美元大幅反弹之际曾大胆预言"美元或许在未来几年中将贬值90%"。如今，美国政府所能做的就是"可控下滑"，防止美元贬值失控，甚至崩溃。

▶… 大中华区与美元一同沉没？

如今，世人往往被美国的"强势美元"所蛊惑，而历史上，美国多次通过"弱势美元"来转嫁或抵御金融危机，造成世界经济混乱不堪，令诸多经济强国不战而屈。1929~1933年经济遭遇大萧条，美国将美元贬值了70%，引发各国间汇率大战，世界经济陷入一片混乱。20世纪70年代初，美国宣布美元与黄金脱钩，对其他主要货币大幅贬值，世界经济出现严重滞涨。20世纪80年代中期，美国迫使日本、德国等发达国家接受美元大幅贬值，日本经济因此陷入十年低迷。如今，美国的"弱势美元"政策祭出，击倒的又会是谁呢？

中国将外汇储备中的美元资产保持在 2/3 以上，所依赖的前提就是"强势美元"，美元唯有"强势"中国外汇储备安全才有保障。在 2009 年 3 月发布的《2008 年国际金融市场报告》内指出，中国外汇储备资产总体上保持安全。报告结论恐怕连发布者自己私下都不以为然。美国在主观上不愿"强势美元"、在客观上无法维持"强势美元"，中国外汇储备缩水而且是大幅度缩水已成定局。据中国大公国际资信评估有限公司的分析数据，1971～2009 年美元对黄金贬值了约 97%，仅按美元对人民币贬值幅度估算，2005 年至 2009 年底已使中国损失约 2600 亿美元。普林斯顿大学教授保罗·克鲁格曼坚持认为，中国在美国投资损失最终恐达 20%～30%。2009 年 9 月，《金融时报》首席经济评论员马丁·沃尔夫表示，中国将很后悔累积下这么庞大的美元储备，但中国理应承受责任，因为一直都有人在劝止购买美债。

中国将人民币钉住美元，实际隐含的前提也是"强势美元"，美元强势为中国对外贸易赢得相对稳定的金融环境。"强势美元"可以增强与维持世界对美元的信心，美元有市场，美元币值稳定，中国对外贸易即可顺利开展，放心用美元计价、结算。然而，环顾当今世界，经济大国中死心塌地绑定美元的，真的是寥寥无几，为了自己的利益，或明修栈道，或暗度陈仓，或直接挑战美元，或侵蚀美元基础，都唯恐避之而不及。中国一方面在外汇储备上持续持有甚至不断增持美元资产，实际就是直接支持美元；另一方面在对外贸易上（特别是在周边国家与地区）积极推动用人民币结算，积极推动人民币国际化，这实际就是在抛弃美元，这种政策本身就是十分矛盾的，而且对自己也是十分危险的。

美元不再强势，直接冲击的还有香港联系汇率制度。香港从 1983 年开始实施联系汇率制度，港元兑换美元锁定在 7.8∶1，而且香港实行的是殖民时代遗留的货币局制度，实质就是放弃了自主货币政策，接受美联储的政策调节。1997～1998 年的亚洲金融危机已经证明这种汇率制度存在严重缺陷，香港学界、商界与政界都有要求改革联系汇率制度的呼声。但是，由于中国大陆将人民币钉住美元，实质强化了香港联系汇率制度，更加约束了香港改革汇率制度的意愿与能力。美元不再强势，而且大幅度贬值，直接冲击香港的联系汇率制度，以及在这个制度覆盖下的香港经济。

亚洲金融危机后，新台币相对于人民币与港元，对美元更加富有弹性，但是近年来随着海峡两岸和香港、澳门经济往来的日益密切，尤其是台湾与大陆经济往来的密切，台湾对大陆经济的依赖比对美国经济的依赖更高，台币对美元的汇价波动也因为人民币钉住美元以及港元联系汇率制度的约束而日益缺乏弹性。海峡两岸和香港、澳门的外汇储备持续大幅增加，实际就是直接吸纳了美国过剩的流动性。而且联系汇率与钉住政策，直接承担了美国"量化宽松"货币政策也就是财政赤字货币化的不良后果，分担美国的通货膨胀。由于实体经济仍处于危机或收缩状态，而且实体经济与虚拟经济错位，国际金融市场渐趋一体化，通货膨胀直接表现的是资产价格膨胀，是股市与房地产市场不断膨胀的泡沫，如此香港、台湾与大陆无一幸免，正在被资产泡沫所淹没。

很显然，大中华区不只是被美元绑到一起的蚂蚱，更是被美元绑拖到美国这条底部到处是漏洞的大船上而"同舟共济"，而成为"命运共同体"。问题是，美国早就为自己备好救身设施，不识水性的香港、台湾与大陆看来只能靠老天保佑了。若美元不再强势，大中华区与美国一同沉没，也许被一些怀揣"美国梦"的中国人视为无上荣光。问题是，若仅被当作垫背，一个具有5000多年文明的民族却被一个只有200多年历史的国家当作替罪羔羊，岂不是无限悲哀！

谎言之三

黄金非货币化：忽悠了世界？忽悠了中国！*

2008年夏，北京，笔者与一香港大学学者就黄金问题进行了简短探讨。该学者认为，美元不可信，黄金也不可信。他说，国民党从大陆溃逃台湾时刻，法币不值钱，黄金也不值钱，一根金条只换得两筐土豆。我说，兵荒马乱之危机时节，就不能用平常眼光看待货币购买力，纸币此时就会还原纸的本质，而黄金才是真正的一般等价物，能换得两筐"救命土豆"的只能是黄金，这反而体现出黄金的真正货币价值。

黄金的真正货币价值恐怕是发达国家不断积攒黄金而危机之时宁可滥发钞票也不松手黄金的重要原因。黄金是天然的货币，是一切商品价值、信用货币乃至大众心理的天然尺度，是自由经济的紧身衣，是美元霸权的紧箍咒，所以美国持续打压黄金，经济自由主义者则咒骂黄金支持者为"金虫"。长期以来，中国似乎听歪信邪而鄙视黄金，不知疲倦地用黄金换美金，用真金换伪金。由此不仅落入"美元陷阱"，而且在积极推动人民币国际化之时，同样会遭遇日元国际化"绕树三匝，无枝可依"的尴尬信用窘境。

---

* 本文主要内容曾以《黄金非货币化：美国假说，中国真信》为题，发表于《世界知识》2009年第22期。

第二部分　美国制造的谎言

在美国金融海啸发生一周年之际，纽约商品交易所黄金期货价格再破1000美元/盎司，国际金融由此稳步进入"千金时代"。尽管黄金成为国际货币有着巨大障碍，但是这并不妨碍黄金应有的地位与价值。长期以来，美国因为美元霸权的需要，不遗余力地打压黄金，唱衰黄金。中国成语有"众口铄金"，但是俚语也有"真金不怕火炼"。事实表明，"黄金非货币化"本是个歪理，"黄金无用论"则纯粹是个邪说。中国似乎听歪信邪而鄙视黄金，不知疲倦地用真金换伪金，在美元陷阱中越陷越深，如今在美元不断贬值的大势下，只能无奈地坐等庞大外汇储备被风干。

▶…金光无比灿烂

在古埃及和拉丁文里，黄金一度被称为"可以触摸的太阳"和"曙光"。公元前3000年，这个"可以触摸的太阳"就已经具备了"一般等价物"即货币的功能。由此，长期以来，黄金一直是财富的代表与象征，为黄金而战在世界史上不断上演。黄金史学家格林指出："古埃及和古罗马的文明是由黄金培植起来的。"古埃及、古罗马统治者最强大的黩武动力就是"抢金"，哥伦布寻找新大陆的最高尚动机就是"寻金"，而19世纪中期全世界都掀起了到美国西部的"淘金"狂潮。千古以来，金光始终无比灿烂。

黄金是一种珍稀物品，素有"金属之王"美称　黄金的稀有性使之十分珍贵，翻查历史，人类社会迄今黄金开采量仅约16万吨，在全球财富总额中所占的比重只有0.6%，只勉强填满两个标准游泳池，而当中一半以上更是近50年才开采的。黄金被开采后由于稳定性极佳而便于保存，这使之不仅成为人类的物质财富，而且成为人类储藏财富的重要手段。全球每年黄金开采量约为2500吨，需求为4000吨，供需矛盾十分突出。从20世纪80年代初到美国金融大危机之前，全球货币供应量以每年15%的速度递增，而黄金每年的自然增长量却只有 1.3%。自从 2001 年全球黄金产量触及峰值 2645 吨后，就一直未能再创新高。

黄金是一种金属商品，用途广泛　长期以来，黄金主要与基本用做黄金饰品（包括首饰、佛像装饰、建筑装饰等）和黄金器具。现在每年世界黄金供应量的 80% 以上由首饰业吸纳。由于黄金相对稀少、价格昂贵，工业使用黄金被大大限制，占世界总需求量的比例不足 10%，主要集中在金章、医学、电子、航天等领域。随着科学技术和现代工业的发展，黄金的作用日益重要。专家认为，未来首饰用金将会趋向平稳，工业用金将是引起黄金供需结构变化的重要力量。近年来，一些商家把黄金作为生意噱头，例如把有药用功效的食用金箔点缀在糕点等食物上，以提高商品档次。

黄金是一种货币、一种金融商品　随着商品经济的发展，人类越来越离不开货币，世界历史上充当货币的有贝壳、布、帛等，但是黄金被发现后，由于它具有体积小、价值大、易分割、耐腐蚀、质地均匀、坚固耐用、价值稳定、便于携带、久藏不坏等优异特性而成为最适于充当货币的商品。马克思在《资本论》里写道："货币天然不是金银，但金银天然就是货币。"寥寥数字清楚揭示了一个规律、一个真理。货币天生应该由金银来充当，或者说金银天生就具备了充当货币的优良特质。尽管黄金因"非货币化"被长期"软禁"，但是黄金仍然是当今国际可以接受的继美元、欧元、英镑、日元之后的第五大硬通货，实际是最硬的通货。黄金价格与股票、债券价格走势相对独立，其作为投资对冲工具的作用也十分明显，投机者利用黄金市场的价格波动来赚取差价则是司空见惯。

黄金是一种战略物资　著名经济学家凯恩斯曾经激烈批评金本位制已经成为"野蛮的遗迹"，然而他也不得不承认："黄金在我们的制度中具有重要的作用。它作为最后的卫兵和紧急需要时的储备金，还没有任何其他的东西可以取代它。"在东南亚金融危机中，韩国、泰国和马来西亚都曾动员居民将私藏黄金置换为国家储备，以增强信用，以支持本国岌岌可危的货币，或换成美元支付外债。英国经济学家斯蒂芬·哈姆斯顿（Stephen Harmston）1998年发表《黄金的价值储存功能》的研究报告，报告对美国（从1796～1997年）、英国（1596～1997年）、法国（1820～1997年）、德国（1873～1997年）和日本（1880～1997年）的消费品价格指数（CPI）和批发价格指数（WPI），与黄金价格指数进行对比研究，结果发现，从长期看，黄金保持了对消费品和中间产品的实际购买力，从而保持了它的价值。

黄金堪称"宁静的港湾"，是规避风险、防范危机的良好工具 当今世界乱象丛生，粮食危机、石油危机、货币危机、大宗商品价格危机等危机连着危机，金融风险、政治风险、大规模流行疾病风险、恐怖主义风险等风险随着风险，乱世藏金。为应对金融恐慌，1933年美国总统颁发行政命令，要求全国民众必须将其持有的黄金上交给联邦储备银行，兑换成纸币。对私自持有黄金者，罚款最高可达1万美元，判刑最高可达10年。

▶…美国扭曲市场"软禁"黄金

随着商品经济的发展，为方便经济交往，多国出现了纸币，但是一般都以黄金作为基础发行，这就是金本位。早在1717年英国就采用金本位制，1816年英国颁布金本位制度法案，促使黄金转化为世界货币。从1816～1914年第一次世界大战爆发前的约100年间，黄金对于增进国际贸易、稳定国际金融、促进资本主义的经济高速增长起到了重要作用，史称"黄金时代"。

第一次世界大战严重地冲击了金本位制，到20世纪30年代又爆发了世界性的经济危机，使金本位制彻底崩溃，各国纷纷加强贸易与金融管制，禁止黄金自由买卖和进出口，关闭黄金市场。取而代之的是跛脚的"金块本位制"或"金汇兑本位制"，大大压缩了黄金的货币职能。但是，在国际储备资产中，黄金仍是最后的支付手段，充当世界货币的职能，黄金受到国家的严格管理。

第二次世界大战后，美国积累高达 2 万吨的黄金储备，占资本主义世界黄金储备的 74.5%。美国通过布雷顿森林体制，利用"美元与黄金挂钩，其他货币与美元挂钩"，确立了美元独大的国际储备货币地位。美国利用美元特权，不断扩大远远超出自己生产与供应能力的消费，肆意发动战争，最终使美元泛滥成灾，大大超出其黄金储备。1971 年 8 月 15 日美国宣布实行"新经济政策"，停止美元兑换黄金，布雷顿森林体制崩溃。失去黄金支撑的美元实际成为"合法的伪钞"，美国可以随意开动印钞机印刷美元，然后用它来在世界随意购买，美国从大量印钞中获得巨额发行利润，无须返还给世界的持有者和使用者。

但是，作为"天然货币"的黄金对"合法的伪钞"构成巨大威胁。在国际市场上，黄金是以美元标价的，美元价格与黄金价格走势相反，黄金成为美元的天然尺度。布雷顿森林体制崩溃后，黄金在 20 世纪 70 年代一直处于上涨态势，从 1971 年的每盎司 35 美元，很快冲破 100 美元（1973 年），1980 年 6 月 21 日被推上了 852 美元的历史高点。因此，要在形式上保持美元价格，从而维持美元地位，就必须打压黄金，成功地压制黄金，就能为美国的货币政策赢得"行动自由"。

美国打压黄金处心积虑，不遗余力，而且多年的实践也使之得心应手。世界最大的黄金交易所在美国，黄金的期货价值可以被轻而易举被"管制"与"抑制"。美国官方不断通过借贷黄金给高盛、摩根等金融机构来压低黄金价格，给投资者设置对黄金的信心障碍。几个西方大国货币后来成为储备货币，部分分享着美元霸权，因此在打压黄金上有共同的利益，因此都能响应或听任美国对黄金的打压，尤其是英国。

在布雷顿森林体制崩溃后，世界上还坚强地存在一个货币由 100% 黄金支撑的国家——瑞士，瑞士宪法曾规定，每一瑞士法郎至少有 40% 的黄金储备支撑。因此，一个只有 700 万人口，面积不到德国 1/10 的国家，一度拥有高达 2590 吨黄金，这使得瑞士法郎"像黄金一样坚挺"而一直被国际投资所青睐，瑞士中央银行像直布罗陀岩石一样坚固，瑞士的国际金融中心地位直接威胁着伦敦与纽约。因此，美国（还有帮手英国）通过经济的、政治的乃至道义的手段施压瑞士，在1997年废弃宪法有关黄金储备的要求，并在1999年出售"过多的"1300吨黄金。巨量黄金出售，直接压低黄金价格，重挫南非这样的黄金生产大国，此外在资本市场美国通过金融机构不断压低黄金生产企业的股票，设置诸多融资障碍，使相关黄金生产企业长期处于亏损状态，而缺乏对市场有一个稳定的供给能力。

当然，美国对黄金打压的最得力的重要的打手就是国际货币基金组织（IMF）。1976年，IMF通过的《牙买加协议》及两年后对协议的修改方案，确定了"黄金非货币化"，主要内容包括：黄金不再是货币平价定值的标准；废除黄金官价，IMF不再干预市场，实行浮动价格；取消必须用黄金同IMF进行往来结算的规定。IMF手中握有上亿盎司的黄金储备，因此使用或"威胁使用"出售储备可以有效压低世界黄金价格，实际上每当世界黄金价格高企的时候，IMF就释放抛售黄金的消息，打压金价。

世纪金融大危机，祸起美国，美元承受巨大贬值压力，黄金价格持续看涨。IMF由此一直保持高度警戒，高调宣布计划出售黄金储备，但是一直等待美国的"批示"。2009年6月，美国参众两院通过"支持"IMF分段出售黄金计划，在获得"授权"后，IMF执行董事会于9月18日以"不扰乱市场"的方式出售403.3吨库存黄金，占IMF全部黄金储备的1/8，现值约130亿美元，重压不断上涨的黄金价格。

美国还通过它主导的国际话语权，极力宣扬黄金无用论，美国主流学者无论是自由派（如萨缪尔森）还是保守派（如弗里德曼）都普遍看淡黄金，在国家利益面前没有左右之分。经济学家萨缪尔森认为黄金被踢出货币系统后，对黄金的需求只限于很少几种工业需求。当1971年8月15日尼克松关闭黄金窗口，萨缪尔森鼓吹，黄金已不再是货币，谁还会需要黄金呢？到1973年，萨缪尔森认定1972年每盎司75美元的金价肯定维持不住，黄金最终可能跌到35美元以下。黄金问题专家瑞典人费迪南德·利普斯在《货币战争》一书中认为,"这种肤浅的观点是否值得享有诺贝尔经济学奖的荣誉"。而包括沃顿商学院在内的多家著名经济学府,通过一个又一个模型,反复论证投资黄金远不如投资股票、债券、票据等更具有价值。受伟大导师的影响,从美国高校走出来的他国专家学者,没有几人赞成持有黄金。

然而实际情形是,黄金仍是诸多国家官方金融战略储备的主体。当今全世界各国公布的官方黄金储备总量为32700吨,其中美国的黄金储备最多,为8149吨,占世界官方黄金储备总量的24.9%。美国不仅官方藏金,而且还鼓励民间藏金,早在1974年底就允许个人拥有黄金。目前黄金储备占全世界外汇储备的比重达到10.5%,发达国家高达40%~60%,其中美国为78.9%,德国为71.5%,法国为72.6%,意大利为66.5%。发达国家中唯独日本"特立独行",过万亿的外汇储备只有区区800吨黄金储备,原因是日本一直面临美国的重压,持续购买美国债券,给亚洲国家做好榜样。由于缺乏黄金储备,尽管日元背后有强大的国家经济实力,但是只能沦为国际炒家临时拆借投机用的"携带货币"。而在日本的示范下,信邪听邪的东亚国家黄金储备的总量偏低且在外汇储备中的份额较小,平均水平为2%。而与一般东亚国家不同的是,日本民间黄金储备惊人。

另有一种实际情形,也能折射出美国说一套做一套,这就是对黄金与纸币存放安全的重视程度的巨大差异。美联储存放数千亿美元纸币的中心金库设在其总部所在地纽约市近郊,金库的大门与一般办公楼的旋转门没什么两样,安全工作主要依赖于设在金库内的480个监控器和保安人员。与纸钞"伪金库"的安保相比,位于纽约曼哈顿岛南端24米深的坚硬岩床下的纽约联邦储备银行金库——真正的金库,存放着60个国家、中央银行及国际组织8300多吨黄金,戒备极其森严,护卫设施不知道是"伪金库"的多少倍。另一个真正的金库则设在神秘的诺克斯堡(Knox)军营,是美国的战略大后方,配以电子、机械防护装置,据说仅电网就有7重,一道安全门就重达24吨。世纪金融大危机,美国急需要用钱救市,然而美国紧捂黄金口袋不松,不惜

"冒天下之大不韪"开动印钞机。足见在美国政府那里,黄金比国家信用与美元纸币更值钱。

黄金的货币功能既然是"天然"的,当然就不是人为能够废除。美国可以一手遮天,但是依然遮不住黄金的光泽。国际外贸结算不再使用黄金,但最后平衡收支时,黄金仍是可以接受的结算方式。1999年5月20日,时任美联储主席格林斯潘在国会听证时指出:黄金仍然代表着世界上的最终支付手段,不兑现货币在极端情况下并不总是为人所接受,而黄金永远不会被拒收。

▶ 中国如何算账,拿真金换伪金

在中国,人们将最美好、最有价值的形容词赋予了黄金,广而告之都要争取"黄金时间",商业经营要强占"黄金地段",如今新中国成立60周年,中国共产党领导下的中国正处于"黄金时代"。世界遭遇金融大危机,中国社会经济压力空前,我们的总理呼吁国人要鼓起战胜困难的勇气,"信心比黄金更重要"一时间广为流传[1]。傻子都知道黄金的价值,因此仅凭借常识,大众都清楚,"黄金非货币化"是个歪理,"黄金无用论"则纯粹是个邪说。鄙视黄金的,不是中邪,就是失去理性。

长期以来,中国官方不储存黄金,而且还通过多种政策限制民间储藏。1982年前严禁国民持有黄金,1999年才放宽国民收藏黄金的限制。由于对黄金的价值认识模糊,国家至今缺乏清晰的"藏金于民"政策。至今黄金在民间仍不能自由买卖,黄金流通不畅,阻碍了黄金金融功能的正常发挥。上海黄金交易所于2005年7月才正式向个人开放,黄金投资品种仅限于实物黄金和纸黄金两种,远不能满足中国逐步增加的黄金需求。

---

[1] 1933年美国总统罗斯福在第一次炉边谈话的广播演讲中,就用"人的自信比黄金更重要"一语安慰惊慌失措的民众。

与此同时，中国长期将生产的黄金用于出口换汇，直到2005年5月1日之前，还用出口退税方式鼓励黄金出口。用黄金换美金，用"真金"换"伪金"。近年来，由于民间黄金需求增加，超出自产黄金，如此才增加对黄金的进口，这显然是市场调节的结果。当今世界人均拥有黄金为30克，但是中国只有3.5克，不到印度的1/5。有统计假设：如果每个中国人多购买1克黄金，世界黄金价格就可能上涨1倍。美国有办法阻止中国官方购买黄金，但是谁有力量抑制中国民间购买热情。中国民间素有"积谷防饥，藏金防乱"的习惯。口袋日益殷实的中国大众对黄金的需求将不断增加，而且肯定是持续大幅度增加。中国忽视对黄金的储备，长期对黄金进行管制与抑制，必将为此付出经济代价。

在市场的调节下，中国不断增加对黄金的进口；而在政府主导下，中国仍然用出口退税率的方式鼓励白银大量出口。2000年中国确定的白银出口配额200吨，2005年白银总出口配额达到3500吨，近十年来中国累计出口白银超过2万吨，成为世界最大白银供应国。中国用真金白银换回巨额印有美国总统头像的纸张，并作为储备进行保存，长期乐此不疲。

长期以来，在经济尤其是金融领域，西方说什么，我们信什么；吆喝什么，我们就买什么。中国至少持有美国外债总额的（3.2万亿美元）1/4。中国是世界上官方外汇储备最多的国家，总储备超过2万亿美元，其中70%~80%是美元资产，包括8000多亿美元的美国国债、5000亿美元的机构（房利美公司、房地美公司、联邦国民抵押贷款协会等）债券、1200多亿美元的企业债券和1000多亿美元的美国股票。尽管黄金储备过去6年增长76%，即从2003年的600吨增加至2009年4月的1054吨，成为全球第五大黄金储备国。但是，按照1000美元/盎司计算，不过372亿美元，占中国外汇储备不过1.6%，远远低于国际平均10%的水平，更低于欧盟国家设定的15%的安全水平。而且黄金储备在中国的外汇储备中的比重不是增加了，而是减少了，2002年为4%。当初，英镑与美元都是绑定黄金、借助黄金价值而成为国际货币，欧元启动的背后同样有成员国雄厚的黄金储备。中国两万多亿美元外汇储备，只有1000多吨黄金，拿什么支撑人民币国际化？

西方经济学教科书中清楚写明，一国外汇储备要兼顾安全性、流动性与营利性，而且安全性始终摆在第一位。尤其是当今主要储备货币都是信用货币，其价值与发行国的货币政策直接相关，通货膨胀与储备货币贬值会导致外汇储备缩水，更加突出安全性的重要性。外汇资产的营利性不仅只关注名义收益率，更要考虑到储备货币缩水所产生的影响。在多多益善的政策引导下，中国的外汇储备规模远远超过合理界限（三个月的进口支付额），因此在国际金融持续动荡的大背景下，更应当把安全性放在第一位。然而，长期以来，营利性实际成为外汇储备管理的首要考量。由于外汇无论存放在国外的银行还是进行投资，都可以给带来相应的利息收益，相比之下，增加的黄金储备不仅不能生息获利，还会增加保管与储藏费用支出，因此在短期内于经济上增加黄金储备显然远不如增持外币证券资产储备合算。

赚不赚钱与合不合算，直接影响中国官方外汇储备结构。1973年6月，当黄金价格升至每盎司80美元时，当时负责对外经济工作的陈云同志经过全面的了解和慎重的思考，提出应该把中国存在瑞士银行的外汇拿出一部分来购买黄金保值，但是相关部门算小账，"认为利息损失大，不合算"。但是，中央还是利用自己的权威，用国家大账取代了部门小账，中国的黄金储备从1970年的700万盎司增加到1974年的1280万盎司。这不但增加了国家的黄金储备，在以后的美元狂跌中保证了外汇储备的安全，而且还为以后对外开放提供了可靠的金融支持。如今，回头看，是算"大账"还是算"小账"，是国家藏黄金还是部门发奖金，一直是阻碍中国增加黄金储备的重要原因。

透视发达国家的外汇储备，还有一个重要功能，就是战略性，这是西方教科书所没有说明的。目前，美国的黄金储量居全球之冠，除日本外的其他发达国家黄金在外汇储备中的占比普遍高达40%~60%。同时，黄金是世界上公认的最后清偿手段。美国遭遇百年一遇的金融危机，美国急需要用钱救市，但是美国力按庞大金库不动，而开动印钞机印刷美元，美国十分清楚黄金的战略价值。英镑与美元都是在黄金的支持下，成为国际货币。日本是世界第二经济大国，最大债权国，一度拥有最强的金融实力，但是日元国际化"绕树三匝，无枝可依"，最终夭折，一个重要原因就是没有黄金支撑，缺乏最后支付手段，谁敢轻易信任。百年一遇的金融大危机，也给中国与人民币百年难逢的大机遇，人民币国际化的利益巨大，但是缺乏黄金支撑，中国要把握好如此重大机遇，很难！

美国的歪理邪说正不断被纠正，美国打压黄金正日渐捉襟见肘，世界对黄金的认知正在"觉醒"，黄金的价格正向它被掩盖的实际价值回归。在黄金价格于 2009 年 9 月站稳 1000 美元/盎司之后，金融投机家罗杰斯认为，是年黄金价格要超过 2000 美元/盎司。投资研究机构 Casey Research 首席经济学家康拉德（Bud Conrad）表示，金价应当远不止于此。根据对货币供应量等宏观经济趋势进行的长期分析，康拉德认为金价达到每盎司 4000～5000 美元水平没有任何问题。凭借这些年对美国经济界的跟踪研究，单纯的学者当然有，但是不多见，形形色色的是金融资本的代言人，此前鼓吹粮食、石油、矿石等大宗商品价格要不断上涨，就是金融资本借机炒作的鲜活实例。如今，形形色色的专家鼓吹黄金价格不断上涨，投资者要当心其中的玄机。还是那句老话，是金子总是要闪光的，但是闪出耀眼光芒的不一定是金子，可能是玻璃或镀金，也可能是美国的政策或学者与分析师的言论。

谎言之四

经济失衡：美国危机中国制造*

2009年G20匹兹堡峰会前，美国先发制人抛出"可持续和均衡增长框架"，全力推动G20峰会解决全球经济失衡问题。次贷危机发生尤其是金融海啸生成后，美国政界、学界与媒界众口一词，大肆挞伐华尔街银行家贪得无厌引发危机，其后的深刻检讨集中在金融监管机构失职、美联储货币政策失当以及自由资本主义失灵。奥巴马政府多次信誓旦旦要加强金融监管，抑制华尔街的贪婪。

但是，在美国金融市场渐趋稳定、经济形势趋于好转后，美国政府屈于利益集团压力，在金融监管改革问题上意兴阑珊。"可持续和均衡增长框架"的祭出显示美国试图将金融危机的根源归结为世界经济失衡，力压其他国家尤其是中国分担责任，以攻助守，借机推行贸易保护主义，缓解国际社会要求加强金融监管改革的重压，抢占后金融危机时代重塑国际经济秩序的主导权，一石多鸟。"可持续和均衡增长框架"依托的"经济失衡论"使美国似乎一下子从纵火犯变成了受害者，而中国霎时间却由受害者变成了施害人。由此显示，国际博弈游戏，对于中国这个"菜鸟"来说，要学习的东西太多，要支付的学费昂贵。

---

* 本文是笔者与中国现代国际关系研究院助理研究员黄莺合作，曾以《脏水为何泼向中国？》为题，发表于《国有资产管理》2009年第5期。

树大招风。自美国次贷危机生成为国际金融危机后,有关这场世纪金融大危机根源的"文字战"与"口水战"一直没有停息。令诸多中国人疑惑不解的是,这一"专利权"本来十分清晰的、纯属"美国制造"的危机,在国际媒体的爆炒下、在相关政客的渲染下,中国,一个危机的受害者,竟然成为危机的源头、加害者与纵火犯。更令诸多中国人意想不到的是,积极向中国泼脏水的,竟然还有不少中国的所谓主流经济学者。指鹿为马,颠倒黑白,由此可见以美国为首的西方国家拥有强大的话语权。

▶⋯中国高储蓄的"罪过"

经济学家与政客们都有宽广的国际视角,于国际扬名、从世界赚钱,风险外部化,收益私人化。透视美国的金融危机,也有宏大气魄,很少有从华尔街的贪婪出发,而是从全球经济失衡着眼。认定全球经济失衡是美国金融危机的根源,而此前国际经济学界早有一系列的理论铺垫,全球经济失衡的重要一方——拥有巨额贸易顺差方有中国(至于日本、东亚还有中东等资源富庶国则不论),而中国的高储蓄是导致全球失衡的重要原因,如此便结论美国的金融危机缘于中国的高储蓄,美国似乎一下子从纵火犯变成了受害者,而中国霎时间却由受害者变成了纵火犯。

来看有板有眼的理论论证,根据两缺口模型:投资-储蓄=进口-出口(即 $I-S=M-X$),当一国储蓄大于投资时,该国为净出口国;当储蓄小于投资时,该国为净进口国。据此,相关官僚与学阀推论:正是由于全球储蓄过剩压低了美国利率,才使得联邦政府的预算赤字不断扩大,消费者愿意花费更多的钱。虽然他们并不否认美国的低储蓄和财政赤字对本国贸易逆差的影响,但是包括美联储主席伯南克在内的人士认为,美国的经常账户逆差并不是美国经济或政策导致的结果,而是全球储蓄过剩使然。因此,储蓄过剩的中国应当承担经济调整的主要责任。

"I-S=M-X"是在一堆假设前提下，才能成立的理论，这是当代西方经济学固有的逻辑推理，其合理性早就被人怀疑。退一万步，即便该等式成立，但是得出"中国应当承担责任"的论点仍经不起推敲，难以自圆其说。

首先，在等式"I-S=M-X"中，存在四个变量，每个变量都独立发挥作用。除了储蓄过少之外，出口过少、进口过多、投资过多等问题都可能导致一国贸易逆差的出现，如此，不能简单地推论等式左边的储蓄失衡是等式右边外贸失衡的原因。以美国为例，是储蓄缺口导致了贸易赤字，还是贸易赤字恶化了储蓄缺口，这本身就是一个"先有蛋还是先有鸡"的饶舌话题，永远找不到令人信服的答案。此外，在储蓄、投资、出口和进口的背后，还有众多诸如政府经济政策、产业竞争力、企业投资与大众消费的意愿与能力、人口结构乃至统计方法等因素，都会对四大变量产生影响。因此，对全球失衡问题的考察显然不能简单停留在对储蓄、投资、出口和进口的分析上，而应该研究四大变量背后的驱动因素。伯南克否认美国经济或当局政策应当对美外贸失衡负责，明显是在玩弄推卸责任的障眼法、混淆视听的乌贼术。

其次，即便只研究储蓄问题，也不能得出中国的高储蓄应该为美国外贸失衡负责的结论。理由有三：一是中国的高储蓄和美国的低储蓄之间在一般逻辑上不存在因果关系。中国的高储蓄是由中国的文化传统、发展阶段、消费心理等因素所决定的。同样，美国的低储蓄也是由美国多年的经济发展模式、政府长期推行的鼓励消费的政策、美国人预防性储蓄需求较低、大众在国民收入分配中的比例不断下降等因素综合导致的。二是中国的过剩储蓄（总储蓄率与投资率的差额）和美国的贸易逆差之间在时间上构不成因果关系。中国的储蓄过剩现象只在近些年比较明显，而美国的外贸逆差已经持续了几十年。自20世纪80年代以来，美国仅有三年（分别是1980年、1981年和1991年）出现过小幅经常项目盈余，其余年份都是逆差。1992~1999年，美国经常项目逆差占GDP的比重从0.8%逐渐上升到3.2%。三是中国的储蓄过剩与美国的贸易逆差在规模上相去甚远。在美国次贷危机爆发前的 2005 年，中国的过剩储蓄占其 GDP 的 7%，美国的贸易逆差也接近其 GDP 的 7%，而中国 GDP 只相当于美国的 20%。即使中国所有的过剩储蓄都流入了美国，也远远无法满足美国人的过度消费。

▶ 美国搅浑一池春水

储蓄是市场经济中不可或缺的生命线。没有储蓄就没有积累，而没有积累就没有投资，经济也就不可能实现真正的增长。美国人原本习惯于储蓄，节俭被认为是一种美德。在没有信用卡与房屋净值贷款（房屋市价与房屋按揭额之间的差额可以作为依据用来进行新贷款）等金融产品的情形下，美国经济同样取得了惊人的成功。但是，当美国取得对世界经济的支配地位后，在美元取得国际金融霸权地位后，美国人开始骄奢淫逸，其不断扩大的消费胃口远远超出它自身的生产能力。于是，美国便通过在国际社会中的垄断地位，生产一种叫做"美元"的绿色纸张，来换取世界制造的财富。这是不合理的国际分工使然，是不公正的国际金融秩序使然。

20 世纪 70 年代初，以美元汇兑本位制为中心的布雷顿森林体系寿终正寝，原因是美国无法摆脱所谓"特里芬难题"，在出现巨额外贸逆差后，无法维系美元与黄金之间的比价。布雷顿森林体系虽然崩溃了，但是其阴魂未散，布雷顿森林体系的产物——国际货币基金组织、世界银行等仍然存在，美元的霸权地位仍然保持，美国对国际金融秩序的主导仍然维系。而且美国比在布雷顿森林体系下更加行动自由，只享受铸币税特权，而不再承担国际汇率与金融市场稳定的义务。甚至有意与无意制造、放任金融市场动荡，以便让投机资本（主要是来自美国的对冲基金）火中取栗，成为美国对外经济政策的重要选项。

在经济自由化的诱惑与压力之下，众多发展中国家选择了不断开放，但是由于缺乏对宏观经济的驾驭以及国际金融的应对能力，他们往往通过事实上采取钉住美元的汇率政策来寻求经济环境的稳定。为了抵御外部投机资本对本国货币乃至金融市场的冲击，这些不断扩大对外开放的发展中国家唯有通过贸易顺差来积累大量外汇储备，这必然形成对国际储备货币——美元的需求，从而为美国获取更多更大的铸币税提供了市场。在黄金被美国人为非货币化、国际大宗商品主要受美国垄断资本操纵、其他主要储备货币不断受美国无情打压的前提下，国际外汇资金一般只能流向美国，而美国众多有战略价值的资产都被以国家安全之名被严格保护，因此购买美元债券资产成为当然的选择，而这又为美国人持续过度消费提供了融资。这就是全球经济失衡的主要原因。

对于主导当今国际秩序的世界头号经济大国，从内部寻找此次危机的原因更具有说服力。自20世纪70年代后，在日本与欧洲的迅速赶超下，美国制造业竞争力持续下降，美国的商品贸易由此也就进入了一个难以逆转的入超时代。在全球化浪潮的席卷下，美国国内的制造业受到成本压力纷纷转移到其他国家，导致国内产业的空洞化。与此同时，美国在信息技术、通讯技术和金融服务等领域的优势虽然扩大了服务贸易的顺差，但是远不能抵消商品贸易的逆差。因此，对外贸易失衡便成为美国经济的一种常态。2000~2005年，美国工业产值仅增加5%，美国私人储蓄占可支配收入的比例从最高不到4%下降到接近−2%，而同期耐用商品消费却增加了30%。这说明美国消费者一方面陷入非理性的负债消费漩涡，一方面消费增长尤其是对进口品的需求增长过快。与美国制造业不断萎缩形成鲜明对比的是，新兴市场国家制造业欣欣向荣，竞争力持续提高。外国直接投资、外国先进技术与本土高素质低成本的劳动力相结合，使这些国家获得了巨大的竞争优势。

其实，历史总是在不断地螺旋般往复，今天众多国际纷争总感觉似曾相识。20世纪80年代中期，美国曾将本国经济失衡归咎于日本的高储蓄，由此迫使日元不断升值，直接导致日本经济泡沫，但是美国的贸易逆差不减反增。削弱对手的竞争力，损人就是利己，这已经成为美国霸权的一贯逻辑。如今，美国又故技重施,指责中国的高储蓄,压迫人民币升值。研究国际关系的人士一般都明了美国搅浑水的司马昭之心,只有中国一些所谓主流经济学家似乎一直在"很傻很天真",为美国将脏水泼向中国帮腔造势。

▶ 金融危机:美国自导自演

在制造业日渐萎缩的情况下,美国越来越依靠大肆海外举借来维持经济的繁荣。在虚假繁荣的泡沫背后,美国政府、美联储和华尔街都扮演了重要的角色。

鼓励消费,美政府穷兵黩武 在金融危机来临之前,消费主义在美国呈现严重泛滥之势。20世纪80年代初,美国家庭储蓄占可支配收入的比例最高曾达到12%,之后出现不断下滑的趋势,2000年这一比例已下降到2%左右。2005年和2006年,美国家庭已经入不敷出,储蓄率降为负值,而上一次美国家庭储蓄率为负值是1933年和1934年的经济大萧条期间。如今,美国人每天必须从海外借入25亿美元,才能维持社会生活的正常运行。近年来,布什政府的经济政策(如让国人全都拥有自己的住房)和不负责任的信贷扩张(如向没有还款能力的人提供贷款)为赤字消费主义推波助澜。

在20世纪60~70年代的越战,美国总统约翰逊犯了一个大错。他认为,作为世界第一强国,美国"黄油和大炮"可以兼得,即在发动战争的同时保持经济增长。巨额的军费开支导致国内出现严重通货膨胀、外部出现巨大经济失衡,美元与黄金不得不脱钩,布雷顿体系崩溃。21世纪初的美国政府并没有吸取历史教训,接连发动阿富汗战争和伊拉克战争,加上推行减税政策,由此美国财政从克林顿政府时期好不容易积攒的盈余很快转为赤字,并且债台高筑,终成天量,乃至纽约时代广场的"国债钟"从13位数调至15位数。美国国债市场规模大、流动性强,风险小,一向被视为全球最安全的资产。

但是，政府债务过度膨胀，势必破坏美国政府的还债能力，提高还款风险。如今，美国正通过开动印钞机来稀释债务，使美国国债的持有者面临资产缩水的巨大危险。

自由放任，美联储监管失当　20世纪70年代，西方国家普遍陷入滞胀，美国经济政策从凯恩斯主义转向新自由主义。新自由主义反对政府调控，主张私有化、市场化、自由化和全球化，强调市场自动运转即可实现资源配置的优化。1980~1982年间，美国国会通过了两个重要法案，放松了对金融机构的管制。2000年，在美国政府的极力推动之下，国会又通过了《商品期货现代化法案》，解除了对期货市场、信用违约互换交易的监管，为一些复杂的投资衍生品交易亮了绿灯。由此，次级贷款如决堤之水。

在强调权力制衡的美国政治体系中，美联储是一个相当特殊的机构。无论是美国国会还是美国总统都不能对美联储主席直接发号施令。在世界上，没有哪个国家的中央银行可以像美联储显得那样独立。这种特殊地位赋予了美联储完全的货币政策制定权，但也为美联储与某些政治力量的合谋预留了可能。"9·11"恐怖袭击后，为防止国民经济出现衰退，美联储在两年多的时间里，将存款利率削减至1%，为近半个世纪以来的最低点。超低利率催生了美国房地产泡沫，并造就了次贷神话，超过1.3万亿美元以次级方式贷出。面对房产泡沫危局，美联储主席格林斯潘并没有提出任何异议，反而发明了一种叫做"本国偏见"（home bias）的新理论，来论证其政策的合理性。但是，次贷危机爆发后，在国会听证会上，格林斯潘不得不承认，这场危机暴露了他针对自由市场经济体系的想法和做法中存在缺陷。他承认估错了形势，过度相信金融机构的自律而放松了监管。

挽袖豪赌，华尔街遗祸世界　20世纪早期，在纽约和美国其他大城市中出现许多投机公司，出入这些公司的人们不是购买股票，而是对股票上升或下降进行赌博。这种毫无束缚的投机导致1907年的恐慌以及股票市场的崩溃。随后美国立规将该类投机定为"重罪"，明确加以禁止。然而在100年后，美国再次重蹈覆辙，失去监管约束的华尔街成为豪赌者的天堂。2000年的《商品期货现代化法案》取消了联邦部门对金融衍生品和信用违约互换交易的监管，大大刺激了金融产品的"创新"。美国的金融产品被高度证券化，2007年美国的房贷、信用卡、汽车贷款、学生贷款等均被打包上市，债券市场规模是经济的2.2倍。

从本质上讲，这些新产品是针对美国借贷市场的表现和美国大型金融机构偿付能力的一次豪赌。例如，许多衍生品是针对利率或汇率升降的赌博。过去几年兴起的一种新的赌博——信用违约互换，赌的是次级按揭贷款的借款人是否会拖欠还款。这个赌博如今引爆了华尔街，导火索就是住房市场的崩塌，炸药是大型投资公司为"分散风险"在全球发行并出售的复杂抵押贷款债券，而在这些抵押贷款证券上下注的信用违约互换交易规模达到数万亿美元，成为金融危机的放大器。根据美国2000年通过的新法律，信用违约互换交易完全不受监管，出售它们的大银行或投资机构根本不必预留任何资金，以补偿它们的潜在损失。然而，随着利率提高，按揭住房价格不断降低，信贷资金链终于断裂，最终引发大型金融机构的内爆。欧洲的众多金融机构因为大量持有此类债券，也陷入了金融恐慌之中。美国的次贷危机因此"走出国门"，演变成了一场席卷全球的金融危机。

▶…借来的繁荣，能撑到几时？

从很早开始，就有经济学家批判美国的经济增长模式，称之为虚假繁荣。认为这种繁荣犹如建立在流沙之上，难以持久，因此未来某日轰然崩塌，也实属意料之中。在英语中，虚假繁荣也叫"借来的繁荣"（borrowed prosperity）。"借"有两层意思，一是美国人从国外借钱支撑美国的繁荣，二是当代美国人向未来美国人借钱支撑当前的繁荣。因此，它至少涉及两个问题，一是如果外国人突然对美国人的还款能力产生怀疑并停止借贷，美国经济将受到多大冲击？二是如果当代美国人一味透支未来美国人的消费能力，美国经济的可持续性到什么时候会戛然而止？

目前第一个问题已经为世界瞩目。危机爆发后，美国政府不断出台大规模的财政刺激政策，政府财政赤字不断上扬。3月20日，美国国会预算局发布的最新报告显示，本财年美国政府的财政赤字将达创纪录的1.85万亿美元，而2010~2019财年政府的财政赤字总额则会高达9.3万亿美元。美国的还债能力已令多方质疑。连美国总统奥巴马也承认，如果赤字问题处理不慎，美国经济有可能"从危机转变为灾难"。

至于第二个问题目前还没有引起广泛的重视，但是美国国内已有一批有识之士行动起来，成立了"彼得森基金会"。他们于美国四处奔走，希望能帮助普通美国人了解美国面临的危机。按照美国审计署的统计，截至2007年10月1日，美国政府长期债务达到52.7万亿美元（相当于2007年全世界GDP的总量），这意味着每个美国居民必须负担17.5万美元，每个职工41万美元，每个家庭45.5万美元。正如美国前总审计长大卫·沃克所言，美国"患上了财政癌症，如果不治疗，它将给国家带来灾难"。

美国著名作家海明威曾说，治理不良的政府会惯用两剂万用药，第一剂是通货膨胀，第二剂是战争，两者都能带来短暂的繁荣，但从长期看都会造成毁灭性的后果。在21世纪之初，美国接连发动两次海外战争，现在仍深陷战争的泥潭无法全身而退。而在美国经济因金融危机陷入全面衰退的今天，美国无视通货膨胀的灾难性后果，而开始疯狂印刷美元，向全球转嫁危机。最糟糕的是，美国的政客与学阀却颠倒黑白，竟然一味指责其他国家，而不思己过，抑或如同华尔街一样，已经失去了道德罗盘，失去了自我反省的能力。后危机时代美国唯一的出路是改变经济增长方式、扭转消费模式、调整产业结构、重建金融业监管制度、正视自己应当承当的国际责任，并以更加谦恭的姿态参与全球经济金融制度的改革。

谎言之五

"中国威胁论"：到底威胁了谁？*

2007年8月，英国《每日电讯报》刊发了一篇题为《中国威胁以抛售美元作为"核选项"》的文章，文章放大中国两位学者的个人言论称：中国可能会将1.33万亿美元的巨额外汇储备作为"政治武器"应对来自美国国会的压力。这一"误读门"事件如同投下一枚震撼弹，顿时在北京和华盛顿引发轩然大波。时任美国总统布什为此强调，"如果中国指望以打压美元作为打交道的筹码，那我只能说他们有勇无谋，中国所受的伤害绝对比美国更大。"当然，北京方面的波澜更多是因为"友邦惊诧"。

"中国威胁论"是西方滥用强势话语权的又一个典型例证。一个半世纪以来，西方不断以武力欺负中国，在政治、外交、经济等多方面时常威胁中国，中国偶尔怒目相向，或作些声音微弱的申辩，于是便有新一波的"中国威胁论"。对于历久不衰的"中国威胁论"，多年来中国要么是疲弱无力的回击，要么是闭目塞听的沉默，可是在西方看来沉默就等于默认，这便助长其肆无忌惮的喧嚣。如今，中国经济快速增长，成为世界经济中能数得上的"大块头"，"中国威胁论"甚嚣尘上也实属必然。"鲸鱼出水的时候，目标太大，而它对水面上的情况知之甚少，这时候最脆弱，很容易

---

* 本文主要内容曾以《故伎为何重演？美国不断制造中国威胁论的背后》为题，发表于《上海证券报》2004年3月16日。

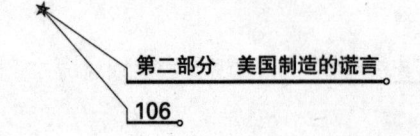

受到偷猎者的攻击",智者之言当引以为鉴。

2007~2008年的世纪金融大危机削弱以美国为首的西方经济实力,以中国为代表的新兴大国脱颖而出,迅速进入国际政治与经济舞台的"中间地带",举手投足都成为国际社会关注的焦点。2009年终,中国国家统计局根据最近全国经济普查,调升了2008年的经济统计数据,一时间有关"日中经济逆转"、中国成为第二经济大国的报道被西方媒体不断爆炒。"山雨欲来风满楼",以美国为首的西方国家加紧对中国的贸易战、货币战与投资战,"中国威胁论"正以更大的声势与更险恶的行动令中国全力招架。

中国人一贯勤劳守拙、忍辱负重。正因如此,一些西方国家特别是美国,为转移国内矛盾、公众视线,经常以中国为靶子,肆意加以歪曲、丑化和攻击,这已经成为美国政治生活的家常便饭,尤其是在美国大选期间,部分政客、媒体对中国的傲慢、偏见与无知体现得淋漓尽致。

▶⋯⋯中国长期"威胁"美国

最早主要渲染文化意义上的"威胁",集中体现在白人至上主义思想和东西方文明冲突。这可以追溯到19世纪后期的"排华浪潮"。当时,美国白人种族主义者和劳工利益集团将大批涌向美国西海岸"淘金"的华人视为白人"饭碗"的抢夺者,华人成了"劣等民族和落后文化的代表"。

渲染政治意义上的"威胁" 新中国成立后,尤其是在朝鲜与越南战争后,美国视中国如苏联,对资本主义世界构成"红色威胁",担心中国的"红色革命"在东南亚引起"多米诺骨牌效应",从而竭力围堵中国。在1967年中国第一颗氢弹试爆成功之后,美国媒体形容中国为"一只孤独的狼,氢弹在握,仇恨在心"。1970年《外交》杂志有一篇文章写道,"有的人觉得中国是一个刚从睡梦中醒来面对现代世界的睡美人。而另外一些人却觉得,它是个将要吞噬掉亚洲或半个世界的怪物。"一百多年过去了,中国的文化与政治在多大程度上威胁了美国,美国"反华"追随者说不出一二,倒是中国的百姓可以历数美帝国主义从"门户开放"、"八国联军"、"一二·九运动"、支持中国内战、阻止中国统一等等一个接一个地威胁着中国的安宁。

改革开放使中国的国力迅速上升,世界经济发展不平衡的基本规律又一次得到验证。1990年,日本防卫大学副教授村井友秀贞在《诸君!》杂志上发表《论中国这个潜在的威胁》一文,应算是"中国威胁论"的始作俑者。1992年,美国传统基金会主办刊物《政策研究》秋季号上发表了美国费城外交政策研究所亚洲项目主任罗斯·芒罗撰写的文章,题为《正在觉醒的巨龙:亚洲真正的威胁来自中国》,基金会为此还专门发表了新闻公报,指出中国将对美国的经济和安全利益构成威胁。有评论认为,这应是吹响美国"中国威胁论"的第一声号角。美国媒体借机推波助澜,"中国威胁论"由此汹涌成潮。

炒作经济意义上的"威胁" 1994年美国世界观察研究所所长莱斯特·布朗发表论文《谁来养活中国?》,一年后出版成书。布朗认为,快速发展的中国在其持续的工业化进程中,伴随着人口增加和消费结构的改善,未来的粮食需求将大幅度增加,但是由于发展中出现的"耕地减少"、"水资源匮乏"和"环境的破坏"等问题,未来中国的粮食产量将会下降,中国面临的问题将是巨大的粮食缺口。为此,中国将越来越依赖粮食进口,并因此冲击世界粮食供应和价格。

1995~1996年间,台海危机以及由此引发的美国内对华政策大辩论,掀起了第二波"中国威胁论"。《时代》周刊记者理查德·伯恩斯坦和罗斯·芒罗所著《即将到来的美中冲突》一书是这一波"中国威胁论"的集中体现,该书也成为"中国威胁论"的全面、代表性阐述。1998~1999年间,以《考克斯报告》出炉以及"李文和案件"、"政治献金案"为代表,美国国内掀起新一波"中国威胁论",《报告》渲染来自中国的各种威胁,似乎已经渗透到西方人生活的方方面面。前中央情报局中国问题专家特里普利特和前共和党国会对外政策助手廷珀莱克,在他们合著的《鼠年》和《红龙跃起》两本书中,大肆渲染"中国对美国国家安全构成重大威胁"。

2001 年以新保守主义思想为指导的共和党政府一上台,就对中国充满了偏见与敌意,中美南海军机擦撞事件发生后,美国国内充斥"中国威胁"与"遏制中国"的言论,一时间,颇有"乌云压城城欲摧"之状。"9·11 事件"使美国将反恐作为第一要务,第四波"中国威胁论"就此暂告段落。2004 年初,美国有线电视新闻网(CNN)、《时代》杂志和《商业周刊》等一些重要媒体纷纷报道,指责中国以不正当手段抢走了美国人的就业机会,以似乎耳目一新的言辞再次热炒"中国威胁论"的滥调。2004 年 3 月 2 日的《纽约时报》在头版刊出了一篇题为"中国正像 20 世纪 80 年代的日本,对美提出经济大挑战"长篇报道,文章认为,目前的中国犹如 20 世纪 80 年代的日本,在劳动力成本上占据优势,但是与日本不同的是,中国劳动力成本优势几乎是无止境的,而且国内市场巨大、善于外交手腕以及无需美国保护的军事实力。因此,相对日本而言,中国必将对美国构成更大、更久的经济挑战。

如今突出战略意义上的"威胁" 2007 年 8 月 8 日,英国《每日电讯报》刊发了一篇题为《中国威胁以抛售美元作为"核选项"》的文章,文章放大中国两位官员(实际只是两位学者)的个人言论称:"中国政府已经开始了一场对美国构成威胁的行动,一旦美国采取贸易措施向人民币施压,中国可能会大量卖出其持有的美国国债。"报道称,中国可能会将 1.33 万亿美元的巨额外汇储备作为"政治武器"应对来自美国国会的压力。其实,这只是《每日电讯报》过度渲染的"误读门"事件。但是,对于处于惊弓之鸟的美国,如同投下一枚震撼弹,顿时在北京和华盛顿引发轩然大波。当天,美国参议院财政委员会主席查尔斯·格拉斯利即发表声明,称"中国的威胁是徒劳而危险的"。一直摩拳擦掌想问鼎美国总统宝座的参议院议员希拉里则措辞强硬地宣称：美国应该采取更加严谨的立法措施，防止美国成为中国北京、上海和日本东京经济决策的"人质"。一系列舆论压力下，美国总统布什也不得不站出来发话："如果中国指望以打压美元作为打交道的筹码，那我只能说他们有勇无谋，中国所受的伤害绝对比美国更大。"当然，北京方面的波澜更多是因为"友邦惊诧"。

在世纪金融大危机爆发后，多年来不断向世界推销与扩张的美国自由资本主义模式与"华盛顿共识"遭遇重挫，美国的意识形态与"软实力"遭遇前所未有的危机，国际社会的世界观与价值观越来越多地倾向多元，越来越多世人愿意了解甚至欣赏"中国模式"与"北京共识"的独特魅力。这给习惯了唯我独尊、乐于霸权的美国真正领略到"中国威胁"的来临。2010年新年伊始，英国《卫报》发表文章称，一些经济学家认为，中国的崛起是世界经济在2007年到2009年陷入崩溃的主要原因。

美国在国际话语权上占据明显优势。尽管美国制造业占美国国民经济的比重越来越低，但是美国服务业极其发达，给中国"贴标签"也是美国强大服务能力的重要体现。近年来，美国除了制造"中国崩溃论"、"中国威胁论"外，也与时俱进制造了"中国责任论"。

▶…政治需要"中国威胁"

布热津斯基曾坦率地说，"美国需要一个敌人"。过去，美国长期用意识形态、价值观来凝聚盟友，发号施令。实际上在一段时间内，黑老大总需要为黑帮制造一个对手。苏东剧变后，美国的冷战思维越来越捉襟见肘，盟友们越来越注重实际利益。近年来，尤其是对伊拉克入侵、次贷危机发生以来，美国民主与自由的旗帜无可避免地滑落了。越来越多的世人意识到，美国才是地缘政治与世界经济动荡的主要源头，不折不扣的麻烦制造者。于是乎人们看到，美国登高一呼应者云集的时代正在成为过去。美国的敌人、美国的竞争对手越来越难成为整个西方或其盟友的敌人与对手，在经济上尤其如此。因此，对中国的打压，更多是出于美国国内政治的需要。

近年来，美国热炒"中国威胁论"通常是在美国经济形势不好、总统大选或国会选举时出现的。上一波炒作人民币汇率低估问题，① 是在美国经济遭遇网络经济泡沫破灭、"9·11事件"重创美国经济恢复信心之后出现的。当时，美国抛出一个国际金融恐怖平衡理论，称中国通过人民币与美元挂钩，经由"中国制造"，将本国的通货紧缩输送给世界，导致美国等西方国家面临通货紧缩的风险。此后，美国经济逐步走向复苏，但失业问题没有得到多少改善，这时又有政客与媒体抛出怪论，美国之所以出现了"无就业增长"，是因为中国以不正当手段抢走了美国人的就业机会。于是，美国又借对外贸易逆差持续扩大，指责中国有意操纵人民币汇率而谋取不正当竞争利益。美国国会议员扬言要通过法案，称中国为"汇率操纵国家"，要求中国在规定的时间（6个月内）、按规定的幅度（25%~40%）来调整人民币汇率，否则美国就应在贸易方面做出报复行动，对进口的中国产品加征27.5%的惩罚性关税。

依照美国政客的分析，人民币升值可以保护美国国内产业与就业，减少美国外贸逆差，但是稍有经济学常识的人都能明白，这纯属无知妄说。首先，当今国际分工中，中美两国产业处于两端，美国在知识密集型产业上据优，而中国在劳动密集型产业上见长，互补性最大，而竞争性最小，何来对美国构成威胁？其次，就业结构与产业结构密切相关，美国制造业集中于知识密集型，国民经济中服务业超过70%，部分技术行业外包主要为印度占据。中国没有抢美国人的饭碗，相反仅在2004年，美国公司从中国进口中至少获利600亿美元，为美国国内创造了400万~800万个就业岗位。第三，美国对中

---

① 2001年9月，日本率先对人民币汇率进行发难，指责中国因"廉价货币"而向全球输出"通货紧缩"，并成功地使美国将注意力长期由日元转向人民币，由此人民币受到低估的说法才逐渐浮现。

国的外贸逆差主要由美国过度消费需求以及对中国出口管制①导致，人民币升值不会改变这两大要素，只会将对中国的进口转移到其他更低成本国家。

对于美国的歪理邪说与无理要求，就有良知的美国人仗义执言：美国工作机会大量减少已经从一个经济问题变成一个政治问题，失业增加直接影响到美国人的生活质量，容易让感情模糊了理性视线。华盛顿智囊机构卡托研究所高级研究员丹尼尔·格里斯沃德指出："人人都说，美国的资金都投往中国去了，也把美国的工作吸引走了。可真实情形差得太远了。美国本土制造业每年的投资金额高达 2000 亿美元，而对中国的投资还不到这个数目的百分之一。从 1999～2002 年这四年中，美国对中国制造业的直接投资每年只有 12 亿美元。而同期美国公司在欧洲制造业的直接投资平均每年 160 亿美元。中国和印度的投资环境远远比不上欧洲富裕国家，美国公司主要的资金都去了欧洲，而不是中国和印度。"对于布什政府支持美国制造业人士向中国施压，克林顿政府的美国贸易代表巴尔舍夫斯基指出："显而易见，布什政府的决定完全是大选前的政治决策。"

最新一波人民币升值压力，同样出于美国国内政治的需要。次贷危机发生后，美国政、学、媒还有部分商界意识到，金融危机纯粹是美国企业家贪婪、当局监管不力、金融创新过度等因素所致。在奥巴马上台初期，从白宫到华尔街，一度弥漫要总结危机教训、约束资本、强化监管的氛围。但是，在强大的集团利益面前、在美国积重难返的经济与社会结构面前，奥巴马政府推出的重大改革举步维艰，经济刺激计划并没有达到预期目的，失业率不降反升，新的经济增长点无踪无影。在这种情况下，为缓解国内政治压力，挽救日趋滑落的支持率，奥巴马政府不惜以中美关系为代价，频繁制造对华贸易摩擦，高调施压人民币升值。而在国会中期选举的压力下，一些国会议员也有意借人民币问题大做文章，为自己赢得选举铺路，因为长期以来敲打

---

① 最近一次在 2007 年，美国把中国单独列出来，对中国增加了几十个品种的大类的出口限制，如计算机、航空航天民用技术、数字数控机床以及诸多零部件等高价值产品。

中国业已成为美国政客最便捷、最廉价、风险不大且总有一些收益的政治工具。2010年3月15日，130位国会议员联名致信财政部长盖特纳和商务部长骆家辉，要求将中国认定为"汇率操纵国"，并要求美国商务部对中国商品实施反补贴制裁。

针对美国政学媒"三合一"对中国人民币高调、频繁施压，中国商务部部长指出，日本和德国以及中国本币升值的实践表明，一个国家本币的升值对调节贸易的作用十分有限。[1]他指出，2005~2008年人民币已经升值20%多但中国的贸易不降反升，2009年人民币汇率基本稳定，但是贸易顺差下降了30%多。其实，近乎所有政治门外汉都知道，人民币问题很显然被美国政治化。美国政客不需要中国任何辩驳，因为强权就是真理。

美国擅长国际博弈，用"大棒+胡萝卜"的手段设法将对手拖入讨价还价的对话过程。一旦进入讨价还价就会有让步，而不管对手让步多少，美国也是全赢。因为表面上互有让步，但是美国实质上只不过是压缩自己的无理要求，而对手的任何让步都是实质性的。美国不断高压人民币升值、频繁制造贸易摩擦，项庄舞剑，意在沛公，不排除要中国在持有与增加持有美元债券、扩大金融市场开放等重大经济问题、伊朗拥核与朝鲜半岛等重大政治问题上向美国让步。近年来，美国看准中国要"始终维持中美关系大局稳定"的软肋，通过中美战略经济对话，不断向中国施加无理要求而最终总能得到中国让步的做法屡试不爽。近年来，在美国出现一大政治"怪象"，即美国国会动辄要对两个主权国家举行相关听证或通过相关议案，这两个主权国家一个是伊拉克，另一个就是中国。我们在感叹中国越来越易于成为美国国内政治斗争的替罪羔羊的同时，也应当深刻检讨中国对美政策，以免不断为美国的无理要求埋单。

---

[1] 在20世纪80~90年代，美国持续高压日元升值以减少对日贸易逆差。日元不断升值的结果是，日本产生巨大经济泡沫，对美贸易顺差非但没有减少，反而还不断增加。

▶⋯"威胁论"背后的玄机

在美国人的眼中，没有"比较优势"，只有"绝对优势" 国际贸易与投资的加速发展，是全球化的直接结果。全球化别称"美国化"，是美国执意推动的，美国从中获取的收益远远大于付出。西方经济学教科书显示：若全面增进世界的福利，应当实现商品、资本、劳务和人员的自由流动，如同欧洲统一大市场那样，但是美国等发达国家为了维护自己利益，在不断推动商品与资本的自由化的同时，严格限制劳动力的国际流动。

西方经济学教科书揭示：每一个国家都有自己的比较优势，一国发挥自己的比较优势并不会损害其他国家比较优势的发挥。作为发展中国家的中国，比较优势在于丰富的劳动力资源，只有通过在世界范围内的再配置，才能从根本上优化中国资源配置状况。因此，中国必须将国际流动性差、训练有素的劳动力比较优势，转变为流动性强、价廉物美的工业品竞争优势，通过国际贸易来实现资源的优化配置。

发达国家的比较优势在于技术与资本，但是长期以来美国一方面不断强化技术与资本密集产业在国际市场上的竞争，另一方面迫于政治压力又不愿放弃国内劳动密集产业，而且为了本国无穷无尽的"国家安全"需要，长期以来对技术密集尤其是高科技产品向中国出口加以严格管制，美国的举措背离了国际分工中比较优势的充分发挥，作茧自缚，由此导致了中美之间贸易逆差日益扩大。美国却以一贯霸道的"牛仔作风"，一股脑地将问题症结全部栽到中国头上。这样，在美国人自己编撰、供自己使用的经济学教科书中，似乎只有"绝对优势"，没有"比较优势"。

争抢乞丐钵中每一个铜板 按照西方经济学教科书，政府职能可归纳为四点：即经济增长、充分就业、稳定物价与平衡收支，其实对于西方国家而言应当再加上一点——安逸生活，最起码对美国政府就是如此。美国倡导、鼓吹自由化，但是始终限制作为国际最重要资源——人（劳动力）的自由流动，目的就是要确保美国居民的安逸生活，防止落后国家居民入境而降低或影响他们的优越生活。

中国人很辩证也很务实，鱼和熊掌不可得兼时，往往舍鱼而取熊掌。美国人则不然，不仅是技术与劳动密集产业，就连五大目标它也要"通吃"。而且不仅吃自己的，还要吃别人的，甚至于乞丐钵中争食。为此，它可以漠视世界众多嗷嗷待哺的饥民（美国对外援助在发达国家中占GDP的比重最低，而且援助通常总要附加政治条件）、置联合国《禁止使用地雷国际协议》于不顾，撕毁解决全球变暖问题的《京都议定书》，单方面废弃《反弹道导弹条约》，埋葬《全面禁止核试验条约》，独步天下，翻云覆雨，一意孤行。为了本国利益（实际更多是部分利益集团的利益），在全球耀武扬威，甚至不惜让他国人民肝脑涂地。

就拿IT领域来说（美国新一波"中国威胁"产生于IT业务外包），美国在该领域占据明显优势，一直拥有巨额贸易顺差，但是美国大公司将一些工序外包给印度、中国等发展中国家，美国人就受不了，惊叫就业机会大量流失。为此，要求美国政府施加压力，要求包括中国在内的发展中国家消除不正当手段，提高工资，减少对美国的竞争。这无异于乞丐钵中争抢每一个铜板，来维持自身安逸生活。事实上，在全球化下，跨国公司越来越富可敌国，从国际分工中赚得脑满肠肥，正确的做法是眼睛向内，改革分配机制，而不是盯着乞丐钵中最后一个铜板。

从中国人身上剥下至少"四张皮"，还叫嚷中国威胁了美国 列宁在《帝国主义论》中，描述帝国主义的凶狠与贪婪时，讲到"要从一头牛身上剥下两张皮来"。当今的美国远胜过列宁时代的帝国主义，悄无声息就从中国人身上剥下至少"四张皮"，还叫嚷中国威胁了美国。

"第一张皮"：美国在中国投资设厂，加工生产美国市场所需求的产品，中国从中所赚取的只是工人微薄的工资与一再减免和优惠的税收，美国从中拿走了80%以上的收益。

"第二张皮"：中国将本国人民辛苦劳作生产出来的实实在在的商品，通过国际贸易与美国经由印刷机印制的纸币相交换，美国从中抽取大量"铸币税"。

"第三张皮"，中国换得的数千亿"绿背"用来购买美国国债、机构债和公司债，支持美国巨额赤字，为美国的经济增长融资。近年来，中国在美国的储备资产年收益率在5%左右，考虑到通货膨胀以及美元贬值等因素，实际年收益率不超过2%。实际上，这等同中国向美国发放贴息贷款，因为中国政府不断以较高利率发放国债借取民间资金，国内机构则以更高的利率向境外举债。

"第四张皮"：储备美元资产不仅收益低，而且面临因美国通货膨胀以及美元汇率长期大幅贬值而严重缩水的风险，还有可能遭遇美国冻结的威胁。

如此这般，美国非但不感谢中国，反而一再宣称，中国有可能在需要的时候，利用其持有的巨额美元债券资产，向美国要挟——威胁美元汇率以及美国金融市场的稳定。

第三部分

Snares in Financial World

金融领域的罗网

央行独立：成为美联储第 13 个区行

美元陷阱：中国为何越陷越深？

主权风险：迪拜债务危机的警示

资产泡沫：非理性繁荣下的中国

金融博弈：中国收益几何？

第三部分　金融领域的罗网

导　读

2007年年中，美国次贷风暴乍起，一时间国际金融市场波诡云谲，世界经济阴霾笼罩。这场在当今资本主义核心酝酿而爆发的金融危机，与其被渲染为经济金融化、金融全球化的危机，不如说是美国式资本主义的危机，是被视为资本主义核心价值与市场经济基础的"诚信"危机。透视这场金融风暴，道德风险遍及金融市场每一个角落。华尔街银行家、美国战略家凭借美国的强势话语体系、强大的金融实力以及缺德的金融操作，将世界一网打尽。

多年来经济学家一直都在花大力气研究经济领域内的缺德行为，专业唤之为"道德风险"，亦即指经济活动当事人利用信息不对称或监管不到位从事损人利己的行动。金融市场因为其越来越专业化，使相关信息出现越来越不对称的局面，而金融业高收益的诱惑使得经济人的自利本性总是近乎处于临界，因此金融领域的道德风险在经济金融化的态势下愈发严重。长久以来，西方世界一直以坚固的诚信基础、发达的金融体系与严密的金融监管而张扬于世界。但是，相关金融领域的道德风险问题却层出不穷。1995年英国巴林银行破产，1996年日本住友商社巨亏，2002年爱尔兰联合银行蒙受重大损失，2007年法国兴业银行陷入困境，……这些个顶个的"大案要案"，案发时，都给当地甚至国际金融市场投下震撼弹，产生冲击波，在这些光芒四射的大案烘托下，其他"不值一提"欺诈案难以数计。

作为国际金融的核心，美国的金融机构道德风险更是从末梢延伸到根基，从事欺诈的不仅是个别"害群之马"，而是遍及华尔街整个行当，涉及金融机构的整个管理团队。2003年4月，美国金融监管机构与华尔街十大投行达成和解协议，收取14亿美元罚金，并勒令其整改。所谓"和解"，就是不扩大事态，不暴露更为严重的问题。频繁"和解"足见美国金融监管机构与华尔街投行的沆瀣一气。被报道出来的只是一些典型而已，实际代表的只是金融机构道德缺失、疏于治理的"冰山一角"。在美国次贷危机爆发后，惊爆前纳斯达克主席马多夫"庞氏骗局"，诈骗金额高达500亿美元，无论是犯罪的层级、涉及的金额，还是波及社会的广度，都创下历史之最。

长期以来，美国鼓励金融创新，抵触国际社会要求对投机资本的协同监管。一个重要原因，美国可以利用金融创新与投机从其主导国际经济金融秩序中直接"拿钱"。国际社会应当记得，美国"新经济"神话一度誉满全球，美国利用了全世界的资金，为美国孵化出一大批高质量的高科技公司，从而为美国经济注入了活力，为美国人赚取了巨额财富。"新经济"泡沫破灭美国并没有多大损失，被套的却是全世界的投资者。投资大师沃伦·巴菲特警告，华尔街金融创新出的系列次贷债券是"金融大规模杀伤性武器"。次贷债券是美国金融创新的一个怪物，它使更多美国人住上了房子（美国居民住房的自有率从1995年的64%上升到2006年的69%左右），使美国金融寡头们赚得脑满肠肥，却把金融动荡甩给了世界，把危机转嫁给世界，又一次体现出美国的国家道德风险。

正因为部分美国人的缺德与一直缺德的美国，使这个虽然是危机肇始者，非但远不是危机的最大受害者，而且还有可能是危机的收益者。在次贷危机如火如荼时刻，有记者询问美国国际集团（AIG）的高管有关AIG的前途，该高管却一身轻松："没事！我们在中国的投资收益足可以弥补在美国的损失"。不错！正是中国不惜一切代价引进境外战略投资者，才使得华尔街一身轻松。这犹如火灾保险，买了火灾险的人更有可能去玩火，对可能引发火灾的隐患掉以轻心。更为严重的是，美国次贷危机爆发后，中国有关高级人士曾于国际场合高调宣布，"我们随时准备与国际社会一道，承担起稳定国际金融的重任"，"救美国就等于救中国"。如今，似乎正是这种"伟大的国际主义精神"使中国成为美国危机的主要埋单者。

中国一步一个脚印步入陷阱，心甘情愿自投罗网不是偶然的，而是长期追随美国、"以美为师"的必然。我们现在都很清晰，中国大豆覆灭是中国加入WTO接受不公平条件而倒下的第一张骨牌，在粮食安全上，玉米与蔬菜种子已经拉响了警报。诸多专家分析，未来，中国将为加入WTO接受不公平条件付出更多更惨痛代价，其中金融业分外令人堪忧。自2006年12月11日开始，中国就得遵循入世承诺而全面开放本土金融市场。中国作为世界最大的发展中国家，却不得以发展中国家的身份入世。

无论是世界银行还是其他经济学家，都认为中国这个人均收入只有450美元的国家，不仅是发展中国家，而且还是一个低收入国家，但是美国坚持认为中国是一个发达国家，因此应该加快转型的速度。美国摩根大通银行副总裁黄树东在其《选择和崛起》一书中如此叹息："2001年11月12日，中国签署了世贸条约。这一天将作为中国和外部世界关系的标志性日子而进入历史。这个涉及13亿中国人民长远利益的条约，不仅以不平等的条件打开了中国的广义市场，还以同样不平等的条件干预中国经济主权"。美国有专家认为，在十几年的秘密谈判中，中国代表之软弱和让步之多，在许多方面比150年以前的中国谈判代表表现得还差。①

中国的入世承诺可以分为两大类：一类是市场进入。通过大规模降低关税和废除非关税壁垒，更大幅度对外开放中国市场，承诺允许外资进入中国的服务领域，其中最关键的是金融领域；另一类是对西方主导的国际行为规则的遵守，这些规则规定了中国同世界其他国家经济交往的方式。由此，中国被迫承诺全面开放自己的金融体系，实行金融全球化。此后的中美战略经济对话进一步确保了中国金融朝着对外定向、单边开放方向大步迈进。美国次贷危机引爆世纪金融大危机并没有使中国放慢与国际金融接轨的脚步，中国金融高官发出清晰的声音："自由化是一个方向，我们改革和开放的最终目标是让金融行业进一步开放。"

金融危机袭来，中国一些金融高管与高管还自鸣得意，声称中国金融在危机中的"损失很小"，自我与相互吹嘘自己如何英明伟大，有先见之明，而幸

---

① Ben Mah, America and China, Political and Economic Relations in the 21ˢᵗ Century, pp. 12.

免美国掀起的金融风暴。随着事态的发展，作为美国最大的债权国、终日幻想与美国"经济共生"的新兴大国"责无旁贷"地成为最大的埋单者，被美国的金融罗网深度套牢，动弹不得。

中国等新兴市场的股市财富"蒸发"远远超过美国。美国借次贷危机推进美元贬值，而美元贬值不仅是美国转嫁和化解危机的有效手段，而且可以直接达到减少债务的目的，中国投资于美国的万亿美元资产正在面临实际缩水的危机。有机构按 2005 年以来美元对人民币贬值幅度估算，到 2009 年底中国已经损失约 2600 亿美元。未来，美元如果依照普遍估算的 20%～30%的贬值幅度，那么中国外汇仍将有 3000 亿～4500 亿美元的损失。

这笔资金，足可以使中国实现军队现代化、填补巨额社会保障与医疗保险欠账、解决所有儿童失学与校舍改造，以及不再让国人乃至世人辛酸的"母亲水窖"；这笔资金，可以填补千万个"福特基金"、"洛克菲勒基金"、"全国民主基金"、"索罗斯基金"等所成就的收买鹦鹉、植入芯片、"颜色革命"等等对他国实现改造所需要的资金。当我们挣扎于美国布置的金融罗网时，我们思考了没有，我们前面有众多车辙还为何投入美国罗网？我们的金融界高级人士为何还在忽悠国人"平安无事"？我们的相关业界高级人士对我们的人民是否太吝啬了，而对一再视我们为敌的那个大洋彼岸的国家是否太慷慨了？

危机当头，美国公开鼓吹"巧实力"，绣出"同舟共济"，一些国人激动得无法自已。但是，危机稍息，美国祭出多个大棒，施压中国依照美国的意志行事，做负责任大国。政学媒与美欧日内外"三合一"，由"小合唱"到"大合唱"，制造贸易摩擦，高压人民币升值，合围中国。或许真是钱多人傻，或许还有里应外合，美国的政策很清楚，吃定了中国！

第三部分 金融领域的罗网

罗网之一

央行独立：成为美联储第13个区行

新自由主义者通过经济自由理论抹平国界，用国家政权与国际组织的强力拆除横亘于国家之间的障碍，却不断鼓励各国中央银行走向独立。

美国摩根大通银行副总裁黄树东所著的《选择和崛起——国家博弈下的中国危局》（中国人民大学出版社2009年9月版）一书指出：美国政府和智囊在许多文件中明白无误地指出，要把中国纳入能保障美国利益的格局里。要把中国纳入这样一个经济框架中，必须做到三点：第一，使中国经济依赖美国，至少是依赖美国市场；第二，必须使中国经济走上低技术水平扩张的道路；第三，必须在金融上控制中国。很明显，现在已经进入第三阶段，即"在金融上控制中国"，包括央行独立在内的金融自由化是美国控制中国的思想工具与操作手段。

在美国主导国际经济秩序与美元霸权体制下，美国联邦储备系统已实际成为世界的中央银行，美国通过各种途径策动世界其他国家央行独立，使之都或多或少扮演着美联储第13区行的角色，因为他们不断积累以美元为主的外汇储备、购买与管理美元资产，主动或被迫与美联储的货币政策保持一致或协调，成为美联储货币政策的执行者与金融话语的传译者。著名英国经济学家凯恩斯认为，若要推翻一个国家的社会基础，破坏它的通货体系乃是最精妙、最有效的办法。而实际上，策动一个国家的中央银行走向独立，就是美国破坏该国通货体系的最精妙、最有效的办法。

▶…谜一样的美联储，是一个古怪的东西

依照新自由主义学者的鼓吹，央行独立是在推广美联储的成功经验。多年来，美联储像谜一样被自由主义者制造的诸多光环遮掩着、烘托着。其实，美联储根本就没有那么多神秘与光环，其运作就是"以纸张做抵押发行纸张"，因此被史学家讥讽，既不是联邦，又没有储备，也不是银行。美国众议院银行货币委员会前主席帕特曼曾经如此表述："从宪法上讲，联邦储备系统是一个古怪的东西"。而这个"古怪的东西"就是垄断资本的大本营，是自由主义者的圣地，美元霸权的策源地，也是国际金融动荡的滥觞。

美联储这个"古怪的东西"是一家注册在特拉华州的私营公司，根本不是美国联邦政府机构或公共机构。尽管美联储的主席是由总统任命，国会核准，但是并不改变其私营公司性质，至多不过是金融寡头们的行业协会。宋鸿兵先生在《货币战争》一书中表述："直到今天，中国可能也没有几个经济学家知道美联储其实是私有的中央银行"。1913年美国国会通过了《联邦储备法》，正式建立了美联邦储备系统。根据《联邦储备法》，全国划分为12个联邦储备区并设立12家联邦储备银行。为协调12家储备银行活动，于1914年在华盛顿建立了最高联邦储备局，1935年改名为联邦储备委员会。12家储备银行都是由成员银行拥有并由董事会经营的私营公司，成员银行是通过购买本区储备银行的股票而成为会员，会员银行按实缴股本享受年息6%的股息，根据法律规定，美联储大约98%的利润归属于美国财政部，但是在法律上是由其会员银行而不是由政府或民众所有。

联邦储备银行行长是由该行董事会选举,而董事会成员的1/3来自成员行,所以联邦储备银行行长自然要代表银行界的利益。美联储的核心或实际控制者是作为12家储备银行之一的纽约储备银行。纽约储备银行在成立时共发行约20万股份,其中,洛克菲勒控制的纽约国家城市银行占3万股,J. P. 摩根的第一国家银行为1.5万股,这两家银行在1955年合并为花旗银行后拥有近1/4股份,实际上决定着美联储主席的候选人,而所谓总统任命与国会听证更多只是"走过场"的表演。此外,保罗的纽约国家商业银行为2.1万股,汉诺威银行为1.02万股,大通银行为6000股,汉华银行为6000股。以上6家银行共拥有40%纽约储备银行股份,到1983年共拥有53%的股份。

美国联邦储备银行实质是私人所有的股份制中央银行,美国政府没有股份,也没有实际的发钞权。在美国中央银行出现之前,以洛克菲勒为代表的金融寡头长期扮演"最终贷款人"的角色,尤其是1907年金融危机,以洛克菲勒为代表的金融寡头力挽美国金融狂澜于既倒,功勋卓著。此后,洛克菲勒等金融寡头一手策划了美联储的成立,并长期操纵美联储的运作,这也形成了美联储始终秘密决策的运作传统。因此,作为纯粹私有的"中央银行",称美联储是华尔街金融利益集团的忠实代表毫不为过。只是有时在国会与舆论的监督下,偶尔适当照顾大众的利益而已。

美国自建国伊始就确立了行政、立法与司法彼此独立、相互监督的"三权分力"的政治体制,但是随着经济增长与社会发展,资本作为"第四权力"迅速崛起,而且资本的触角深入行政、立法与司法,由此资本超越政党(行政)、超越公正(司法)、超越民主(国会),资本在扩张、渗透、垄断过程中,为自己确立了新的政治机制,这就是美联储。在美国"三权分立"的政治框架中,美联储不属于任何一级,不受国会控制的拨款程序支配,经费自理且有大量节余,能够拒绝联邦政府审计机构的审计,明显独立于行政、立法与司法,因此被称之为"无头的第四部门",但是它的所有权与服务对象清晰，那就是华尔街、美国的金融资本，是"第四权力"的集中代表。所以，美国的政治生态实际上是"四权分力"。

当今国际，大国决定国际政治生态；当今诸多国家国内，强势利益集团决定着国内政治生态，相关政策主张主要反映的是强势利益集团的利益。美联储的独立性是垄断资本、尤其是金融资本的必然要求。美联储将金融稳定、抑制通胀作为自己的首要职能也是很容易理解的，因为金融资本通常被认为是高度厌恶通货膨胀的。金融寡头的代表者罗纳德·里根曾经痛斥："通货膨胀就像抢劫犯一样暴力，就像武装的强盗一样令人恐惧，就像凶手一样致命"。从历史演变的角度看，美联储的独立性有增大的趋势，这与金融资本与金融寡头在国家中的地位不断上升是一致的。在实行"三权分力"的西方国家，金融资本的力量一般都很强大，这就构成了"三权"背后的"影子权力"。金融资本在世界范围内总体处于不断增强的态势，因此要求央行独立也就成为世界新趋向。

▶ 央行独立：自觉为美元霸权服务

当今，近乎每一个国家都有一个中央银行，其主要使命就是控制全国的货币供给和信贷条件。对于中央银行在国民经济、社会乃至政治生活中的地位，一直存在不同的看法。其中，"中央银行独立性"的理念近年来日益盛行。

央行独立意味着给予中央银行独立于政府而实现经济目标的权利。国际货币基金组织（IMF）发布的文献认为："中央银行独立性是指中央银行在公布通货膨胀率、汇率或货币政策目标以及根据自己的操作决定货币供应量和利率水平时不受政府的干预，并且中央银行的管理和财务是独立的"。IMF关于央行独立不仅包括了中央银行制定货币与实施政策的独立，还包括中央银行在人事制度以及财务方面的独立。IMF 不仅是央行独立理论的拼命鼓吹者，而且还是央行独立政策的积极实践者，IMF 就将央行独立作为获得该组织贷款的一个条件，1997 年陷入东亚金融危机困境而努力争取 IMF 救援的韩国就接受了这一政策。韩国接受了这一屈辱性政策后，将 IMF 嘲讽为"我被解雇了"（I'M Fired）。一般而言，学界对央行独立性的关注基本上集中于央行独立于政治干预，尤其是避免政治对货币政策的影响。

从最早的中央银行——瑞典银行和英格兰银行算起，中央银行已经有 300 多年的历史。但是，在央行正常运作的绝大多数时间内，央行独立并未成为人们关注的话题，各国根据自己的国情，决定是否设立中央银行，并依照自己的理解赋予中央银行应有的职能，为维护与增进自己的国家利益服务。

然而，时间到了 20 世纪 90 年代初期，随着苏东剧变，冷战结束，一种全新的思潮出现了。1990 年由美国国际经济研究所炮制的"华盛顿共识"诞生，"共识"要求在全球范围内建立一个无管制的金融市场，拆除一切制约国际资本流动的障碍。1990 年，美国哈佛大学的学者抛出"哈佛报告"。报告认为，中央银行的独立程度与经济的良性发展之间具有正相关关系，只有保持央行高度独立，才能在低通胀条件下，实现适度经济增长和低失业率。自此，世界上出现了一种重新设定中央银行地位、赋予中央银行更加独立的新趋向。在这一趋向下，新西兰、日本、澳大利亚、法国、英国等西方发达国家相继按照加强央行独立的精神修改了中央银行法，或者颁布了加强中央银行独立性的政令。[1]

广大发展中国家在发达国家施压下、新自由主义学者鼓噪下、国际经济组织诱惑下，央行独立不仅是一种"共识"，而且成为一种时髦、一种潮流，

---

[1] 在"华盛顿共识"诞生与"哈佛报告"抛出后不久，也就是 1991 年，应美国的要求，国际组织以国内生产总值（GDP）取代国民生产总值（GNP）成为国民经济增长的一种标准的统计方法。如此很好地掩盖了跨国公司在东道国投资与赢利流向母国的实质。十分巧合的是，也是自 20 世纪 90 年代起，西方多家研究机构（如美国"传统基金会"）着手对全球不同国度的经济自由度进行评估，每年发布世界自由经济指数，它们所揭示的一个相同而又清晰的结论是：经济越自由，国家越富裕。实际的把戏是由国际贫富的现实出发，倒因为果。因此，有理由猜测，所谓经济全球化与经济自由主义流行是被精心谋划的。

纷纷强化本国中央银行的独立性。央行独立是新自由主义所鼓吹的金融自由化的重要组成部分，与利率市场化、国有机构私有化、经营国际化等一起构成金融自由化一揽子方案，实质是新自由主义者在各个东道国建立起积极推广金融自由化、自动维护金融资本自由流动、自动推动财富由穷国向富国逆向流动、自觉贯彻执行美联储货币政策、自觉为美元霸权服务的堡垒与工具。

▶ 央行独立：折断发展中国家起飞的翅膀

一国央行独立与其发展阶段有着密切的联系。就国际经验来看，在一国经济快速发展或起飞阶段，政府要借入大量的债务或形成较大的赤字，用以建设公路、铁路、桥梁、机场、码头等基础设施以及发展能源、水利、学校等公用事业，如此为经济起飞奠定基础。政府能够自主控制信用，是实现经济扩张、起飞的必要条件，而中央银行的价值就是提供这种主权信用。因此，在一国经济快速发展或起飞阶段，央行独立性是很低的，甚至根本就没有独立性可言。英、美等西方国家经济与金融发展史清晰地表明了这一点。美国在19世纪中后期实现经济起飞，到1913年才有正式的中央银行，此后随着市场机制的不断健全，央行的独立性才不断增强。而英国直到1997年通过修改法律正式承认英格兰银行的独立地位。因此，以美国为首的西方国家施压诱导发展中国家在本国尚未发达之际就推进、实现央行独立，让发展中国家自我废弃主权信贷这一重要融资途径以发展自己的经济，撤除发展中国家致富的"梯子"、折断发展中国家起飞的"翅膀"，其用心不能不说是险恶，用意不能不说是伪善。

一国央行独立与其国情尤其是政治体制有着密切的联系。央行是否独立于政府不仅是一个经济选择，更是一个政治选择。西方国家多年来在政治上一直有分权的传统，利益集团发育的相对均衡，可以保证对相关权力机构可能出现的滥权进行有效制约。广大发展中国家的政治体制与权力结构一般都缺乏应有的弹性，一些国家有史以来就没有分权的传统，而且政治体制与权力结构服务并服从经济增长与社会发展的核心目标，并非像发达国家那样将价格稳定作为央行的第一要务。今天的发达国家多数倾向央行独立，是因为这些国家在当今国际秩序中处于强势地位，国家主权有着明确而清晰的法律保障与社会认同，并且得到其他发达国家的应有的尊重。但是，在广大发展中国家，国家主权始终处于被侵蚀的地位，众多接受西方教育的知识与社会精英自觉与不自觉地在放大西方的话语，迎合与应和国外势力侵害自己国家的主权。

以美国为首的西方国家积极推进央行独立是这些国家的金融利益集团为谋求集团利益最大化，通过政治游说促成央行独立，并实际形成对这一"第四权力"的直接操纵，如此就不必无休止地投入精力去游说庞大的官僚体系，从而获得一劳永逸的收益。即便没有达到对"第四权力"实际操纵的目的，但是独立央行与金融机构之间有着频繁的业务与人事往来，也能使金融部门的呼声更容易得到货币当局的重视，使当局的金融货币政策向金融利益集团倾斜。

经济自由主义者在发展中国家鼓吹央行独立，是以美国为首的西方主导的国际经济秩序的需要，是跨国垄断资本的需要，更是美元霸权的需要。经济自由主义者鼓吹央行独立，实际就是自我废弃主权信贷，用美元霸权取代一国的金融主权，制约该国独立自主的发展能力，使之屈从于美国的需要——不断增持美国国债，支持美国霸权。著名美籍华裔学者廖子光先生认为，美元霸权已经不只是"太大承受不起失败"的综合征，它造就了一个由众多自愿的奴隶组成的世界，他们出于若没有强势的美元，就无法觅得明天的食物这一恐惧而捍卫美元。当今美国跟罗马帝国类似，罗马帝国通过军事占领可以使战利品源源不断地流入罗马帝国，美国则通过印刷美元可以使世界资源与商品源源不断地流到美国。这就是美国霸权与美元霸权，这种霸权必须得到包括央行独立在内的金融自由化的有效保障。

正是由于美元霸权，由于独立性不断增加的各国央行，阻止了发展中国家在国内消费其从对美贸易顺差中挣得的美元，并迫使他们为美国国际收支赤字融资，从而把巨额外汇储备、资源财富输送到美国，供美国发动一个又一个海外战争，供美国发展本国经济以及科技与金融创新，供美国人透支消费。美国于20世纪90年代发动第一次海湾战争和南斯拉夫战争，2001年发动阿富汗战争，2003年发动第二次海湾战争，都无须由国内融资，而是无一例外主要是由亚洲、欧洲和拉美的独立央行提供资金，即用国家储备资产不断购买美国国债。

▶ 实践证伪央行独立性理论

新自由主义者鼓吹，经济全球化、自由市场与央行独立都是大势所趋，捏造央行独立是一国物价稳定水平的标志，并体现该国维护物价稳定的承诺水平，只有建立真正独立的央行，货币政策制定的专业化、科学化才能够真正实现。

央行独立有助于抑制财政赤字货币化？新自由主义者认为，独立央行可以有效抵制政府向央行借钱，变相实行财政赤字货币化，从而严肃财政纪律。但是，实际情形是，发达国家多数实行独立央行，且央行独立性普遍高于发展中国家，但是财政赤字普遍比发展中国家严重。2008年底，世界外债总量为59.5万亿美元，其中发达国家为55.9万亿美元，占94%，发展中国家为3.6万亿美元，占6%。外债总量排名前15位的均为发达国家，净外债排名前15位国家中有10个是发达国家。在世纪金融危机打击下，主要发达国家普遍实行财政赤字货币化。因此，独立央行有助于抑制财政赤字货币化的论点，丝毫经不起实践检验，独立的美联储、独立的英格兰银行滥发钞票早就是世界闻名。

央行独立有助于防止和减轻宏观经济的波动？新自由主义者认为，政治家往往是从政治需要出发，特别是在选举之前，总是倾向于采用过度扩张性的货币政策，造成一个繁荣的景象，以讨好选民，如此易于引发通胀，导致经济震荡。独立央行可以置政治家的短视动机于不顾，从而有助于防止和减轻经济波动，熨平经济的政治周期。然而，实际情形是，独立央行在可能有效抵御政府干预的同时，无法遏制自身利益扩张的冲动，因为独立央行更倾向追求个人或机构利益的最大化，这早就是被公共选择学派所揭示的"真理"。其实，在"央行独立有助于防止和减轻宏观经济的波动"这个论点上，新自由主义者内部本身就存在分歧，经济自由主义大师米尔顿·弗里德曼（Friedman）批评：美联储从来没有明智地运用其独立性的记录，它可能并不比政治家们的眼光长远多少，仍然可能追求狭隘的自身利益。所以，正是美联储自以为是的扩张性货币政策助长了20世纪六七十年代的通货膨胀，80年代的储贷危机以及如今2007～2008年的次贷危机，都有美联储不当应用货币政策的明显证据。如此，造成的不是一般经济波动，而是严重动荡。

从西方国家实践来看，独立央行理论与实践相去甚远，运作并不成功。成功是少数且偶然，不成功是多数且必然。美联储独立性与其行为和绩效之间的关系并不明显。曾经支持美联储独立的威尔逊总统在去世之前，承认自己在美联储问题上被"欺骗"。他内疚地表示："我在无意之中摧毁了我的国家"。美国众议员麦克法登直白：美联储是世界上最为腐败的机构之一。弗里德曼则不时地对美联储进行尖锐攻击：在美国没有一家主要机构像联邦储备体系这样有着崇高的公共声誉，可是长期以来却有如此糟糕的业绩。弗里德曼指出，独立的中央银行在政治上是不可忍受的，让如此之大的权力集中在独立于任何种类的、直接的和有效的政治控制之外的团体手中，是明确的和彻头彻尾的独裁主义和极权主义。

就发展中国家实践而言，独立央行理论则更是糟糕透顶。拉美是美国的后院，为了永久地控制这个后院，美国长期以来苦心孤诣，为拉美国家输送一批又一批精英，近几十年来主要是信奉新自由主义的"人才"，成为美国话语权在拉美的忠实传译者。这些精英自觉贯彻执行美国对拉美的经济政策，积极推进金融自由化改革。金融自由化改革在拉美已经是"梅开二度"。20世纪70年代集中于南锥体国家的金融自由化改革，主要是放松利率管制、取消定向贷款和降低银行储备金比率等措施，自由化改革最终以债务危机爆发而宣告结束，为遏制危机蔓延，大多数银行被收归国有。第二次金融自由化始于80年代末与90年代初，几乎遍布整个拉美大陆，除了涵盖第一次金融自由化的主要内容外，还采取了国有银行私有化、积极引进外国银行的参与（就是中国今天的引进战略投资者）及加强央行独立性等措施。然而不幸的是，相关国家同样陷入了金融危机，金融命脉广泛地被美国金融资本所控制。

拉美等发展中国家执着推进包括央行独立在内的金融自由化改革，主要是因为长期对外开放、"与国际接轨"以及仰美国人鼻息，产生一个与美国垄断资本利益关系密切的"涉外利益集团"。由"涉外利益集团"掌控与主导的财经部门，在自身利益扩张以及美国垄断资本的施压下，积极要求中央银行更加独立，实际就是为"涉外利益集团"以及背后美国垄断资本提供专业化、专一化服务。

经济学家对世界各国央行独立与通货膨胀进行的实证研究结果是：只有部分发达国家（如17个OECD成员）部分时间段（如1973~1986年），央行独立与通货膨胀呈一定的负相关关系，而在发展中国家却没有发现这种关系。这一实证研究结果近乎否定了维护央行独立对于抑制通胀的作用，即在发展中国家加强央行独立性没有实际正面意义。央行独立并不是实现物价稳定的充分必要条件。新自由主义者的央行独立性理论证伪。

▶ 利益集团积极推动人民银行独立

中央银行作为一个利益主体也会追求自身利益最大化，央行独立为央行谋取部门利益（增加预算、扩大权力、获得名誉等）、为金融利益集团谋取集团利益（如提高薪酬、倾向性货币政策等）、有关官员或其亲属谋取个人利益（利用央行信息优势从事金融套利）提供极大便利，从而损害公共与国家利益。反对央行独立的弗里德曼观察到一个奇怪的事实，即美联储不断"搅动"其资产组合，在大多数的情况下，是为与美联储交易的债券交易商创造利润，同时也借此凸显美联储的重要性与工作的神秘性，为官员们高薪的职位创造理由。

改革开放以来，中国利益集团发育成长迅速，一些强势利益集团十分活跃，积极谋求扩张权力、甚至是对国家机器的控制，其中最为值得关注的当属"涉外利益集团"，世界与中国自己的历史一再表明，涉外利益集团在集团利益与国家利益之间，往往选择的是集团利益而抛弃或绑架国家利益[1]。中国涉外利益集团影响力越来越大，不断推行有利于跨国垄断资本的经济政策，如金融业单向对外开放（不对内开放）、执意引进境外战略投资者（为了集团与个人利益而贱卖国有企业资产）、以美国四大会计师事务所"补充审计"中国融资者（导致中国会计审计业被四大会计师事务所垄断）、将直接关系国家经济信息安全的信用评级业交给穆迪等三大国际评级机构、把巨额资源与财富（外汇储备）交给美国廉价使用与管理，等等，做出众多匪夷所思的事情，已经而且持续给国家造成重大经济损失与战略被动，如果类似机构进一步增加"独立性"，与国际垄断资本"合作共生"从暗度陈仓到明修栈道，那么中国拉美化的新殖民经济也就指日可待了。

央行独立的理论基础之一就是摆脱所谓"政治经济周期"。而"政治经济周期"理论是一个典型的西方民主政治的产物，央行以何种形式存在必须与国情、政治形态相适应。建立什么样的中央银行组织体系，一定要从各国国情出发。美国就是根据自己的垄断资本主导一切的国情建立了自己的中央银

---

[1] 美国历史上，无论是 1808 年禁运、1812 年美英战争还是 1860 年南北内战，因为与英国结成利益共同体，涉外利益集团最终都选择了集团利益、商业利益而抛弃了国家利益。在局部利益的迷宫里，有时候就连最有远见的政治家也会迷失方向，更何况那些自命不凡的芸芸众生。

行体系。中国国情是，人口十多亿，民族几十个，中央集权数千年，国土纵横数万里，是世界最大的发展中国家、最大的转型经济体，被美国视为最大的潜在竞争对手，因此直接关乎国家安全的央行等机构设置必须按照中国社会经济发展的实际情况来考虑，绝对不能照搬某一国家的模式。西方的选举民主、政党轮流坐庄令社会经济产生明显的"政治经济周期"，新中国成立以来特别是改革开放以来，民主政治取得显著成就，形成了具有明显中国特色的"协商民主"与"领导人交接班制度"，萧规曹随使得经济社会政策具有前后良好的延续性，西方明显的"政治经济周期"在中国异常不明显甚至根本就不存在。

央行独立的另一个理论基础是央行独立可以实现稳定物价的目标。按照西方经济学教科书，政府的宏观调控目标主要有四：促进经济增长、增加就业、稳定物价和保持国际收支平衡。其中，央行承担的是稳定物价的职能。但是，中国是一个转型的发展中大国，物价稳定不应当成为人民银行的核心目标，而且在国际经济环境日趋复杂、国内市场体系远未完善的前提下，单凭中国人民银行的水准与能力也无法实现物价稳定的目标。

迄今为止，中国以经济建设为中心的经济改革还没有完成，社会主义市场机制还没有完全确立。作为一个转型国家，中国政府正面临着一个艰巨的任务，那就是全面推进和深化改革，以社会改革推动社会发展。作为一个发展中大国，中国政府正肩负着一个伟大的使命，这就是中华民族的全面崛起。改革与崛起是一个涉及方方面面的系统工程。显然，中国央行必须服从并服务于改革与崛起的大局。

发展中国家的中央银行首要也是核心职能应当是维护国家金融主权、实施主权信贷，为本国社会经济发展提供动力，抵御金融霸权与入侵，而不是技术上的维持金融稳定与防范通货膨胀。转轨经济比发达国家有着更复杂的经济与社会发展目标，由于市场体系不完善、市场机制不健全，仅仅一家央行无法承担长期金融稳定、物价稳定的重任，其政策必须与其他政策相结合、与其他部门相协调。追赶型经济必须动用一切可动用的资源，努力促进经济增长、增加就业、实现赶超。经济全球化下，经济与金融安全日益突出，而且态势日益紧迫与严峻，后进国家必须动用一切可动用的资源，维护国家经济与金融安全。因此，中国央行在服从并服务于改革与崛起大局的前提下，应当将维护国家金融安全摆在首位，完善金融市场体系与机制，增强中国金融业国际竞争力，增强防范金融风险和化解金融危机能力，不仅直接指导与参与金融改革，更要为改革与崛起提供一个良好的经济与金融环境。

▶…防止成为美联储第13个区行

中国人民银行自单独建制运行以来，一直积极致力于央行独立性建设，诸如央行法诞生、货币委员会的建立、银监会分立、大区行体制改革、央行上海总部成立等等，使中国人民银行在当今国际实际上成为具有相当高的独立性央行，在中华人民共和国辖区内，在中央政府的各部门当中，没有一个部门能够拥有如此高的独立性，这本身背离了中国的国情，为中央权威的削弱埋下严重隐患。

如此高独立性的央行又有多少值得炫耀的业绩呢？在独立性日益提高的央行领导下，中国眼睁睁地落入了"美元陷阱"（在后文《美元陷阱：中国为何越陷越深？》将有细致交代），在"中美经济共生"的旗帜下，有专家担忧，愈发独立的中国央行或将成为美联储第13个区行，成为美国金融霸权的工具。

新自由主义者鼓吹央行独立可以降低通货膨胀，而且将稳定物价作为央行的首要政策目标①。根据国内诸多学者所做的研究，中国人民银行自成立以

---

① 诸多国际经济专家研究证明：温和的通货膨胀（10%~20%）对于经济增长的负面影响很小，而低于10%的通货膨胀对经济增长根本就没有影响。有研究进一步揭示：低于10%的通货膨胀对经济增长不仅没有负面影响，而且还是正面影响，是帮助而不是阻碍经济增长。参见罗伯特·巴罗《通胀与增长》，《圣路易斯联邦储备银行评论》1996年第78卷第3期；以及迈克尔·萨雷尔《通货膨胀对经济增长的非线性影响》，《IMF员工论文》1996年3月第43卷。

来独立性是逐渐增强的，无论是在测度数字上还是实际情况下都是如此。但是，人民银行的独立性与中国的实际通货膨胀率在较长时间里呈正相关，而不是理论上所描述的负相关。即央行独立性越高，通货膨胀态势反而越明显。实际上，多个学者对前苏东地区国家的实证研究表明，随着转轨经济中的央行独立性程度的提高，在这些国家中，通货膨胀率和央行独立性之间并没有呈现出与发达国家中类似的负相关性。这进一步证明，新自由主义者与相关利益集团所鼓吹央行独立的理论基础的虚假。新自由主义者的辩解是中国与诸多转轨国家的央行独立性依然不够，否则就会出现负相关，就能得到实践证明。其实，这与新自由主义者在其他领域的逻辑（实际是狡辩）是一致的，如经济出现严重问题乃至危机是因为经济自由化程度不够高、市场化不够彻底所导致的，美国的次贷危机就是因为政府干预过多导致市场自由度不足所致，如果经济足够自由，市场就能自动出清，自动实现均衡。

因此，长期以来，在新自由主义者与相关金融利益集团的推动下，中国人民银行仍在积极致力于央行更加具有独立性建设，理由是与西方发达国家的央行相比，目前中国人民银行的独立性程度仍然不尽如人意。中国人民银行积极推动的更加具有独立性举措主要包括：

一是在法律上争取给央行更多的自由度，提高中央银行的行政地位。相关学者不断呼吁，让央行在组织上独立于政府，直属于全国人大，对全国人大负责。全球人都知道中国的全国人大目前的政治地位，让央行独立于政府而对全国人大负责其实就是要谋求不受任何力量制约的权力。独立央行的含义绝不仅仅体现在由央行制定执行货币政策，更主要地体现在当央行和政府对重大经济决策发生严重分歧时，央行可以拒绝听从政府的指令，按照自己的方案行动。如果央行获得这种独立于中国政府的权力，无异于形成一个"国中之国"。

二是加强在经济上的独立性。依照《中华人民共和国中国人民银行法》，中国人民银行不得对政府财政透支，不得直接认购、包销国债和其他政府债券。但是，长期以来，在人民银行的直接领导下，国家外汇管理局大肆认购、持有美国国债，支持美国霸权与经济建设。

三是争取更加灵活有效地执行货币政策职能。人民银行自己的超级专家对"灵活有效货币政策"的理解概括为"相机抉择"，并形象比喻为"傻姑和面"——面多了加水，水多了加面。更加灵活有效的货币政策是否就是将这种低级试错游戏进行到底？

四是争取人事独立，实现"专家治理"。"建立一支研究型、专家型、务实型和开拓型的干部人才队伍，汇聚起一大批懂理论、懂业务、懂管理、具有宏观分析能力的一流专家"一直中国人民银行孜孜以求的目标，为此不拘一格引进国际乃至华尔街人才，至于这些人才在政治上是否可靠、是否精通国际战略不得而知。但是，有一点是比较清楚的，这些专家学者众多是由美国培养的信奉新自由主义的人才、一直将美联储与格林斯潘当作神灵一样膜拜，其中就有高级人士曾反复鼓吹，"中国只有把金融业交给美国机构管理，像墨西哥那样，才能实现金融稳定"。

五是或明或暗积极推动央行上海总部建设。央行上海总部成立的初衷在于"为了更好地贴近金融市场一线，整合资源，提高系统运行效率"。如此推理，则可以在纽约设立新总部，如此则可以贴近国际金融市场一线。内情人士分析，央行上海总部实际就是蚂蚁搬家，造成事实独立，另立金融与经济中央。

著名美籍华裔学者廖子光先生在《金融战争：中国如何突破美元霸权》一书中指出，"中国共产党必须警惕新自由主义金融理论，警惕中国人民银行转变为代表银行部门及其大企业客户的特殊利益，而牺牲工人阶级和农民大众的利益。中国政府需要客观地认识中国的银行在世界市场上的竞争地位及其实力来源"。廖先生认为，"只要中国依然认为自己是一个社会主义国家，政治独立就不应该是中国银行家们可以轻易讨论的政策话题"。

罗网之二

美元陷阱：中国为何越陷越深？*

在 2009 年 3 月某金融部门发布《2008 年国际金融市场报告》、向国人打出中国外汇资产"平安无事"的更声后不久，美国学者、机构宣布他们石破天惊的研究结论——中国落入"美元陷阱"，中国的外汇储备资产最终恐达 20%～30%，亦即 3000 亿～4500 亿美元的损失。国内外学者与媒体此后有广泛的议论与点评。奇怪的是，一向对洋人建议与评论非常敏感的相关部门，却出奇的宁静。

刚接触"货币银行学"，授课老师教给我们西方如是逻辑："如果你欠银行 10 万元，你就是银行的奴隶；如果你欠银行 10 亿元，银行就是你的奴隶"。我们一直以美国最大债权国自居，但是看看今天的美国对中国越来越颐指气使，蓦然回首却发现，我们竟然成了美国的"奴隶"。中国若用外汇储备继续大量购买、持有美国债券，其价值则会被美元逐渐贬值所"风干"；积极减持，手上资产又会立即大量蒸发。美国大学者认为，中国集中购买美债而忽略欧元等其他资产是咎由自取——话语极其风凉；有西方官员比喻，中国若抛售美国债券就如同"对着自己的脚板开枪"——竭尽嘲讽。

---

* 本文主要内容曾以《美元陷阱：中国越陷越深》为题，发表于《世界知识》2009 年第 14 期。

自中国央行行长抛出"超主权货币"文章后，诺贝尔经济学奖得主、普林斯顿大学教授保罗·克鲁格曼（Paul Krugman）就此主题发表了一连串文章与评论，其核心内容是，中国一手把自己推向"美元陷阱"，现在不知如何脱身，唯有制造个议题抛给其他国家。克鲁格曼于4月中旬在纽约接受媒体专访时指出，中国在美国投资的最大风险为美元贬值，预计中国遭受的投资损失最终恐达20%~30%。根据美国外交关系委员会塞特塞尔（Brad Setser）的说法，中国已经积聚了至少1.5万亿美元的美元资产，人民币对美元汇率30%的变动（这是很可能的）意味着大约4500亿美元的损失，差不多是中国经济的十分之一。更加痛苦的是，中国控制人民币升值的决心迫使其每月购买数十亿美元资产。中国就像一个沉迷赌博的人，不断增加无望的投注，令它的最终损失不断加大。国人质问的是，中国经济精英终日里"运筹帷幄"，为何眼睁睁落入"美元陷阱"？

▶ 执迷出口导向

人无远虑，必有近忧。综观世界历史，很多悲剧则是因为主人翁终日里为成就所陶醉，刚愎自用，听不得不同声音，最终势必为排山倒海的忧虑所吞没。

回首改革开放三十年，在巨大的成就背后，也不难发现，不仅在科技创新上我们没有多大起色，在思想观念创新上，更是乏善可陈。改革开放后，我们发挥"后发优势"，一直沿袭东亚出口导向模式（被日本与"四小龙"证明为一种比较成功的模式），一条道路走到黑。出口导向有两个主要的政策工具：一个是通过关税政策，保护国内市场，抑制进口；另一个是压低本国货币汇率，以此来促进出口，抑制进口。

由于要急于挤进WTO，所以中国在关税不断降低的同时，只有越来越倚重人民币贬值，特别是1994年进行外汇体制改革，人民币大幅贬值后，中国出口导向政策绩效愈发明显，廉价的劳动力搭上廉价的资源与廉价的环境，使得"中国制造"行销世界，印有美国总统头像的纸张滚滚而来，中国外汇由稀缺很快转为过剩，由不得不实行配给的稀罕物一下子变成了烫手的土豆。

值得关注的是，日本等东亚国家与地区，通过出口导向，扶植国内幼稚产业，不断提升本土制造品质，为产业结构升级、为提高在国际分工中的地位提供铺垫。但是，中国出口导向在很长时期内的主要任务就是换汇，尤其是在东亚金融危机之后，中国的创汇热情极度高涨，通过提高出口退税增加换汇、鼓励境外投资引汇，无以复加，因此形成持续巨额"双顺差"之国际奇观。

由于大量引进外商直接投资，中国民族企业的成长空间被不断挤压。由于利润微薄，企业没有过多资金用于研发与创新，因此被越来越牢固地钉死在劳动密集与低技术密集、最低端的国际分工之上，加工与代工盛行，实质变相成为将中国实际资源转换为美国债券的工具。而国际市场一旦出现风吹草动，首先遭遇冲击的就是这些无自主品牌、无核心技术、无创造高附加值能力的中资企业。中国出口导向的发展思路已经走到了尽头。

▶…美国压力与诱导

美国主导的国际金融秩序必然使国际金融动荡趋于持久性与常态化。金融寡头"既控制着报刊，又控制着政府"，因此金融寡头的利益与国家的利益往往是一致的。国际金融市场动荡，符合金融寡头的利益，符合美国的国家利益，因为金融动荡为美国垄断资本提供了转移他国财富、分食他国利润的契机；金融动荡迫使新兴市场与发展中国家不断增加外汇储备，防范国际投机资本的狙击，这会增加美元发行，增加美国铸币税（一美元发行成本不到一美分);为增加美元储备,就必须增加对美国各类产品的出口,这不仅使美国能够持续利用国际廉价资源,而且利用国内市场的优势地位,施压相关国家屈从美国利益。

美国不断通过立法,增设部门机构与机制,以国家安全的名义,限制外汇储备富余国购买美国优质资产或先进技术设备。因此,新兴市场与发展中国家在外汇储备不断增加的同时,若不及时进行细致战略谋划,近乎只能购买美元债券资产,如此一方面持续为美国赤字消费持续融资,另一方面为美国金融机构、跨国垄断资本实施国际金融扩张提供充足资金。

在正常的市场经济条件下,个人与企业欠债终究要清偿。但是,美国对越积越高的债务根本就没有清偿打算,只是不断地以发新债还旧债。当外债累积超过美国的负载能力时,就实施美元贬值。从20世纪70年代初布雷顿森林体系崩溃后,美元便陷入周期性贬值,每次贬值平均幅度30%~40%。美元贬值的衡量标准不只是欧元、日元等其他信用货币,更主要是"真正的货币"——黄金。从当初35美元/盎司到如今900~1000美元/盎司,美元贬值令中国外汇储备的实际价值不断缩水。花旗集团曾预测,金价将升至2000美元/盎司水平。美国当局操纵美元贬值,其实质就是通过降低美元实际购买力来实施赖账,转移金融风险,转嫁金融危机。因此,自成为国际储备货币那天起,道德风险就伴随着美元。

中国在贸易顺差与资本顺差不断增加的情形下,迅速成为世界第一外汇储备国。持久利用中国外汇储备,并借机向中国转移风险、转嫁危机成为美国的战略选择。中国加入WTO时对美国金融开放承诺,为美国的战略选择打下了最好的基础。中美经济战略对话则为美国的战略选择提供了最好的施压机制。贸易顺差与人民币汇率低估,给美国施压中国以最好的口实。通过战略对话,美国不断施压中国购买美元资产,中国由此一步一个脚印地进入了"美元陷阱"。

中国若用外汇储备继续大量购买、持有美国债券,其价值则会被美元逐渐贬值所"风干";积极减持,手上资产又会立即大量蒸发。普林斯顿大学教授克鲁格曼认为,中国集中购买美债而忽略欧元等其他资产是咎由自取——话语极其风凉;有西方官员比喻,中国若抛售美国债券就如同"对着自己的脚板开枪"——竭尽嘲讽。

▶ 挥之不去的部门利益

资料显示,自 2004 年开始,中国对美国债券的持有一直在高速增长,从 2004~2007 年增长三倍,高达 9220 亿美元。仅 2006~2007 年间,中国对美国债券的持有增长 66%。在美国次贷危机爆发前,中国一如既往地不断大手笔购买美国债券。美国次贷危机爆发后,在同舟共济下,中国仍然一往情深地不断增持。

在"比较优势"下,中国用实实在在的商品,凝结着廉价的劳动力、廉价的资源、廉价的环境等,换回成堆绿色"纸张"(美元现钞又称"绿背")与电子符号(现在美元发行的绝大多数是电子符号),然后用这些"概念美元",买美国国债,支持美国政府运转,支持美国借贷消费,支持美国金融机构用这些钱到中国赚更多的钱。美国的债务越滚越大,债台高筑,只能用发行更多的美元来偿还,美元贬值无可避免。从布雷顿森林体系崩溃后,美元陷入周期性贬值,中国的外汇储备其实是在不断缩水。在世界各国,包括美国的铁杆盟国日本与英国,都在抛弃或减持美元债券的情形下,中国仍在不知疲倦地增加持有,如今一举成为美国国债最大持有者。美国爆发世纪金融大危机,美元持续贬值,中国持有的美国债券、美元资产到底亏损多少,相关部门一直含糊其辞,成为一个谜。

2003 年为完成一项国家重大课题,笔者有幸"近距离"接触某金融部门高层领导。我借机问了一个自认为很简单但是一直困扰的话题,那就是"为什么中国不断用外汇储备买美国债券而不买黄金?"那个领导回答得很干脆:"因为买黄金不赚钱"。我更是满怀疑问,想知道为什么不赚钱?但是当时那个高傲的领导并没有回答买黄金为什么不赚钱,而是大谈"石油美元"与国际资本流动,全是教科书中的概念。2005年笔者在进行《部门利益对国家重大决策的影响》课题调研,与同一个金融监管部门的中层领导交换这个话题时,那领导回答,买黄金是不赚钱,即使黄金升值了也不好在我们的财务账面上体现,因为黄金的价值在不断变动,即使能在账面反映出来,但是在结算时,因为储备黄金不好买卖,也就没有了收益。而买美国债券,因为有债息,到期都有收益,尽管按你们学者的看法实际可能是亏损的,但是我们的账面有收益,而且我们买得越多绝对收益就越大,部门绩效也就越大。

另据新华社2009年4月24日对国家外汇管理局局长的专访,自2003年以来,中国的黄金储备增加了454吨,目前已达到1054吨。这1054吨黄金,以当前市场价格折算成美元,不到中国外汇储备的2%,远低于欧盟设定的15%的安全水平。应当注意的是,中国黄金储备的小幅增加(相对于迅速增加的庞大外汇储备),是通过国内杂金提纯以及国内市场交易等方式实现的,并不是(起码主要不是)用外汇购买,而且不是在国际市场购买,这不仅未能有效分散外汇储备风险,而且抬高了国内黄金价格,不仅影响藏金于民,而且还是与民争利。

▶…蔑视经济规律,挑战经济常识

2006年2月,中国外汇储备达到8536亿美元,取代日本而成为世界第一外汇储备国。有部门高官在中国发展高层论坛上发表演讲时明确表示,"从人均尺度来看,中国的外汇储备并不高。如果以中国13亿人口来计算,目前中国人均外汇储备只有600多美元,不及日本的十分之一,与新加坡相比也相差很远"。在此之前，国际经济学中似乎还没有一个学者、一个部门、一个国家以人均外汇储备来衡量国家外汇储备的适量标准，中国当是首创。当今国际上通常是将外汇储备支持外贸进口的时间作为衡量外汇储备的重要指标，一般认为最低外汇储备额不能少于三个月进口需要量，并以此作为警戒线。

中国蔑视经济规律与经济常识，在外汇储备上搞"多多益善"，如此到 2006 年 12 月，中国的外汇储备就到了 1 万亿美元，世界第一。到 2008 年底，中国的外汇储备达 1.95 万亿美元，占世界各国外汇储备的 40%。其中，美元资产所占比重高达 70%。因此，落入"美元陷阱"恰如普林斯顿大学教授克鲁格曼所言，真是"咎由自取"。

外汇储备居高不下，一方面加大了外汇占款压力，造成金融调控难度，不利于中国经济健康发展；另一方面，也会进一步加剧贸易摩擦，授人以重商主义口实。此外，高额外汇储备降低了资金的利用效率，造成资金的浪费。高额外汇储备还提高了外汇储备成本，增大了储备风险。笔者丝毫没有看出，外汇"多多"，何来"益善"？

世界大国为了本国利益，越来越重视货币政策的独立运用，中国相关金融高官却明确表示并不在意货币政策的独立性，与美联储的政策亦步亦趋。而美联储恰恰是当今世界货币政策的最大操纵者。2009 年 3 月 18 日，美联储主席本·伯南克终于开启印钞机，从"直升机上撒钱"，进一步向市场"输血" 1.15 万亿美元。美元注定是要贬值的，中国外汇储备未来将面临更大缩水。美国对它的最大债权国的承诺——保证美元资产的安全——注定是要落空的，尽管美国可以对中国持有的美元资产实现连本带息支付，但是美元贬值，所还的"本"已不是原来的"本"，所付的"息"已不是原来的"息"。

于是，世人看见，中国的石破天惊——超国家主权货币横空出世。其实，这种言行新鲜而实质陈旧，不过又是一次跪着的抗争。中国的"芝加哥男孩"们早已黔驴技穷，在经济自由主义的迷宫中是找不到解开中美"高尔迪之结"的方法的。

特别提款权（SDR）本来就是国际货币基金组织（IMF）在1969年创立，是IMF分配给会员国的一种使用资金的权利。美国以371.493亿SDR为最大份额成员，中国以63.692亿位于第8位。SDR利用美元、欧元、英镑和日元四种货币的加权定值（权重分别为44%、34%、11%和11%），用于政府与国际组织之间的国际结算，成员国也可用它来暂时平衡国际收支。40年来，SDR一直未能做大，其根本原因是SDR的主要份额是由发达国家持有，而发达国家的货币通常就是硬通货，他们不需要SDR，因此不存在推动SDR被更多、更广泛使用的市场需求。

中国提出以SDR或类似SDR性质的货币，取代美元，实在有些不太靠谱。道理很简单，如今，为稳定金融、刺激经济，西方国家"集体作弊"，都在开动印钞机印刷钞票，国际储备货币集体贬值，如若有一个"超主权"SDR，又有何用？因此，香港《东方日报》2009年3月26日发表社评认为，提议创建新储备货币，下错了方，找错了人，选错了时机。连自由派经济学家张五常都敢赌狠，在其博客发表文章《汤姆逊的金融灾难分析》，文章说"愿意出钱打赌，一博一，×××的建议如果成功地推出，中国会是天下第一输家。"

美国的财政赤字不断扩大远远超出3%的年度警戒线，并已成为世界上最大的净债务国家（约占世界GDP的10%），以美元作为单一的货币系统，实已出现威胁。有国际经济学家通过考察世界经济史来安慰中国：20世纪20年代，当时世界一半以上的外汇储备为法国拥有，但最终以落入"英镑陷阱"的灾难性结局收场。当时管理外汇储备的法兰西银行是一家私营机构，并非涵盖法国的全部外汇资产。与法国不同的是，中国的外汇储备是对全国近乎所有外汇的集中管理，是改革开放30年成就的集中体现。如今，中国落入"美元陷阱"，而且在"美元陷阱"中越陷越深，相关部门与人士也应该给大众一个适当的交代吧！

罗网之三

主权风险：迪拜债务危机的警示[*]

受西方宣传的误导，一般认为主权风险主要来自发展中国家，但是经济全球化之下，越来越多的主权风险来自发达国家，其中尤以美国主权风险最为严重与突出。"坐美国的波音飞机，吃美国的转基因大豆"业已成为中国这个美国最大的债权国与世界愈发重要的消费者的无奈的选择，这就是美国一贯鼓吹、中国部分精英人士一直所孜孜以求的自由贸易的丰硕成果。中国不能用美元自由购买所需要的物品或兑换所需要的财富，这就是美国的一种赖账行为，是一种主权风险。

但是，中国长期置美国主权风险于不顾，将大多数外汇资产投资于美国，成为吸收美国国债（名为优质资产，实为垃圾资产）的"无限海绵"。近半个世纪以来，美国一直通过美元贬值与通货膨胀实行赖账或转嫁债务。在中国的要求下，美国政客"保证"将对中国投资还本付息，但是美元贬值与通货膨胀后，本不是原本，息也不是原息，量可以充分保证，但是质则只能由中国自己去把握了。尼克松时代的财政部长康纳利早就有言在先，"美元是我们的货币，但是你们的问题"，显然现在成了中国的问题。

---

[*] 本文主要内容曾以《主权风险：迪拜债务危机对中国的警示》为题，发表于《世界知识》2010 年第 1 期。

G20峰会给世界打气的话音尚在迂回，迪拜债务危机爆发，一个近年来不断制造"奇迹"与"梦幻"的海湾酋长国，给国际社会开了一个不大不小的玩笑。债务危机不仅预示海湾奇迹的破灭，也昭示金融危机幽灵犹存，"金融大地震"遗留的次生灾害不容忽视。这对世界尤其是对中国具有特别的警示意义，当中最大意义莫过于"主权风险"。

▶……易被忽视的"主权风险"

经济全球化与经济金融化在某种程度上误导大众视线，人们日益关注急增的市场风险，想方设法发现、规避市场风险，而往往忽视"主权风险"。主权风险一般是指一国政府不能或不愿及时履行其对外债务偿付义务的风险。主权风险成因复杂，或因一国内发生重大政治、社会、宗教、民族矛盾等而产生，或因国际收支严重失衡、外汇短缺、国际经济与金融危机冲击、地缘冲突、国际正常关系逆转而产生，还有因相关国家有意、故意不切实履行债务责任而产生。

迪拜是阿拉伯联合酋长国的七个酋长国之一，具有相对独立的"主权"，直接引发债务危机的是隶属于迪拜政府的主权财富基金——迪拜世界欠下高达到590亿美元的天量债务而无法按期偿还。世人总是倾向认为，政府会出手"太大而不能倒"的机构，但是还应当考虑到，政府出于某种原因而不愿出手或者爱莫能助时，会发生什么样的结果。肇始于美国的金融危机击倒的不只是迪拜酋长国，此前的冰岛一个经济规模200亿美元不到的小国竟然欠下1300多亿美元的债务，而依照欧盟年度负债不超过GDP的3%、总债务不超过GDP的60%的警戒线，发达国家普遍亮起黄灯乃至红灯，中东欧国家与一些新兴市场债务风险正越来越高，因此未来国际金融危机次生灾害的重点恐怕就是债务危机。

在世界经济与金融历史上，主权风险不断，特别是在经济危机、政局变换之后更加明显。20世纪80年代的拉美债务危机，就是典型的主权风险。诸多拉美国家，由于奉行新自由主义政策，不断推进经济私有化、市场化、自由化与国际化。新经济政策实行之初，给这些国家带来了繁荣，但是不久就证明这种繁荣是透支的繁荣、借来的繁荣而昙花一现，国家债务越积越高，占GDP的比重普遍超过30%，还本付息超过经常账户的盈余。由此，1982年墨西哥率先宣布无法按期偿还外债，步入债务危机，墨西哥危机很快衍生成"多米诺效应"，巴西、墨西哥、阿根廷、委内瑞拉、智利等拉美以及非洲共42个债务国要求推迟还债，由此将西方国家银行拖入金融泥沼，国际债务危机由此爆发。西方银行债权后来由于"贝克计划"（1985年）和"布雷迪计划"（1989年）基本得到了保障，但是拉美国家则由此陷入十多年的经济衰退，是谓"失去的十年"。

20世纪90年代最严重的国际债务危机要数1997～1998年东南亚金融危机，泰国、菲律宾、印度尼西亚甚至连进入OECD这个富人俱乐部的韩国，都出现国家倒账现象，国际货币基金组织如同消防队员，四处灭火，但仍然救不胜救，很多国家只有靠自救或请求区域救助。债务危机引发的金融危机，在一些国家激发了社会危机与政治危机，多国出现政局更迭，印度尼西亚更加悲惨，还出现国家危机，东帝汶独立，亚齐等省至今还为独立而纷争不息。显然，主权风险不比市场风险低、震度弱、冲击小，有时甚至更高、更大、高强。当然，东南亚金融危机还突出另类主权风险，即金融危机的重要肇始是美国对冲基金的袭击，这是由美国诞生、成长而且得到当局支持的极具有攻击性与危险性的金融机构，危机发生后，美国等发达国家袖手旁观东亚新兴市场在泥沼中挣扎，而看美国眼色行事的IMF开出极其苛刻的救援条件，令一些主权国家"备感屈辱"。

主权风险不仅来自一国政府不能偿还债务，还有不愿偿还债务。苏联十月社会主义革命后，列宁领导的苏维埃政府废除一切外债，令西欧债权国损失惨重。据学者研究,当初西方国家联合发动对苏维埃的围剿,就有要求恢复债权的借口。"二战"后,民族解放运动风起云涌,很多发展中国家独立建国,一些国家(如1949年的中国、1961年的古巴及1964年的朝鲜)效仿苏联废除外债的举措,国际关系一时间波诡云谲,甚至在一些地区剑拔弩张。1997年亚洲金融风暴后,俄罗斯政府拒绝偿还短期公债。2001年,阿根廷政府宣布1300亿美元的政府公债停止偿还,此后又于2002年宣布300亿美元的企业外国债券停止偿还。2009年初,厄瓜多尔总统签署决议一概不承认过去所欠下的不平等外债。

▶… "主权风险" 美国最重

美国经济规模于19世纪90年代初就超过了英国,但是美元地位一直居于英镑之下,甚至还不及法国法郎与德国马克。经过两次世界大战,美国迎来了国际金融改朝换代的良好机遇。布雷顿森林体系规定,美元与黄金挂钩,其他国家货币与美元挂钩,由此奠定了美元独霸地位。美元地位等同黄金,俗称美金。而以法国为首的对美元"过度特权"不满的国家,持续将手中积攒的美元兑换成黄金,如此,美国国库中的黄金越来越少。1971年,美国再也无法维持布雷顿森林体系,尼克松总统宣布美元与黄金脱钩,由此引发国际金融市场的剧烈动荡,史称"尼克松冲击",名为美元危机,实质就是美国债务危机,美元发行量(实质是美国的债务)远远超过黄金库存量(实质为美国的资产),美元与黄金脱钩显然是美国不履行偿债义务,是主权风险的重要体现。

"尼克松冲击"后,美元摆脱了黄金束缚,成为纯信用货币,美元币值与购买力的稳定完全凭靠美国国家信用担保。美国依赖美元霸权以及在国际秩序中的主导地位,形成了一种独特的国际分工格局,即美国生产美元(一开始是纸张与油墨综合体,如今更多的是电子符号)以及由此衍生的各类金融服务,其他发达国家生产工业品,发展中国家生产资源与原材料。美国强调自由贸易,就是用美元自由交换其他国家的资源与产品;美国强调资本自由流动,就是将其他国家得到的美元回流到美国,供美国消费信贷与海外投资使用。如此,便形成了以美国为中心、以美元为主导的"国际经济大循环"。但是,美国生产的美元越来越多,能够稳定美元购买力的美国产品、财富远不及美元增长速度,这会引发美元信用危机,实质也是美国的债务危机。

为维持美元信用,缓解债务压力,美国向世界提供更多的金融衍生品,将其包装成创新优质产品。20 世纪 80 年代,美国的一项重要创新就是将房屋信贷资产进行证券化,当时该类产品主要在美国国内销售,因此后来的储蓄贷款危机主要是重创美国自己的金融服务机构。此后,美国通过金融全球化将近乎登峰造极的资产进行证券化(各类金融衍生品)推销给世界,这些金融衍生品多半是将不良资产掺杂于良性资产之中,通过极其复杂的数学模型精细包装,国际投资者难辨真伪良莠,而只是看中"美国制造"的光环,纷纷购买累计过万亿,最终次贷危机爆发,真相大白天下。美国当局金融监管缺失,听任乃至支持美国金融机构向世界转嫁风险,当属一类主权风险。

美国人长期寅吃卯粮,积累起巨额债务,而且还不断增加。在美国那里,从来没有对外债务清偿一说,只是不断地发新债还旧债。当债务积累难以承受之时,就来一次美元大贬值,使债务缩水。因此,自布雷顿森林体系解体之后,美元就陷入周期性贬值。由于其他主要信用货币也在贬值,所以美国编制的"美元指数"所显示的美元幅度具有很大的迷惑性。但是,通过"天然货币"黄金这个"照妖镜",美元的本质就基本原形毕露。尽管自布雷顿森林体系解体后美国为维持美元地位,对黄金的打压可谓不遗余力,但是真金不怕火炼。1 盎司黄金在 1871 年兑 20 美元左右,1971 年兑 35 美元,2009 年 12 月 3 日则为 1225 美元。从 1971~2009 年,美元对黄金贬值高达 97%,足见美元贬值幅度之大,美国当局实际赖账之多。世纪金融大危机,美国当局一肩抗起金融机构大量坏账，拿什么去填补窟窿，最便捷的选择就是印刷钞票，中长期内美元贬值与通货膨胀不可避免。

在美元贬值受到多种因素制约的情形下，美国便想方设法逼迫债权方货币升值，变相缩减自己的债务。20世纪80年代初，美日之间债权债务关系逆转，日本持有巨额美国债券，成为美国最大债主。美国千方百计将"广场协议"强加给日本，由此令日元大幅度升值，从240日元兑1美元一直攀升到80日元兑1美元，日本从美国赢得的贸易顺差，通过日元升值基本还给了美国。加入WTO后，中国从美国取得越来越大的顺差，并很快成为美国第一大债权国，于是美国如法炮制通过各种途径，力压人民币升值，2005～2007年人民币一口气升值了约20%，中国数以千亿计的美元资产实际被蒸发，当然美国也就相应减少了对中国的债务。

美国是当今世界唯一的霸权国家，没有对手，没有制衡，近乎为所欲为。除了美元贬值或令债权国货币升值以达到赖账之目的外，美国可以通过各种办法，给债权人制造"主权风险"。如，对被认定的"敌对国家"可以实施包括资产或外汇冻结乃至没收等经济制裁，"9·11"事件后，美国通过的《爱国者法案》便将这一经济制裁推向新的极致。通过外交（如1954年对英国施压逼迫英军撤离苏伊士运河）、经济（如1997～1998年利用或放任对冲基金对东南亚国家发动袭击）乃至军事（如1998年轰炸南联盟，2003年出兵伊拉克）等手段制造国际金融动荡，为美国营造国际资本的"安全岛"与"避风港"，借以给债权人施加"主权风险"。

▶⋯中国面临的"主权风险"

近年来，中国对外贸易及海外投资日益增多，当中有不少"走出去"存在盲动，如此便面临各种新风险。在发达国家，或并购被拒，或抄底被套，或投机被斩；在发展中国家，或货款被占压，或产权被剥夺，或工人被绑架，或商人被驱逐。在诸多的商业性风险中夹杂着不可忽视的主权风险。有关部门曾经将伊朗、苏丹和尼日利亚等主权风险较高的国家从鼓励投资的名单中去掉，以为如此就可以消除主权风险，但是俄罗斯"一只蚂蚁"大市场被封事件显示，政局与社会稳定的友好国家同样存在主权风险。受西方宣传的误导，一般认为主权风险主要来自发展中国家，但是经济全球化之下，越来越多的主权风险来自发达国家。

长期以来，中国通过强行结汇将企业与居民手中的外汇集中到国家，金融对内高度抑制、对外单向开放导致中国金融市场发育畸形且滞后，无法消化日益庞大的外汇储备，不得不送给发达国家使用，持有他们的证券资产，拿些固定而低廉的利息。受到西方评级机构的蛊惑，我们一直以为拥有AAA评级国家的证券资产是最安全的投资，尤其是美国国债定义为"无风险回报"。然而，当今国际主权风险正迅速向发达国家集中，截至2008年年底，按照狭义外债计算发达国家占世界外债总量的94%，发展中国家只占6%。2008年金融危机爆发后发达国家政府大手笔举债，全球十大富国公债占GDP比例将从2007年的78%上升至2014年的114%。2009年，爱尔兰成为第一个失去AAA等级的国家，岁末希腊主权评级被调降（由A−下调至BBB+），英国、西班牙等国也被评级机构警告，而有"债券天王"之称的葛洛斯（Bill Gross）公开指出美国的主权评等在未来4年内必然会遭调降。在国际金融市场上，国债违约担保成本在不断上升，发达国家正面临大范围信等降级，"后金融海啸时代"很有可能是一个次生金融灾害不断的时代，最有可能引发新一轮金融震荡的当有债务危机。

中国海外投资面临的主权风险，不仅是有关发达国家的债务偿还能力不断降低，更重要的是偿还意愿出了问题，亦即国家道德风险。世纪金融大危机不仅是一场滥觞于美国的金融危机，更是美国的道德危机，缺德的不仅是美国的金融家与金融机构，还有美国政府。美国在金融危机爆发前，不断将风险转移给世界；在金融危机爆发后，努力将危机转嫁给世界。此次危机有明显间歇性特征，就在新一波风暴潮来临之际，美国财政部曾经十分迅速地通过了中国××证券对美国第五大投行贝尔斯登的投资，着实令市场与中方感到十分意外，因为这与美国的一贯市场保护作风差异太大。然而，就在××证券于国内一个接一个机构跑批文的时候，贝尔斯登终于撑不住而宣布破产。业内人士笑言，恰恰是官僚主义"保护"了××证券免入陷阱。

不难判断，美国是当今世界主权风险最严重的国家，而中国对外投资最多的恰恰是美国。在中国2万多亿美元的外汇储备中美元资产高达2/3，其中美国国债就超过8000亿美元，其中相当大一部分已经沉淀于美国（是根本不能拿走的），失去了流动性与流通性，虽然还有会计价值，但是已无多大经济价值，其"实际效果如同烧掉这笔外汇一样"（货币主义教父弗里德曼语）。截至9月30日的2009财年，美国赤字总额高达1.42万亿美元，比此前创出新高的2008财年高出9580亿美元，占美国GDP的9.9%，是战后的最高水平。美国政府预计2010财年赤字将达1.5万亿美元，连续三年刷新历史纪录。财政严重失衡的结果是，比例越来越高（此前约有40%）新发行国债由美联储购买，美其名曰"量化宽松货币政策"，实际就是国债货币化，就是启动印钞机印钞还钱。在1989年"国债钟"悬挂时，美国国债为2.7万亿美元。2008年10月，原先为"国债钟"设计的13位数字已不敷使用，增至15位即百万亿计，显然美国为自己的国债预留的广阔空间，几乎是上不封顶了。

目前，美国国债总量是12.1万亿美元，并且还在以平均每天约35亿美元的速度增长，占GDP的85.6%，远远超过60%的警戒线。自2008年下半年，中国就已成为美国债券市场的最大海外投资者，成为吸收美国国债的"无限海绵"，但是吸收多少中国自己从来不对外发布，相关数字都是由美国公布的。随着美国政府预算赤字的大幅增长，金融危机下的商业风险快速向其主权风险集中，这对中国外汇储备资产市值稳定和变现能力都将构成巨大威胁。情急之下，中国无奈地要求美国保证中国美元资产的安全，美国政要答应也非常爽快，连本带息偿还没有问题。问题是，美元贬值与通货膨胀后，本不是原本，息也不是原息，量可以充分保证，但是质则只能由中国自己去把握了。

其实，美国给中国的美元早已大打折扣了。作为纯信用货币的美元本身就是美国国家开出的借贷票据。长期以来，美国以中国"非民主国家"、"非市场经济国家"、"廉价货币"、"倾销"等各种名义，不仅持续维持对中国的出口管制，而且还不断强化对中国的贸易与投资保护，这使中国获得的美元的实际购买力大幅度缩水。在美国那里，中国这个美国最大的债权国与世界愈发重要的消费者能选择的只有"坐美国的波音飞机，吃美国的转基因大豆"，而且卖给中国的飞机与大豆要比一般售价高得多。中国不能用美元自由购买所需要的物品或兑换所需要的财富，这本身就是美国的一种赖账行为，是一种主权风险。尼克松时代的财政部长康纳利早就有言在先，"美元是我们的货币，但是你们的问题"，显然现在成了中国的问题。

第三部分　金融领域的罗网

罗网之四

资产泡沫：非理性繁荣下的中国[*]

2010年初，华尔街知名投资者查诺斯警告，中国的状况就像"一千个迪拜加在一起"，成为"全世界过度信贷最严重的地方"。他声称，包括他在内所有的对冲基金都不会错过这个从"中国经济崩溃"中大捞一把的良机。素有华尔街"上帝"与金融"大鳄"之称的乔治·索罗斯，开始积极于中国投棋布子，重金申购龙湖地产和民生银行股票，在香港设立办事处，在北京开设代表处，吹响了全球热钱狙击中国的集结号。

当今世界，凡是以房地产推动经济增长、促进社会繁荣的国家，最后近乎都未能逃过资产泡沫膨胀与金融危机的命运，似乎必然要遭受"摩天楼魔咒"。而且，泡沫吹得越大，爆破时破坏力也就越大。其实，中国于1992~1993年已经遭遇过海南房地产泡沫的危害，但是在利益面前人们很快就会失去记忆。苏格拉底名言，人可以犯错，但是不可犯同一个错。事实上，利令智昏的人总是会踏入同一条污水流淌的河流。

经济泡沫问题古已有之，只是于今为烈。17世纪荷兰的"郁金香狂热"、

---

[*] 本文主要内容曾以《资产泡沫：非理性繁荣下的中国》为题，发表于《世界知识》2010年第2期。

18世纪法国的"密西西比泡沫"与英国的"南海泡沫",对于接触过世界经济史的人都耳熟能详。中国古代历史上鲜有经济泡沫的历史纪录,若不是进行严格范畴的约定,那么"洛阳纸贵"也可能是一种经济泡沫。资本主义与市场经济视经济投机为正常理性行为,因此将经济泡沫无论在广度、频度、烈度上都不断推向新的极致,以至于我们今日之生活近乎总是与泡沫为伍,连一向严谨的教育如今也是教授、博士等人才辈出,论文与成果呈现爆炸式成长。经济泡沫形形色色,当下人们最为关注的是房市与股市疯狂,这就是资产泡沫。

▶⋯"非理性繁荣"与资产泡沫

在世界经济史上,一国往往因为经济政策不当而导致资产泡沫,而资产泡沫最后引致金融危机的事件屡见不鲜。资产泡沫最容易在股票市场与房地产市场生成,盘点当代经济,最典型的应是日本资产泡沫与金融危机。1985年,日本土地资产总值是176万亿日元,到1989年达到521万亿日元,四年上升近两倍。东京地价上涨尤为严重,1990年其商业区地价是1985年的2.7倍,住宅区地价是1985年的2.3倍。在地价飙涨的同时,股市价格也急剧上升。日经225股价指数在1985年为13083点,到1989年已上升至38916点,四年上升同样近两倍。"日本奇迹"泡沫巨大,最终幻灭的后果也严重而持久。20年后,日经平均指数还在1万点徘徊,是当年高峰的1/4,日本六个最大城市的平均住宅地价也只是20年前的1/3。

1997~1998年的东南亚金融危机,资产泡沫也扮演了重要角色。20世纪90年代后,菲律宾和马来西亚房地产价格在最高和最低时的比率达到了3倍和2倍,泰国和印度尼西亚房地产最高和最低价格的比率分别为1.25倍和1.32倍,相对较小,但这两个国家房地产的空置率远高于马来西亚,分别达到了15%和10%，在1997年以后不动产供给过剩的现象更加严重。空置率居高不下是房地产泡沫形成的一个显著标志，因为投资者购买房产并非使用，而是套利。

当今世界，凡是以房地产推动经济增长、促进社会繁荣的国家，最后近乎都未能逃过资产泡沫膨胀与金融危机的命运，似乎必然要遭受"摩天楼魔咒"。通常在一国经济上扬过程中，该国政治家或企业家一般豪情万丈，纷纷通过兴建摩天大厦来"宣扬国威"。远至有1908年纽约胜家大厦、1931年帝国大厦及1974年芝加哥的威利斯大厦；近的有1997年落成的吉隆坡双子塔、2004年启用的台北101以及于2009年10月封顶迪拜塔。这些摩天大厦建成之日，通常差不多也就是泡沫经济破灭、金融危机爆发之时。有经济学家做了苦心研究，发觉"摩天楼魔咒"的灵验程度还不低。舞会有曲终人散之时，色彩斑斓的泡沫也有最终爆破的一天，真所谓"眼见他起朱楼，眼见他宴宾客，眼见他楼塌了"，一个个试图要刺破青天的摩天楼由此往往成为见证轻狂岁月的标志。

就世界经济史来看，资产泡沫越大，爆破时破坏力也就越大。对于资产泡沫的产生，经济学家的研究可谓汗牛充栋，其结果不外乎是流动性擂出来的，政治家吹出来的，金融家忽悠出来的，还有投资者跟出来的。一个超级资产泡沫的诞生通常都是伴随着宽松的货币政策环境，正是宽松的货币政策，产生过多流动性（就是易得的钱，是活钱，是投机资金，是游资），累起泡沫的土壤，播下泡沫的种子。金融资本总是不断争取自己的最大自由，最好不受任何约束与监管，而监管缺失的金融投机则成为资产泡沫酵母。如此，金融投机在低成本资金、高财务杠杆、高债务的基础上，迅速做大一个个资产泡沫。迪拜就是用1元钱玩弄超过10元钱的游戏，财务杠杆超过10倍。迪拜酋长穆罕默德曾经给子民写了一封公开信，狂热地声称"梦想没有极限"，"只要我盖了机场，就会有人来；只要我盖了饭店，就会有人住"。当然，在这个对知识崇拜的时代，经济泡沫的不断膨胀少不了经济学家的帮腔，他们不断撰文认为，资产泡沫有利于激发"财富效应"，如楼价与股价上涨有助于消费者增加开支，股价上升有助企业融资与再投资，如此有利于经济增长。

耶鲁大学著名金融学教授罗伯特·希勒则提供另类有趣而独到的见解。他认为，很多金融危机并不是由技术因素或政府政策造成的，而是所谓"故事"触发的。"故事"是经济增长的一个重要驱动因素，好的"故事"催生"理性繁荣"，坏的"故事"催生"非理性萧条"。1929年"大萧条"的"故事"让几代美国人刻骨铭心，2008年金融危机爆发后顿时让美国人想起了"大萧条"，这个悲惨"故事"摧毁了他们的信心，导致经济"非理性萧条"。希勒于2000年出版了《非理性繁荣》一书，认为投资者并非人人都是理性和精明的，正是他们的非理性和从众行为催生了投机性泡沫，最终让股市进入了一种"非理性繁荣"的状态，而"非理性繁荣"的结局就是"非理性萧条"。

迄今，围绕资产泡沫形成原因，经济理论工作者发明了一系列理论，诸如理性投机泡沫理论、非理性泡沫理论、基于信息论和博弈论的泡沫理论、非线性泡沫理论等等，由此产生了一批又一批经济学与金融学教授，然而资产泡沫非但没有解决而且还越来越严重，这也是为解决一个泡沫而诞生了一个更大的泡沫。其实，正是那些自以为是的经济学家搞乱了人心，搞乱社会，搞乱了世界。设想，世界少些经济学家，也许才会走向美好。

▶ 国际热钱汹涌澎湃

经济史一再表明，监管缺失的金融投机是资产泡沫酵母。1920年，有一个叫查尔斯·蓬齐的美国人，编造"故事"向投资者讲述赚大钱的可能性，实际上此人是通过利用下一轮投资者的投资支付上一轮的投资者的方式来骗取钱财，这就是著名的"蓬齐骗局"。现代金融业务越是先进，其炼金术（诈术）特征越是浓厚，在吹起一个个色彩斑斓的金融泡沫后，将别人的钱财悄悄转移到自己的荷包,但是"蓬齐骗局"的本质特征没有改变。

世纪金融大危机暴露麦道夫诈骗案,涉及金额 500 多亿美元。一个人、一小撮人在玩金融泡沫可以施加"诈骗"的罪名,而一大群人、整个行业乃至国家都玩金融泡沫,则可美其名曰"金融创新"。长期以来,美国华尔街诸多机构与众多人士从事的就是这个行当与勾当。美国金融业异常发达,美国市场的金融产品差不多占了世界的一半,金融业创造的利润占美国总利润的 40%。金融大鳄索罗斯深谙其道:"一般金属无法被咒语变成黄金,但是人却可以靠推销假理论和假预言而在金融市场上致富,在政坛上独揽大权。"大鳄也许在无意中道出了经济学家与金融家诈骗的实质。

自 20 世纪 80 年代初里根政府发动新自由主义革命以来,美国金融资本的扩张以及于世界的泛滥史无前例,由此在 80 年代房地产、90 年代科技网络以及如今金融服务这三大领域都掀起了极大的泡沫,而且都最终酿成金融危机。资产泡沫破灭与金融危机使外国投资者在美国的巨额投资血本无归。80 年代美国强迫日本接受"广场协议",迫使日元升值,日本流动性过剩,资金大量流入美国,投资美国的房地产,促使房地产泡沫迅速膨胀。但是,当美国的房地产泡沫破灭时,日本损失惨重。此后有研究表明,日本在 80 年代对美贸易顺差的总和几乎都赔了进去。90 年代,美国掀起科技网络热潮,吸引了包括欧洲在内的大量外国资本流入美国。到 21 世纪初,科技网络泡沫破灭,而这些外来资本又成为最大的牺牲品,许多外国企业在美国的投资赔得精光,一些被卷入美国保险业务的欧洲金融机构甚至最后还必须分担美国企业的损失。但是,华尔街在泡沫的涨落中赚取了极其丰厚的收益。

此次金融海啸席卷整个西方国家,为稳定金融与刺激经济,以美国为首的发达国家实施"量化宽松"货币政策,将利率压低到历史最低水平,大规模购买长期债务工具,由此流动性从整个西方国家喷涌而出,投机资金泛滥,热钱肆虐。长期以来,日本因为实现零利率,而使日元成为融资套利交易的借入货币,如今美联储也将联邦基金利率降低至并维持在 0~0.25% 的水平,美元也成为套利交易的借入货币。金融危机重创美国经济，美国经济恢复与结构调整将是一个长期艰难过程，美联储很有可能将长期维持低利率不变，加上美元持续贬值，因此越来越多的投资者，以零利率甚至是以负利率借入美元，做空美元，以高杠杆买入以其他币种标识的高收益资产。如此，自2009年3月以来，各类高风险资产——股票、能源、大宗商品及其他信贷工具——价格持续强劲上扬，新兴市场股票、债券与房产的上涨幅度更大。

未来，货币利差交易持续的时间越长、规模越大，资产泡沫就越大，随后资产泡沫破裂的冲击也就越强烈。而且美元的发行规模、交易的便捷、使用范围远远超出日元等其他货币，因此对国际金融市场的影响更广大、更深远。未来，如果美联储调整利率而使美元借入成本突然提高，或相关因素导致美元走势逆转而突然升值，那么投资者需要迅速回补其美元空头头寸，杠杆化的利差交易将不得不在很短时间内平仓，由此将引发所有高风险资产的集体崩盘。当初，日元套利资金的持续涌动与急速抽逃，直接导致1997~1998年亚洲金融危机。如今，美元套利资金规模更大，对亚洲的挑战也将更加严峻。

2009年9月，经合组织（OECD）认为，在各国为因应金融危机而将利率调降到历史新低后，全球经济将面临新一波资产泡沫风险。日本野村控股在《2010年全球经济展望》报告中指出：G3（美、欧、日）经济复苏幅度将很小，美联储2011年之前不会调升利率。这将驱动资金大规模流入亚洲，2010年亚洲资金的流入会像海啸般激烈。

▶⋯中国率先复苏率先遭遇泡沫困扰

改革开放以来，随着中国经济与国际市场广泛接轨以及经济金融化不断深化，中国的资产市场正在经历一个接一个的"非理性繁荣"。存在有其合理性，但存在并非都是合理的。股票市场自诞生以来，一直就有忽大忽小的批评与指责之声。自1984年第一只股票诞生、1990年上海证券交易所挂牌以来，中国股市似乎就没有出现过一个真正而持久的投资者，当然也罕见心术端正的融资者，"股场不如赌场"，股市充满了投机。一个曾经被心术不正者弄塌了的股市在沉寂多年后，出现井喷般爆发，在近三年时间从1000多点到6000点再到1500点，可谓大起大落，潮涨潮落之间不仅是数字符号的变动，更有财富从一大批人的口袋向另一小撮人的口袋转移。

1992~1993年的房地产泡沫虽然只是集中于个别地方，但是造成恶果历经多年才得以消化，曾经被泡沫埋没的海南省直到近年来才得以恢复元气，然而这个小岛屿如今又激起一个更大的泡沫。被金融诬术驱使的投资者一般是没有什么记性的，大多数人都相信"市场上自有比我更傻的傻瓜"，总是认为自己应是侥幸者，泡沫不会在自己手上破灭。中国有个成语叫"利令智昏"，言简意赅，表述的就是这个道理。

2003年以来，房价一直扶摇直上，只是在2008年放慢了脚步，进入2009年再次直冲云霄，部分城市房价已超过最火爆的2007年水平。2009年，上海、深圳、杭州、北京等中心一线城市的房价上涨了30%~50%，局部地区甚至实现翻番，而且房价上涨浪潮正涌向二线城市。一线城市的房屋租售比普遍已超过1:300的警戒线（该比数是用作判断房屋是否具投资价值和存在泡沫与否的标准）。房屋销售价格与居民家庭年可支配收入比普遍超出20~30倍，远远超过世界银行给新兴市场界定的3~7倍的合理范围（次贷危机爆发前，美国房屋泡沫严重的几个城市也不过6倍）。房屋空置情况愈发严重，在北京、上海、深圳三地，诸多楼盘空置率达50%以上，远远超出5%~10%的国际合理指标范围，反映商品房已严重积压。

2009年年底，美国财经杂志《福布斯》载文称世界范围内七大金融泡沫迫在眉睫，中国的房地产市场位居第二。2010年初，华尔街知名投资者查诺斯警告，中国的状况就像"一千个迪拜加在一起"，成为"全世界过度信贷最严重的地方"。中国房地产市场膨胀起巨大泡沫是诸多内外因素交互作用的结果。首先,一个环球史无前例的超级宽松的货币政策形成了一个前所未有的投机环境。来自发达国家尤其是美国的"要多少有多少"的套利资金充斥世界,浩浩荡荡涌向新兴市场,涌向中国。西方政治家、金融家、经济学专家自美国金融危机爆发以来,一直在力捧中国,不断炒作中国因素,如今已形成官商学"三合一"的鼓吹人民币升值合唱团,诱导游资涌向中国。而香港亦早就成为炒作内地题材的金融平台,成为相关国际游资的集散地。国际游资通过香港可以伸缩自如地投机大陆资产市场。

2009年内地近10万亿元人民币的新增贷款,令资产泡沫已成为不可逆转的膨胀。有专家研究,其中有20%左右的信贷资金流入房地产和股市等资产市场,推动资产价格飙升。巨额资金进入股市和楼市,这虽然给市场带来了繁荣,提振大众信心。但是,从长期看,这种资产投机带来的资金分流效应与价格调节机制的混乱必令实体经济"失血",从而削弱实体经济的健康发展。

2003年以来的资产泡沫使许多拥有额外住房的人一跃跻身于富人行列,诸多就发生在身边的致富动人"故事",激发越来越多的民众跃跃欲试。在中国股市建立初期,深圳流行这样一个口号,"再不买股票,你就是深圳的最后一个穷人"。目前在上海、杭州、北京同样的口号又在响起,"你再不买房子,你就可能沦为中国最后一个穷人"。

目前中国的房地产泡沫更多集中于中心一线城市,有专家据此认为,不能以少数经济中心城市的情况以偏概全。但是,这些经济中心城市扮演着中国经济的枢纽、维系着全国发展的命脉,而且其成交面积与金额占全国总交易规模的比重大,对宏观经济稳定与社会持续发展的影响极大。因此,那种认为如果少数经济中心泡沫没有泛滥蔓延中国经济就不会出大问题的论点,显然是经不起推敲的,明显是在为相关集团的利益辩解,因为在房地产开发商、银行与地方政府之间形成了一个极大极长而且日益紧密的利益链,一荣俱荣,一损俱损。

全球路人皆见的资产泡沫，但是一直难以进入监管者的眼帘，很显然他们已经被高楼大厦挡住了视线，被资产泡沫拉动的 GDP 成长而欢欣鼓舞，被滚滚而来地产收入激荡得心潮澎湃，豪情万丈要刷新一个又一个地标建筑，不断创造出"迪拜似神话"。然而，迪拜神话的破灭再次印证，缺乏坚实基础的繁荣，向别人借来的繁荣，向未来透支的繁荣，是难以持久的，色彩斑斓的泡沫终究是要破灭的，这是一个放诸四海皆准确的"水晶球"。通过这个"水晶球"，笔者不祥地看到了上海、杭州，看到了深圳、广州，看到了北京，看到了一个个不断晃动的中国城市的影子。

罗网之五

金融博弈：中国收益几何？*

当蒙古在北方崛起的时候，苟安一隅的南宋王朝认为，蒙古会像契丹和金国一样，南下只是劫掠财富。殊不知，蒙古大汗的志向是永久占领中原，成为中原的新主人。战略误判导致南宋灭顶之灾。

不同于一般资本或热钱只是为了获得投资或投机回报，跨国垄断资本却要实现独占，获得持久的垄断利润，既要钱，也要命。中国严重依赖美国市场、美元资产、由美国培养的人才以及美国主导的国际秩序等等，系列依赖使中国在中美经济与金融博弈中不可能取得主动与平等地位，犹如吸毒上瘾者不具备任何地位一样。

中美金融博弈貌似中美两国之间博弈，实际上是一帮美国学生与美国老师的博弈，在中国传统"尊师如父"价值观下，中美金融博弈的结果一开始就已注定。"水门事件"后，尼克松总统不得不走上电视，向全体美国公众大声告白："我不是个骗子"。中国现在也需要那些使中国陷入"美元陷阱"的金融与经济精英向全体中国老百姓告白："我不是个骗子"。

---

* 本文主要内容曾以《金融博弈：收益几何》为题，发表于《防务观察家》2010年第1期。

作为当今世界最大的两个国家，中美博弈正向全方位拓展延伸。近年来，伴随经济关系的日益密切，中美金融博弈日益凸显。然而，仍习惯窖藏货币的中国与早已熟练金融衍生品的美国进行金融博弈，凶多吉少。如果说政治与外交博弈中美双方旗鼓相当，军事、科技、贸易博弈中方比较被动，那么金融博弈中方则近乎完全处于劣势。

▶…代价巨大！

中美金融博弈一开始是围绕中国加入 WTO 而逐渐深入、全面展开的。美国利用中国急切加入 WTO 的心态，以及对金融业认识的模糊，在中美双方达成的双边协议中，植入了一系列中国单边金融开放的条款，并保持对中国施压乃至制裁的特权。美国利用这些条款、机制步步进逼，中国则且战且退，如今阶段性约略盘点，美国"切香肠式"对华金融策略已令中国付出了极大的经济代价，而且仍将持续付出巨大经济代价。

中国金融市场话语权近乎丧失殆尽 WTO 有关银行、证券、保险业的开放中国均一一兑现，而且美国不断激发中国银行业尽早迎接国际化、尽快与国际接轨的迫切愿望，诱导中国银行业"进一步开放"、"加速开放"与"提前开放"。而诸如评级、会计审计等金融中介服务机构，竟然长期不在中国监管部门的视野，在相关金融资本的大力公关下，中国实行了无限制开放。ZJ 会以《公开发行证券的公司信息披露编报规则第 16 号——A 股公司实行补充审计的暂行规定》（2001 年），帮助美国"四大"会计师事务所控制了中国高端会计审计业务，垄断了中国海外上市企业近乎所有审计业务。

YJ 会不甘落于 ZJ 会之后，全力与其他相关金融部门展开向西方开放其实近乎是献媚之竞赛，力排众议，全面引进境外战略投资者，推动国有商业银行境外上市，导致巨额金融资产流失。甚至不惜违法，将广东发展银行 100%

的经营权给予了只拥有20%股份的美国花旗银行，而《中华人民共和国公司法》有明确的"同股同权"之法律要求。此后，还更上一层楼，发文《中资商业银行行政许可事项实施办法》（2006年）规定，"发起人股东中应当包括合格的境外战略投资者"，即中国境内新建股份制银行必须有外资参股。对于为资本市场看门的评级机构，监管部门（多头监管实质等同无人监管）竟然长期不知为何物，更是"不名一文"就让三大评级机构（最大的两家是美资）控制了中国评级市场。至此，中国金融市场话语权近乎丧失殆尽。中国监管机构一方面对外资金融机构的违规、违法视而不见，近乎是任凭美资金融机构在华肆意作为；另一方面，对中资金融机构监管几乎明察秋毫，中资金融机构的能力与活力被严重制约，中资企业的海外高端金融业务近乎清一色由外资金融机构提供，金融与经济信息近乎透明，由此导致中航油、国储铜、中信泰富等机构不断遭遇重大亏损。

2002年，美国接手日本鼓噪的中国玩弄"廉价货币"把戏，以"金融恐怖平衡"、"人民币币值低估"等名义一波接一波地施压人民币升值，与此同时，由美方挑起的贸易摩擦也一浪高过一浪。到2005年，可谓是"乌云压城城欲摧"，美国国会与政府一起发力，叫嚣中国必须在规定的时间（6个月内）、以规定的幅度（至少10%）来调整人民币汇率，否则就将中国列入"指定名单"，在贸易方面做出报复行动，对进口的中国产品加征27.5%的惩罚性关税。而这27.5%关税，说来颇为荒唐，即美国相关各界对人民币低估幅度判断差异较大，在15%~40%之间，27.5%的惩罚性关税是取其算术平均值。对于美国的近乎"最后通牒"，中国再也不能漠视，最终于2005年7月21日"调整汇率形成机制"，一次性贬值超过2%，此后，人民币便升升不息，美元则跌跌不休，不断刷新纪录，三年内从8.3∶1升到6.8∶1，累计升幅近20%。中国外贸由此遭遇前所未有的压力，大批外向型企业倒闭，众多工人失业，但是对美贸易顺差不减反增，重复当初日元升值的历史轨迹。

中国一再错过国际金融秩序革命的良机　滥觞于美国的世纪金融危机，

令华尔街遭遇重创,华盛顿被折腾得灰头土脸,在道义、经济与外交上近乎全面被动。中国的与美亲善人士到处鼓吹:中美已经同舟共济了,美国这只大船翻了,对中国当然不利;救美国就等于救中国;我们不救美国,谁救美国?还有一些金融高官与高管认定是"百年一遇的机会到了",摩拳擦掌,偏信所谓金融专家建议,抄底华尔街,捞取华尔街"人才"。

中国贸然出手,将大笔资金"注入"美国,如今美国金融逐渐稳定了,美国金融机构得救了,然而中国非但没有为自己赢得"世纪大机遇",反而使自己陷入"世纪大圈套",身陷金融囹圄,严重套牢,如此真正实现了"同舟共济"。中国不仅救活了美国诸多金融机构,而且还复活了一个充当美国经济打手的国际金融机构——IMF。IMF因为长期以来一直忠实履行美国赋予的使命(如"华盛顿共识")而臭名昭著,不时附和美国等西方国家向中国施加诸如包括人民币升值在内的多种压力。次贷危机爆发前,该机构早已无所作为,而且因财源枯竭而奄奄一息,恰恰是中国在美国"大国责任"的高帽下、在"同舟共济"的感召下,一马当先慷慨施援,IMF得以复活,而且未来还要在"可持续与均衡增长"框架下,成为督促、监管中国经济与金融政策的机构。

长期以来,欧盟始终遭遇美国金融机构的欺压,一直愤愤不平。美国次贷危机爆发后,欧盟被拖下水,损失惨重。欧盟主要领导人试图借助危机施压美国,通过高标准的国际金融监管改革,抑制华尔街的道德风险,抑制美国金融机构的扩张,抑制美国的金融滥权。俄罗斯等新兴大国也有意通过G20框架或强化"金砖四国"机制,向美国叫板,抑制美国的金融霸权。但是,由于中国巨额外汇储备被美国"绑架"而犹疑不决,投鼠忌器,因而一再错过国际金融秩序革命的良机。花堪折时直须折,莫待花落空折枝。当断不断必受其乱。如今,国际金融渐趋稳定,美国逐渐挣脱金融泥沼,原先许下的整顿华尔街、强化金融改革、稳定国际金融市场的承诺,都被一一抛弃到脑后。欧洲如今也见势不妙,见风使舵,不仅明显降低向美国叫板的声调,反而积极配合美国用来转移视线、模糊焦点、转嫁责任的"可持续与均衡增长"框架,共同施压人民币升值,加大对华贸易摩擦。中国坐失良机,反倒引火烧身,进退失据。

▶…收益不小?

中美金融博弈的确给"钱多人傻"的中国人开阔了眼界——金融原来还可以这么玩!——把你卖了还替人家乐颠颠地数钱。但是,与美亲善的人士有另外的解读,即中国付出的代价是中国登上美国这艘大船应付的船票钱,也就是"同舟共济"应当付出的代价,而"同舟共济"被视为中国崛起的捷径,更何况中国也有直接经济收益——

拿到了"优质资产"? 美国人寅吃卯粮,少劳多获,甚至不劳而获,欠下巨额债务,由此不断向国际社会透支。中国在美国的软硬兼施下不断增持美国债券。在中国的外汇储备中,美元资产一直有70%~80%。在截至2008年年底的2万亿美元外汇储备中,就包括8000多亿美元的美国国债、5000亿美元的机构债券、1200多亿美元的企业债券和1000多亿美元的美国股票。与美亲善的人士长期以来一直鼓吹美元资产、美国债券尤其是国债是"优质资产"。然而,所谓的"优质资产",不过是印有美国总统头像的绿色纸张(美元钞票)以及一系列电子符号而已(美国债券),每个美元资产的综合生产成本不足一美分。而且美国还不断通过美元贬值、通货膨胀来缩水债务。此遭美国稳定金融与刺激经济,直接向经济系统投放数以万亿计的美元,美元贬值而且是大幅度贬值不可避免。由此,中国"不知不觉"但是一步一个脚印地落入了"美元陷阱":中国若继续持有或增持美国债券,其价值则会被美元逐渐贬值所"风干";中国若减持美国债券,则会加速美元贬值,手上美元资产又会立即大量蒸发,这就如同"对着自己的脚板开枪"。普林斯顿大学教授保罗·克鲁格曼就此评论，中国一手把自己推向"美元陷阱"，中国在美国投资的最大风险为美元贬值，预计中国遭受的投资损失最终恐达20%～30%，也就是至少有3000亿～4500亿美元被无端"蒸发"。

获得了"管理经验"？ 美国金融业"百年老店"甚多，而且不少一直叱咤国际金融风云，当中自然有一套值得学习与借鉴的经营之道。但是，相关与美亲善的人士囫囵吞枣，良莠不分，而且从实际结果来看，所学到的经验是良少莠多——股东资本主义，只强调企业的市场价值与股东利益，不管社会责任与国家利益，高薪但不要道德与法律约束的职业经理等等。中国诸多政府部门、地方政府以及机构通过"坐，请坐，请上坐；茶，敬茶，敬香茶"的方式，聘请德勤、高盛、摩根士丹利等美国金融机构长期担任顾问，帮助中国管理财政、金融，为中国发展出谋划策。正在美国金融机构的悉心顾问下，中国金融业在私有化、市场化、自由化、国际化上迈出了可喜的步伐，通过引进境外战略投资者，中国的金融业价值终于得到了国际社会的承认。中国股票市场、房地产市场的泡沫消长逐渐与国际同步，金融高管酬薪迅速与国际接轨。在一个人均收入只有几千元人民币的国家，金融高管6000万元年薪也被视作市场规律调整的自然。更为突出的是，改制后的金融机构的目标只有利润，所谓的"马太效应"也被视作理所当然，服务对象越来越集中于大中城市、大资本与有钱人，危险的农业、贫苦的农民、落后的农村与市场化、国际化的金融机构似乎越来越没有什么关系。

引进了"先进技术"？ 与美亲善的人士一直在协助美国金融人士鼓吹，美国金融业内的先进技术与其军工制造技术一样先进，美国金融创新与科技创新一样值得学习。实际情形是，近二十多年来，由于金融业不断提供巨额薪酬与回报，美国的智力、物力与财力纷纷集中到金融领域，各类金融机构数量呈爆炸式增长，近乎不受任何监管的金融创新如火如荼，设计、制造、流转大量金融衍生产品，这些衍生产品高级、复杂到连美国金融监管者以及诸多金融行家里手都不甚清楚其结构与功能。但是，美国凭借在科技创新上的一贯的神话与光环，使金融衍生品同样套上了"美国制造"（等于"高精尖"）的外衣，推销给世界。孰知美国的金融创新已走火入魔，他们创造了"大规模金融杀伤武器"（巴菲特语），由此不仅杀伤了美国，也杀伤了世界。中国高山仰止地膜拜与孜孜不倦地获取的就有这样的先进技术——美国华尔街的炼金术。

进入了美国市场？ 在美国压力与忽悠之下，中国金融业愈发坚定地走一条单边、定向的开放之路——美国对中国是"前庭后院式"的开放，而中国对美国则是"登堂入室式"的开放。中国对美国金融机构承诺开放的、应该开放的都开放了，没有承诺开放的、不该开放的（如信用评级、会计审计等）也开放了。而且美国金融机构在中国长期享受超国民待遇地位，趾高气扬，为所欲为；而中国在美国开设的金融机构屈指可数，凤毛麟角。自1991年美国《加强外国银行监管法》颁布后，除了中国银行（1981年）和交通银行（1991年）外，中国也就没有第三家银行获准进入美国市场。此后，在中美战略经济对话下，美国犹如"挤牙膏"般允许招商银行（2007年）、工商银行（2008年）进入美国市场，而且所有被允许进入美国市场的银行，在开设分行的地点、数目乃至业务上都被严格限定。在三大评级机构于中国如入无人之境，控制中国2/3以上市场份额时，中国自主评级机构——大公国际在叩门美国市场三年之后，2010年4月被美国金融管理当局正式拒绝。除了殖民时代外，环视当今国际，在独立主权国家之间尤其是经济大国之间，博弈基本是平衡的，市场准入基本是对等的，然而中美金融博弈的结果失衡得的确过于离谱。

当然，说中国在中美金融博弈一无所获也是有失公允，除了巨大代价、深刻教训外，也获得了不少其他非经济收益，诸如："负责任大国"，"stakeholder"（利益攸关方），"Chimerica"（中美利加），G2，在IMF与世界银行中增加投票权（目前依然是一个"期权"）等等，罗列起来还真的不少。尤其是给中国的"芝加哥男孩"一个越来越强烈的感觉，那就是中美经济通过

"共生",可以实现对国际社会进行"共治"以及对国际秩序进行"共管",也就是巧借美国外力实现"和平崛起"。但是,这个美梦并不新鲜,20世纪80年代,日本的愿望(通过"共生"实现"共治"与"共管")比我们今天要强烈得多。

▶ 掌控金融主导权[①]

胡锦涛总书记在中共中央政治局第四十三次集体学习时指出:"随着经济全球化深入发展,随着中国经济持续快速发展和工业化、城镇化、市场化、国际化进程加快,金融日益广泛地影响着中国经济社会生活的各个方面,金融也与人民群众切身利益息息相关。""在金融对经济社会发展的作用越来越重要、国内外金融市场联系和相互影响越来越密切的形势下,做好金融工作,保障金融安全,是推动经济社会又好又快发展的基本条件,是维护经济安全、促进社会和谐的重要保障,越来越成为关系全局的重大问题。"

这些论断表明,金融是现代经济的核心,金融竞争是国际竞争的核心,金融安全是国家经济安全的核心。中国如今遭遇"美元陷阱"、金融泡沫、资产流失以及国际金融危机冲击等系列困境显示,金融业不能仅由相关专业集团掌握,金融改革与开放的重大政策不能只由金融专业集团酝酿出台,金融改革与开放的绩效也不能只由金融行业及专业集团自我评价。应像掌握军队一样,执政党应实现对金融的坚强领导,以有效应对国际日趋激烈的"无硝烟战争"。

"为谁服务"是金融的核心问题

金融是一个经济范畴,但是具有强烈的政治性。金融的重要地位不仅体

[①] 本文是笔者与中共中央编译局严海波博士合作,以《掌控金融主导权》为题,发表于《瞭望》周刊2009年第33期。

现在"怎样服务"上，更为重要地体现在"为谁服务"上。马克思主义对金融工作的政治性有很明确的认识：金融主导权一定要掌握在代表大多数人利益的无产阶级政党手中。《共产党宣言》提出，在无产阶级夺取政权后，"最先进的国家"可以"通过拥有国家资本和独享垄断权的国家银行，把信贷集中在国家手里"。马克思、恩格斯还指出，要"按照全体人民的利益来调节信贷事业，从而破坏大金融资本家的统治"。

中国共产党是中国的执政党，办好中国的事情，关键在党。中国共产党是最广大人民利益的代表，站在人民的立场上维护国家、民族以及最大多数人民的利益。目前，党领导金融给我们提出的最重要的任务，就是如何在金融领域体现党的根本宗旨、基本立场和思想路线。换句话说，在金融决策方面，要代表最大多数人民的利益，而非亲近资本利益或者少数专业集团利益，在其间仅仅充当社会利益平衡者角色是远远不够的。

金融业的安全直接影响到执政安全，越是和平建设时期，越要重视金融安全问题。作为经济"血液"的提供者，金融业具有高度的公共相关性，金融业的货币创造作用更是国家行为的延伸。因此，金融决策牵一发而动全身，金融业绝对不是一个可以自由放任的产业。

肇始于美国的世纪金融大危机自爆发以来的一系列事实表明，金融安全状况从来没有像现在这样紧迫，全球金融危机给中国金融资产造成的损失以及对经济发展与社会稳定的深刻负面影响，直接威胁着执政安全。

翻开金融危机的历史就会发现，许多国家的执政党在金融政策方面的幼稚和错误，或者无法控制国内外金融专业利益集团肆意妄为，最终导致金融危机并很快丧失执政地位。例如，1997～1998年的亚洲金融危机和目前的全球金融危机所引发政治、经济、社会矛盾已经使许多执政党"下课"或者面临严重的民众抗议。

可见，需要清醒地认识到，金融绝非仅是一个纯粹技术性的学科和产业。在金融复杂技术的表象后面，是形形色色的人以及由这些人组成的利益群体与集团。某些具有强势地位的国内外"金融精英"或者"技术官僚",一方面暗中控制金融议题的设置和金融舆论的方向,另一方面利用金融业的技术门槛误导最高决策层、欺瞒多数不具备专业知识的群众,或者掩盖其决策的失误,或者以国家金融利益的损失换取集团的利益。

国家利益的损失,必然伴随经济增长减缓、收入减少、失业、通货膨胀等多种形式,并由每个公民来承担,由此引发的执政环境的恶化必将危及执政党地位。

由于国际经济秩序一时间难以根本改变,世界经济乱象丛生的局面短期内难以根本扭转,国际金融动荡很可能将长期持续,中国的外部经济与金融环境将持续恶化,中国需要应对的"美元陷阱"、金融泡沫及周期性通胀、资产流失等可能愈发严重。

如果不能对之有效防范,会造成实体经济备受冲击,经济增长动力日趋萎缩,就业压力不断增大,社会矛盾越发尖锐。因此,执政党势必要抓好经济金融工作,实现对金融的坚强领导。

掌控金融强化执政力

从历史来看,加强对金融工作的领导,以强化执政兴国能力,一直是中国共产党高度关注的问题。特别是随着中国逐步进入了大规模的社会主义建设时期,党所处的地位和环境、所肩负的任务以及党的自身状况都发生了重大变化,从革命党变成执政党,带领人民进行社会主义建设成为党的根本任务。

由此,金融如何服务于社会主义建设?如何在不断开放而国际金融日趋动荡的条件下实现金融稳定与发展?如何在日益激烈的国际经济竞争中维护国家金融安全、增进国家经济利益?等等问题,都是摆在中国执政党面前的重要课题。从这个角度看,党对金融的领导和管理能力成为一种非常重要的执政能力。

进行社会主义建设离不开经济金融工作，新政权的巩固尤其需要建立一套适应体制要求的货币金融体系。新中国成立之后，中国共产党及时地建立了管理全国经济的统帅部——中央财经委员会，统一领导全国的经济工作。中央根据新中国成立后面临的千疮百孔的经济和百业待兴的局面，决定统一全国财政收支、贸易流通和金融管理，全面开展社会主义建设。此后，在集中决策的经济模式中，财政与金融政策相互配合，党在极为不利的国际环境下自力更生地创造出一个国力快速增长、生活不断改善的新局面。

随着中国社会主义市场经济体制的逐步完善和对外开放的不断扩大，金融活动日益广泛地渗透到社会经济生活的方方面面，在对外经济交往中凸显国家金融利益的重要性。金融具有调节经济活动、调配社会资源、分配社会财富的独特功能，在服务于经济过程中，对于保持物价稳定、促进经济增长、实现充分就业和平衡国际收支具有重要作用。

凭着对社会主义建设实践的多年体察，1991年2月，邓小平在上海考察时指出："金融很重要，是现代经济的核心。金融搞好了，一着棋活，全盘皆活。"金融对经济的核心作用不仅体现在财富的创造上，而且体现在财富公平分配和国家安全稳定上。

建设时期党对金融工作领导的实践已经证明，金融工作的正确与否直接关系国家的整体发展和百姓的根本利益。可以说，金融稳定直接关系到社会稳定，金融发展直接关系到国家发展。

迫切需要提高执行力

首先，需要亮出一个鲜明的旗帜。金融业发展离不开科学发展观。科学发展观是中国经济社会发展的重要指导方针，是发展中国特色社会主义必须坚持和贯彻的重大战略思想。在金融领域不折不扣地落实科学发展观，是做好金融工作、实现经济社会又好又快发展、维护经济安全、促进社会和谐的重要保障。那种鼓吹金融的所谓"独立性"而暗中抵制党的领导的论调需要引起注意。

党对金融工作的领导是全面的领导。根据国内国际形势发展的要求,党要站在国家兴衰、民族存亡的高度统筹金融工作、把握正确方向、谋划全局发展、提出整体战略、制定科学政策、营造良好环境。不仅要管金融系统自身党的建设,还有责任管理金融业务领域的方针政策;不仅要根据党的宗旨和任务,结合中国经济社会发展的长远目标,提出金融业的发展战略,还要制定重大金融方针政策,负责重要金融人事任免,执行情况的督察落实。

其次,需要形成一个广泛参与的氛围。人民群众已经逐步成为金融业的最广大利益相关者,也是做好金融工作的最广泛群众基础。金融业的职能是服务本国经济发展,而不是独立存在的"利润机器"。金融业的利润最终来自于实体经济,来自于全社会劳动者的辛勤劳动。

评判金融业的效率要看它为全社会资源有效配置的整体贡献,要看它对充分就业、收入均衡增长、社会共享的支持力度,要看它对金融平等交易、维护国家金融安全的实际表现,而不是金融企业实现了几十亿元、几百亿元的账面利润,也不是股票市值的全球排名,更不是金融业高管拥有几百万元、几千万元的年薪。

在党的引导下,人民群众对金融的广泛参与是建构科学金融理论、形成正确金融决策的保证。金融事务不是少数人的事情,不是行业内"高级管理人员"的"自留地",更不是专业集团随意操弄的玩物。

金融工作的优劣从来没有像现在那样影响到国家强盛与人民福祉,这就决定了涉及金融的重大问题和战略决策(如金融业对外开放),需要人民群众和社会各界以各种渠道广泛参与和讨论。人民群众的广泛参与,既可以为党的金融工作提供政治、舆论、智力上的支持,又可以增强对实际金融决策和经营部门的监督,防止金融领域利益的固化。离开人民的参与,金融工作也就成为无源之水、无本之木,党对金融的领导也就会有流于形式的危险。

其三,需要相应的专门机构。在加强金融的机构建设方面,中国共产党曾作出过尝试。1998年6月，为了应对亚洲金融危机，加强党对金融工作的领导，成立了中共中央金融工作委员会。中央金融工委作为党中央的派出机关，主要负责领导金融系统党的思想建设、组织建设和作风建设。由于相应关系没有很好理顺，中央金融工委后来被取消了。如今在世纪金融大危机的冲击下，美欧发达国家都在努力建设一个赋予空前权限、涵盖所有金融领域的"超级金融管家"，以应对日趋复杂而迫切的金融监管局面。

作为一个不断开放的发展中国家、一个新兴市场，中国面临着更多的金融困境以及与金融相交织的经济社会等诸多矛盾，因此中国共产党应当像掌握军队一样，掌握金融，实现党对金融的领导，建议组建类似"中央金融委员会"的机构，负责组织制定大政方针，酝酿金融领域的重大决策，制定国家金融战略、策略和政策，监督金融政策执行部门的工作。这对保证中国金融工作的正确方向和科学决策具有重大意义，对保证中国在日趋复杂与严峻的国际经济与金融竞争中立于不败之地具有重大意义。

第四部分

Illusions of Free Economy

自由经济的骗局

自由贸易：后进国家的依附陷阱

自由言论：评级机构自由代行美国霸权

自由经营：跨国公司自由收购主权国家

自由市场：跨国粮商自由图谋中国粮仓

自由竞争：工业间谍自由搜窃商业机密

第四部分　自由经济的骗局

导　读

当今世界，高举自由资本主义大旗的自然是美国。美式自由资本主义被学界称为"盎格鲁—亚美利加体系"，与莱茵式资本主义（典型代表就是德国社会市场经济模式），并列为当代世界两大资本主义模式。美式自由资本主义崇尚极端自由的市场原教旨主义，推行最保守的资本主义价值观，极力主张大市场小政府，多市场自由竞争，少政府干预调节，高效率少赋税，企业融资主要通过资本市场，唯股东是从，唯赢利是图……这些概括虽难以穷尽美式自由资本主义的特征，但尚可以勾勒出其基本轮廓。

对于此遭滥觞于美国的金融大危机，美联储前主席艾伦·格林斯潘称：这是百年一遇的"金融飓风"，是一股强大的"腐蚀性"力量。如今回首忆往，这一"腐蚀性"力量，不仅"腐蚀"了华尔街，"腐蚀"了国际金融与世界经济，更重要的是"腐蚀"了美式自由资本主义。次贷危机发生后，美国官方（以财政部与美联储为代表），恪守自由主义信条，任由市场调节以解决资本主义失衡问题。在危机不断延烧期间，政府犹抱琵琶，对市场的介入举棋不定，对贝尔斯登与雷曼兄弟的"顾此失彼"，即反映出当局投鼠忌器的复杂心态。但是，危机随着市场信心的不断重挫而愈演愈烈，当局在强大压力下大手笔介入市场，直至效法英国的国有化"极端"举措。由此，有不少经济学家断言，美国政府大范围、大力度介入市场标志着美式自由资本主义的终结。

当东欧剧变，苏联解体，冷战结束，日裔美籍学者福山立即断言，这是"历史的终结"。福山先生高兴得太早了，似乎未经深思熟虑，不是一个严谨的学者作风，而更像一个急于表现自己的小报记者。有人不禁要问：长期以来被美国鼓吹"具有无比优越性"的自由资本主义，为何于今眨眼间就轰然坍塌了呢？笔者的浅陋之见是，与美式自由资本主义的理论与政策实践紧密相关。

群体的非理性。自由资本主义的理论基础就是"理性经济人"。在经济学鼻祖亚当·斯密那里，"经济人"的理性能够实现社会财富的最大化。但是，人的自利本性的扩张，要受到道德和法律的制约。斯密强调，"经济人"在追求个人利益最大化的时候，是有原则的，是受到诚实信用、公正、公平等市场规则（法律、制度、规范）所制约的。"经济人"与"道德人"的统一，这是古典自由主义相辅相成的两个方面。有道是，"跨越真理，哪怕只有半步，也会使真理变成谬误。"新自由主义对古典自由主义的发展不只是"半步"，而是"一大步"。新自由主义不断乃至无限夸大个人理性，主张极小化社会道德和法律的制约，极大化个人经济自私，认为每个人的利益最大化会导致社会利益的最大化。然而，社会实际反复表明，个体的理性往往会带来群体的非理性。一个常见的现象：在缺乏警察与适当监管的十字路口，往往容易形成拥堵。道理很简单，每位驾驶者都想按照自身的逻辑而争取最佳的时间和空间通过。在这里，个人理性的集合，完全有可能形成整体非理性的无政府状态。哲学上有个概念叫"合成谬误"，即对局部来说是对的东西，对整体而言则未必是对的。正是华尔街银行家不断伸张个人理性（为了个人、眼前的经济利益），才给美国乃至世界带来金融灾难。当今世界，在自由主义泛滥的美国"领导"下，各个国家都在努力展现个体理性，因此导致国际经济合作日益困难，多边体制式微，WTO 的"多哈回合"谈判久拖不决。在金融危机呼啸而至后，各国都在力求自保，各扫门前雪。这应是美式自由资本主义结出的国际苦果。

自由的不对称性。自由资本主义的政策主张就是经济自由。美国金融危机发生后，香港《信报》载文《自由，自由，多少罪行假汝名而行》，颇有意味：美国式自由，已经慢慢沦为失医的自由（美国人平均寿命 78 岁，接近第三世界水平；婴儿死亡率世界倒数第 29 名）、饥饿的自由（救济粮券长期存在，2007 年增至 2600 多万人）、流浪的自由（无家可归的露宿者 2000 年已有 350 万人，最近因危机激增）、赤贫的自由（有近三成就业人口生活在贫穷线的八成以下）、暴力的自由（2006 年底美国有 720 万人坐牢或假释，即 31 个成年人便有1个在服刑,世界之最;而4倍美国人口的中国同期只有130万囚犯)。在美式资本主义体制下,自由的实质是资本的自由,是富人的自由。资本与富人的完美结合就是银行家,因此美式资本主义的自由就是银行家的自由,是华尔街的自由(华尔街是富人与资本结合的综合体)。由于缺乏有效的政府监管与力量制衡,华尔街的银行家们可以通过不断的成功冒险,获取巨大收益;而一旦冒险失败,所受到的惩罚甚小,往往换家机构即可"重新做人"。作为职业经理,作为美国政治的后台老板,他们无论在机构还是在国家都是游戏规则的制定者与解释者,他们为自己安排了"黄金降落伞",即使是因为他们自己的过失而使自己所服务的机构出现严重亏损,也可以在离职时拿到丰厚的"补偿金"。此次美国金融危机所折射出的无处不在的道德风险,反映出美式自由的不对称性与虚伪性。

"无形之手"的危险性。自由资本主义认为市场能够自动出清,能够进行自我纠偏;认定市场的"无形之手"要远好于政府的"有形之手",极力主张社会经济任由市场进行调节,反对政府干预。但是,丛林法则下的弱肉强食,必然使自由竞争走向垄断,而不是走向均衡,经济自然呈现两极分化,经济分化带来社会分裂与政治对立,危及经济与社会繁荣。而这是与自由资本主义的理想社会目标恰恰相反的结果。另一方面,随着经济全球化的盛行,随着经济金融化的提高,市场出清与自我纠偏的代价越来越大,这种依靠价格的大幅度波动,乃至出现经济金融严重危机,来进行纠偏的剧烈调节方式,已经成为一国社会、政治难以承受之重。而且"无形之手"作用下的"市场失灵"越来越频繁,投资者与消费者在市场频繁挤压下心理承受能力越来越弱,风声鹤唳,草木皆兵,因此金融市场震荡越来越剧烈。自由资本主义在经济上一直反对政府的"有形之手"替代市场的"无形之手",但是有趣的是,它却热烈欢迎政府以"有形之手"来维护"无形之手",包括削减社会保障与福利、削弱工会与减少对劳工市场的保护等等,以维护资本、富人的利益。

如今,一个个精打细算的美国人却走向了非理性,"隐形之手"失败了,华尔街喝下了自己酿造的毒药,美国吞下了自己生产的苦果。在大手笔向危难企业伸出援手后，美国总统反复强调，"国有化"是重要的短期措施，并不意味着接管美国的"自由市场"。但是，不管美国救市手法是"非常化"还是"正常化"，美国行为足以表明：只有社会主义才能救美国（"国有化"早已被经济自由主义者贴上了"社会主义"标签）。如果说，侵略伊拉克战争是美国民主价值的终结；那么，此次金融危机与美国的"国有化"救市则清楚显示，美国自由价值的破旗已经从腐朽的旗杆上滑落。新自由主义思想家哈耶克偏执断言，苏联式的高度计划经济是一条把人类引向受奴役的道路；笔者则小心求证，美国式的自由市场经济是一条把人类引向灭亡的道路。新自由主义，可以休矣！

第四部分 自由经济的骗局

骗局之一

自由贸易：后进国家的依附陷阱[*]

自由贸易与全球化一脉相承，是强者统治世界的权杖。因此，在世界金融大危机之下，在经济保护主义甚嚣尘上之时，作为一个发展中国家，中国高举自由贸易大旗在显示出中国勇气的同时，也令诸多人士无比错愕。

长期以来，经济自由主义作为一种严重误导人类的理论与观念，在无良精英、财富与权势"三位一体"的结合下，被包装成人类的终极真理，一度成为国际社会的主流意识，并被要求用来指导发展中国家的经济发展实践。如今，经济自由主义在其英美故乡遭遇破产，由此那些将市场调节、私有制、自由贸易、金融开放绝对化的理论和政策，理所当然地要受到质疑与挑战，颠倒的东西需要重新颠倒过来。

经济自由化，市场一体化，发展中国家的国际低端分工被钙化，世界碎片化，由此形成一个个被贫穷包围的富裕孤岛，被失望笼罩的困苦荒漠。我们虽然不太清楚中国的未来是什么样子，但是我们透过三十年来国际社会一再爆发的金融危机已经知道中国的未来肯定不是什么样子，即不是现在这个样子；应当不是什么样子，即不是新自由主义者所描绘的样子。

---

[*] 本文不少相关素材与数据来自韩裔英籍学者张夏准的《富国的陷阱——发达国家为何踢开梯子？》（社会科学文献出版社2007年1月版）、《富国的伪善——自由贸易的迷思与资本主义秘史》（社会科学文献出版社2009年1月版）以及美国摩根大通银行副总裁黄树东的《选择和崛起》（中国人民大学出版社2009年9月版）。

长期以来,"贸易是经济增长的发动机"被当作定理;自由贸易促进经济增长与福利提高,也被看作是公论。实际上,贸易能否促进经济增长,本身存在诸多约束条件;货畅其流的自由贸易现实中并不存在;自由贸易促进经济增长,如果存在也只是一时,长期促进作用没有通过历史验证;得到验证的恰恰相反,即贸易保护程度与经济增长速度呈正相关。发达国家将一个又一个虚假的命题包装成人类的终极真理,引诱发展中国家跟进而落入持续落后的陷阱,显示西方文明的伪善。

▶ 崛起秘诀:保护而非自由

经济主权是经济安全的保障,控制一个国家的经济主权,是控制该国财富的成本最低的战略手段。在信奉炮舰政策的时代,强权是通过坚船利炮订立的城下之盟、剥夺他国的经济主权而强行实现自由贸易的;在经济全球化时代,强权则是通过国际组织、国际条约来达到同一目标的。

世界近代历史揭示,强权的崛起都是在既存的国际主流经济体系之外孤独地成长,在保护中实现崛起,美国是这样,苏联是这样,更早的大英帝国与德国也是这样。当今所有的发达国家,包括英国和美国这两个被认为是自由市场和自由贸易发源地的国家,都是基于违反新自由主义经济学的政策秘诀而致富。[①] 但是,英美等国通过经济保护实现富强之后,便高高举起曾经被他们抛弃的自由贸易旗帜,假惺惺地告诉后进国家,说这就是我们的致富秘诀,你们若是按照我们指引的自由贸易之道,就会成功抵达富裕与繁荣的彼岸。然而,那些轻信发达国家而努力通过国际贸易走向崛起的国家,通过与国际接轨走向崛起的国家,最终都掉入了依赖与落后的陷阱。

---

① [英]张夏准:《富国的伪善——自由贸易的迷思与资本主义秘史》,社会科学文献出版社2009年1月版,第15页。

在第一次工业革命以前的相当长一段时期内，英国一直奉行保护主义政策。1699年，为了保护对当时的国民经济有举足轻重影响的羊毛业与纺织业，英国禁止从国外进口羊毛；1700年基于同样的原因而禁止从印度进口棉布。为了保护尚在摇篮中的幼稚工业，英国通过高关税限制几乎所有的制造品进口。这种严密的保护主义一直持续到第一次工业革命，有些保护直到19世纪60年代才最后终止。到19世纪，经过工业革命的洗礼，英国生产能力和效率得到了极大提高、企业与产品竞争力得到了显著增强，成为世界工厂，成为世界高端制造中心，茁壮成长的英国越来越需要国外原材料以及为产品寻求国际市场，这样保护主义越来越明显成为英国发展的障碍，由此才逐渐主张实行自由贸易。自由贸易政策取代保护主义政策可以实现帝国利益的最大化。

即便是在积极鼓吹自由贸易的时代，英国的自由贸易政策依然是有选择的，即对自己没有竞争力的产业与产品依然实施保护，著名的《谷物法》就是如此，直到1846年《谷物法》才被废除，英国似乎放弃了粮食自给战略。但是，及至第二次世界大战，对海外食品的依赖成为英国国家安全的重要短板，战时严重的食品短缺使英国在战后采取农业保护政策，用各种优惠措施鼓励农场主最大限度地提高土地产量，提高本国的粮食自给水平。

英国实施的保护主义不仅涉及商品，还包括服务。1660年英国议会通过了一个典型的保护主义而且运用非常成功的《航海条例》，法案要求殖民地的海外贸易必须由雇佣英国水手的英国船队运输，所有从欧洲运往英国殖民地的货物，以及所有从英国殖民地出口的货物，都必须先运到英国，在英国卸货，通过关检，交付关税后，再装船运输。由此，直接促进了伦敦的发展，使之成为世界商贸与金融中心。在美国独立后，英国就是否废弃《航海条例》产生了激烈争论，1783年英国著名政治家谢菲尔德伯爵就此说明："航海条例，我们伟大的海洋强权的基础，为我们带来了全世界的贸易"，"我们若放弃航海条例，就牺牲掉了英国的海洋权利"。

自由贸易是实现并维持强权的重要途径与手段。英国用坚船利炮打开殖民地市场大门。美国在"二战"后以其道还其身，就是在自由贸易的旗帜下，让大英帝国无可奈何地让美国产品进入广大的殖民地、托管地与英联邦市场。

美国从独立建国到1808年禁运法案通过，可以说是世界最开放的国家，几乎没有关税。依照比较利益原则，美国开国元勋们顶着一个理想主义头脑，将美国定位为一个没有现代工业的农业国家。托马斯·杰斐逊及其民主共和党人立场鲜明，主张把美国建设成为单一的农业社会，认为独立的小农场主是"上帝的选民"，提倡参与国际分工，实行自由贸易，反对建立现代工业与商业。杰斐逊曾提出一个著名口号："把我们的工厂留在欧洲"。作为经济民族主义的代表，亚历山大·汉密尔顿及为数不多的联邦党人强烈主张实施保护主义政策。有趣的是，汉密尔顿的民族主义主张，最终由杰斐逊及其民主共和党人付诸实施。经过相当长的曲折与反复，杰斐逊意识到了自由贸易的陷阱，转而坚定主张保护主义。1816年美国通过了第一个以保护民族工业为目的的保护主义法案——《1816年关税法案》，将平均关税提高到25%。这离汉密尔顿悲剧性离世（为坚持自己的主张与政敌决斗而死）大约12年，这个孤独的美国精灵在世播下的孤独种子，最终在政敌的培育下发芽、生根、开花并结出丰硕的成果——诞生了美国强权。

美国从第1任财长汉密尔顿，经第16任总统林肯，到20世纪30年代大危机，100多年间，保护主义一直是美国经济政策的主线。"在自由贸易体系里，商人是主人而生产者是奴隶主。保护主义不是别的，是自然法则，是自我保存的法则，是自我发展的法则，是人类得以保全的最高和最好的前景的法则。"（威廉·麦金利，美国第25任总统）随着利益的不断变迁，美国仍存在着一股主张自由贸易的强大力量。但是，美国通过南北内战（1861～1865年），彻底摧毁了主张自由贸易的强大利益集团（南部联邦），毫无疑问地走上了经济保护主义的道路。南北内战后，美国对外关税高达49%，远远高于实行自由贸易的欧洲，是当时世界关税最高的国家。美国的保护主义促进了工资上涨，并维持着高工资，如此可以持续吸引、留住优秀人才，可以便利实施以内需促进发展的经济战略，为美国发起世界第二次工业革命提供了良好的国内市场环境，而正是第二次工业革命一举将美国推向世界强权的宝座。

▶ 比较优势 = 固守落后

德国是通过保护主义实现国家富强的另一个典型。德国经济保护主义之父李斯特曾经指出："对于一个通过贸易保护和航海垄断而使其制造业和航海业达到无人可与其竞争的发展程度的国家来说（指英国），最明智的做法就是扔掉使其变得伟大的梯子（而不为他人所用），就是教导其他国家关于自由竞争的好处，并用一种忏悔的口气宣称他过去（的贸易保护）是一直在错误的路上徘徊，而现在他第一次成功地发现了真理（指自由贸易）"。"正如英国的工业品一样，英国的贸易理论是为了出口，而不是用作本国消费"。过河拆桥、致富踢梯，使后进国家落入依赖与落后的陷阱，这就是国际博弈。李斯特极力主张保护主义可令德国将自己的未来命运掌握在自己手中。德国因保护而崛起，再一次揭示国家实现繁荣富强的真谛。

与德国相反，法国的落后恰恰为自由贸易提供了一个极好的反面教材。法国在大革命发生之前，通过贸易保护、大兴工业间谍[①]，实现了工业化，经济直逼世界强权英国。但是，大革命将摧毁集权主义与实现自由经济联系在一起，自由放任的经济体制由此一直延续到第二次世界大战。诸多历史学家认为，这是法国在19世纪工业发展停滞、社会发展落后的主要原因。研究证实："自由贸易年代"（1875～1914年）包括奥地利、加拿大、丹麦、法国、德国、意大利、挪威、瑞典、英国和美国等10个当今发达国家的统计证明，

[①] 当时的法国政府特地任命了一位被委婉冠以"外国产品总监"名义的官员，主要负责组织工业间谍与收买英国技工。

贸易保护程度（以平均关税税率衡量）与经济增长速度呈现正相关。① 由殖民地、半殖民地而独立的国家，只有在实现关税自主权以后，才开始真正的工业化。

拉美国家在收回关税主权并骄傲地拥有世界最高关税后，它们获得与美国一样快的经济增长速度。1879~1913 年，拉美的平均关税在 17%（墨西哥，1870~1899 年）和 47%（哥伦比亚，1900~1913 年），平均 GDP 增长 1.8%；而 1820~1870 年，受制于不平等条约，实行自由贸易，GDP 增长处于停滞状态（平均只有 -0.03%）。20 世纪六七十年代的保护主义（新自由主义者描述这段时期为"糟糕的过往岁月"），实现的增长更达到 3.1%，然而自 80 年代实现新自由主义以来，增长率只有 1.7%②。撒哈拉以南非洲地区 1960~1980 年平均 GDP 的增长率为 1.6%，而奉行经济自由主义政策后，经济光景一年不如一年，1980~1998 年平均 GDP 增长率为 -0.8%。

由于利益集团作祟，通常一国对自由经济、自由贸易的依赖跟吸毒者对毒品的依赖非常类似。墨西哥在被新自由主义者诋毁的 1955~1982 年均 GDP 实现 3.1% 的增长，20 世纪 80 年代实现经济自由化后，年均 GDP 增长只有 0.1%。当政的新自由主义者认为，经济增长迟缓是市场化不彻底的结果。为实现经济更快增长，就需要更加自由的开放。于是，签署了《北美自由贸易协定》，如此 1994~2002 年 GDP 年均增长 1.8%，但是 2001~2005 年只有 0.3%。③

自由贸易（还有全球化）的理论基础就是比较优势（利益）学说。在大英帝国与美国高挑的自由贸易大旗上都"大写着"比较优势。比较优势本是一个充满争议的国际分工理论，一个关于数量与分配的理论，一个根本不涉及经济素质提高、产业进步、国家博弈的理论，却被新自由主义者推崇到一

---

① ［英］张夏准：《富国的陷阱——发达国家为何踢开梯子？》，社会科学文献出版社 2007 年 1 月版第 50 页。
② ［英］张夏准：《富国的伪善——自由贸易的迷思与资本主义秘史》，社会科学文献出版社 2009 年 1 月版，第 8 页。
③ 同上，第 54、55 页。

种"全球信仰",成就了一个"固守落后就是发挥优势"的弥天大谎,演化为一种发展道路理论。这种理论实际上是把那些希望崛起、希望阔绰、希望打破国际分工枷锁、希望加入富人俱乐部的民族,送到了道义的审判席上(你若是不加入全球化,不守本分,不安心落后,那么不仅损害自己的利益,而且还损害全世界的利益)。这是一个如何实现并保持依附的理论、一个君子固穷的理论、一个安心做奴隶的理论。

自由市场经济学的鼻祖亚当·斯密在其著作《国富论》中曾经严肃地建议美洲不要发展制造业,"像波兰一样,美国应该依赖农业而忘记制造业"。身为美国第三任总统的杰斐逊及其民主共和党人正是依据比较优势而把美国"定位一个农业社会"。然而,如果美国真的尊崇比较优势,则肯定没有今日"美国霸权";如果依照比较优势,日本的优势是栽桑养蚕,出口蚕丝,根本就不应当发展汽车业,也就根本没有"丰田帝国"。丰田公司起步于纺织机械制造,1933年进军汽车行业,1939年游说日本政府驱逐了通用汽车和福特汽车,1949年得到日本银行(央行)的资助,1958年生产出"丰田宝贝"(Toyopet)。如今,丰田超越世界所有汽车商家包括当初极其鄙视它的通用和福特,成为世界汽车业的龙头老大。如今,日本汽车与法国葡萄酒、苏格兰鲑鱼及瑞士钟表一样"自然"。如果日本当初尊崇比较优势,那么可以肯定,今天的日本仍然维持三流的工业水平,收入水平恐怕与智利、阿根廷和南非一般。

美国在高新技术方面拥有雄厚的比较优势,相关高新技术及其设备是世界众多国家所急需的,如果实现自由贸易,美国可以获得巨大的比较利益,完全可以弥补美国庞大的贸易逆差。但是,美国出于国家安全与战略利益考量,就是限制甚至完全禁止出售。在国家战略中,国家主权、国家安全远远比赚取数字符号的钱财更加重要,这是世界经济自由主义者以及中国的"芝加哥男孩"永远不能理解与不敢面对的。

▶ 致富的"金马甲",固穷的"紧箍咒"

比较优势的成立要符合一系列假定条件,正因为如此,比较优势学说在西方经济学体系中很早就被不断批驳,但是诸多发展中国家的经济学家拾人牙慧、囫囵吞枣,将一个充满争议的理论当作公理一样四处兜售,甚或招摇撞骗。当然倾心兜售的不仅仅是这种灰色的理论,而且还有一个似乎可以令发展中国家永葆青春的"金马甲"。

这个"金马甲"就是由经济自由主义大师米尔顿·弗里德曼亲手设计的。经济自由主义的虾兵蟹将们将"金马甲"鼓吹为通向富裕的唯一道路,全世界有且只有这一条道路。"金马甲"的主要内容包括:减少政府开支,减少政府干预,实施"小政府";削减公共支出,反对福利政策,实行低福利;实施私有化,发展私有经济,推动自由市场;放弃充分就业的政策目标,转而寻求物价稳定;开放金融体系,实现货币的自由兑换;实行自由贸易,开放外资进入,开放资本市场,退休金私有化。"金马甲"横空出世后,就成为经济自由主义的标准政策,成为国际货币基金组织、世界银行、美国财政部以及它们的代理人或代言人——发展中国家经济精英所积极推动的经济政策。

"金马甲"的兜售比"金马甲"本身更有学问,更讲究技巧。大英帝国明火执仗,用坚船利炮直接推销自由贸易。美国的霸权似乎更加"文明",持续不断通过国际组织与协定为自由贸易提供支持,但是软实力背后依然是强大的军事与经济之硬实力。美国擅长国际博弈,经常惹是生非,甚至无中生有制造事端,设定话题,如货币升值、金融开放、贸易摩擦等,用"大棒+胡萝卜"的手段设法将对手拖入讨价还价的对话过程。一旦进入讨价还价就会有让步,而不管对手让步多少,美国都是全赢。因为表面上互有让步,但是美国实质上只不过是压缩自己的无理要求,而对手的任何让步都是实质性的。

以美国为首的发达国家正是通过"程序剥夺"而在世界范围内实行"制度寻租"[①]。他们宣扬的自由贸易是不对称的自由贸易，是现实主义的自由贸易，贸易规则是他们制定的，解释权主要在他们手里，贸易的自由度他们可以自由裁量。通过"程序剥夺"而实行"制度寻租"还体现于国际经济组织的运行。IMF规定，重大议题需要获得85%以上的投票才能通过，而美国在IMF中独自拥有16.77%的投票权，因此事实上可以否定所有重大议题。各类国际机制的决策程序被故意设计得"异常复杂"与"异常模糊"，如同华尔街设计的金融衍生品，复杂与模糊的目的就是让诸多弱小的发展中国家不得其门而入。而且，相关程序设计有意把决策权力从谈判转移到诉讼，依靠律师来解决问题。但是，国际组织依托的法律体系是英美法系，工作语言又是英语，因此诉讼为美国律师提供赚钱机会。要知道，只有世界人口4%的美国却有世界50%的律师。

自由贸易实质就是货畅其流，但是在当今国际，货物的自由流动并不真正存在，那些带有关键技术的货物（技术设备）就不能自由流动，即使是不带有关键技术的货物，但是东道国（主要是发达国家）可以"反倾销"、"反补贴"等名义限制甚至禁止相关货物进口。发达国家一方面积极推动在国际间实行自由贸易，另一方面按照自己利益来随意解释贸易自由；一方面让一般商品、要素、资本自由流动，另一方面限制高技术产品的自由流动，实行技术封锁；一方面提倡经济全球化，另一方面实施高端产业的自我保护。

自由贸易可能会赢得一时的繁荣，但是无法持久；甚至可能有助于一国经济做大，但是无法做强。如美国独立建国后在自由贸易的旗帜下就有一段时期的经济繁荣。但是，这种繁荣是禁不起时间检验的，这犹如夏日的玫瑰，一场冰雹即会零落成泥。因为在自由贸易上建立的繁荣，犹如高速的经济列

---

① 黄树东著：《选择和崛起——国家博弈下的中国危局》，中国人民大学出版社2009年9月版，第83~85页。

车行驶在别人的轨道上。像其他发达国家一样，日本经济现代化是在特殊国际政治与经济格局下通过保护而不是开放取得的。但是，美国给日本仅仅是一个有限经济成长空间，这个空间的边界就是冷战格局下的地缘政治，空间的高度就是不能够对美国形成挑战。然而，当日本实现现代化、做大经济后，就有点飘飘然不知天高地厚，竟然要挑战美国的经济地位。

当经济做大的日本试图与美国一较高低时，在美国庇护下而实现繁荣的日本经济之软肋就相继暴露出来。这是因为，日本长期奉行外向经济战略，由此形成了对美国市场的依赖、对美元的依赖、对美国主导的国际秩序的依赖。对对手依赖而又试图努力与之竞争博弈，当然是跪着竞争、跪着博弈。高度依赖使日本经济俨然成为一个由美国市场牵线的风筝，无论飞多高，都受到美国的控制。日本的高度依赖使美国掌握了所有博弈的主动权，随便找个理由就可以敲打日本。

在美日讨价还价的经济对话中，几乎所有的议题都是由美国提出，由美国主导，美国不仅让日本在依赖性上跪下来，还让日本在道义上跪下来，让日本心悦诚服地接受自由经济的普世价值。如此，美国很轻松地将《广场协议》（1985年）与《卢浮宫协议》（1987年）施加给了日本，很轻松地剪掉了日本经济振兴的所有羽翼，日本就此一蹶不振。日本经济的航船就此迷失在经济衰退的百慕大之中，而在漫长的苦苦挣扎与上下求索过程中，日本经济的罗盘始终指向由美国设定的全球化方向。显然，日本穿上的不是什么致富的"金马甲"，而是发展的"紧箍咒"。

日本是个岛国，是个战败国，是个被占领国，出口导向以美国马首是瞻，由此形成对美国的高度而全面依赖，一半是宿命，一半是失误。但是，倘若这一战略、这一结果发生在一个市场广阔、疆土辽阔、历史悠久的大国身上，而且前面还有日本的覆辙，那就不是宿命，而是失误，是悲哀。正是对美国市场的依赖，对自由贸易的执迷，在日本，导致产业空心化与经济泡沫化；在中国，则导致产业于低端钙化，经济崛起的后劲严重不足。

▶ 落入自由陷阱——越发展越依赖

比较优势（利益）对于国内市场狭小的国家而言，也许是个不得已的宿命；但是，对中国这样一个有着巨大潜力、希望阔绰梦想的大国来说，则明显是一个陷阱。正是在比较优势的指导下，中国从大飞机中撤了出来、从独立的汽车产业撤了出来，从计算机核心技术里撤了出来，从 WAPI 标准中撤了出来，……从追求完整的国民经济体系中撤了出来，未来还很有可能从航空航天与核武器制造中撤出来（中国的航空航天正在加速市场化）。如此，将一大批业已形成的主导产业、国有企业、民族品牌，要么搁置、要么肢解、要么拱手送人，让别人毁灭。在比较优势与自由贸易下，中国的国际分工地位实际是，为别人的技术与产品通向国际市场的道路上铺平"最后一公里"。

由英美崛起的经验来看，如果中国没有能够发起一场引领世界发展前途的产业革命，从而在国际高科技制造业中占据竞争优势，在国际分工中处于产业链的高端，就没有中国的真正崛起。但是，长期以来，中国大力推行自由贸易，国际分工长期处于世界产业链的低端，缺乏系统、源源不断的技术创新，更难有重大系列技术创新。因此，在中国不改变自由经济的发展思路，而乐于充当国际分工的"最后一公里"，乐于充当世界加工厂与贴牌制造基地，中国几乎不可能成为新一轮技术或产业革命的发源地，从而也不可能成为世界真正强权，如此也就没有真正的崛起。

罗马政治家和哲学家西塞罗曾经说过："一个不懂得自己出生前历史的人，永远是个孩童。如果不懂得利用往昔辛劳的结晶，世界必定永远处于知识的蒙昧状态"。其实道理很简单，近三十年来，那些真正奠定中国战略实力的技术与产业，哪一个是自由贸易换来的？哪一个是"用市场换技术"得来的？哪一个不是在当年"闭关自守"的情形下从无到有、自力更生、奋发图强中搞起来的？在自由经济问题上，中国不仅可以借鉴丰富的国际经验与教训，而且还可以温习自己新中国成立以来的经验与教训。《选择和崛起——国家博弈下的中国危局》一书作者黄树东的警句掷地有声："国家博弈，利益至上。实力是剑，道义是枷。"自由主义蒙蔽中国巨人的双眼，比较优势束缚了中国巨人的双脚。

中国参与全球化，执迷自由贸易，热衷与国际接轨，在获得一些收益、赢得一时繁荣的同时，也付出了巨大代价。中国自由主义者曾经鼓吹中国是"全球化的最大受益者"，但是美国国际经济研究所的研究显示：美国每年从其主张并主导的全球化当中获得的收益超过 1 万亿美元，而付出的成本只有 500 亿美元。自称是全球化最大受益者的中国，在加入 WTO 后获得的年收益不过 400 多亿美元。① 在参与全球化、与国际接轨的过程中，中国的地区、城乡与居民收入差距日益扩大，环境生态污染不断加剧，人民的健康状况持续堪忧，经济对外依存度过高，对外经济摩擦加剧，工业体系严重受损，利益集团影响日益增强，社会矛盾日趋凸显，未来发展与崛起后劲不足。

中国加入 WTO 时，接受了在 WTO 历史上最不公正的条件，以美国为首的西方国家设置了别有特色的"中国条款"，使中国的入会条件高于所有现存的会员。无论是世界银行还是其他经济学家，都认为中国这个人均收入只有 450 美元的国家，不仅是发展中国家，而且还是一个低收入国家。② 但是，中国最终加入 WTO 的身份，既不是发展中国家，更不是低收入国家，隐患更大的是"非市场经济国家"。这些巨大付出为以后敲打与敲诈中国埋下伏笔。以美国为首的发达国家有意将中国入会描述为大象进入了瓷器店，实际上是大象被诱入了捕猎场。美国摩根大通银行副总裁黄树东在《选择和崛起》一书中如此叹息："2001 年 11 月 12 日，中国签署了世贸条约。这一天将作为中国

---

① 见［美］C. 弗雷德·伯格斯坦主编：《美国与世界经济（未来十年美国的对外经济政策）》，经济科学出版社 2005 年 9 月版，第 4 页、第 30 页。
② 见［美］约瑟夫·E. 斯蒂格利茨：《全球化及其不满》，机械工业出版社 2010 年版，第 54 页。

和外部世界关系的标志性日子而进入历史。这个涉及13亿中国人民长远利益的条约，不仅以不平等的条件打开了中国的广义市场，还以同样不平等的条件干预中国经济主权"。美国有专家认为，在十几年的秘密谈判中，中国代表之软弱和让步之多，在许多方面比150年以前的中国谈判代表表现得还差。[①]

三十多年的改革与开放，在GDP迅速膨胀的同时，也导致中国长期处于国际分工低端的困境。"8亿件衬衫换一架空中客车飞机"就是这一困境的形象写照，而且要改变这种困境非常艰难。这是因为对内形成了一个依赖低技术、安心获得比较利益的利益集团，力量强大，反对产业升级，反对结构调整，公然提出"中国还要生产30年的衬衣"。这些落后产业如同一个巨大的黑洞，吸走了大量的人力、物力与财力，导致产业升级的资源严重不足，尚未形成竞争力的高端产业、尚未大批市场化的新兴技术、短期内无经济效益的技术创新，始终面临资金匮乏的困境。在一个拥有世界第一大外汇储备的国家、一个被视为世界储蓄率最高的国家，竟然长期将资金廉价供外国使用，然后高代价引进外资，并使自己的民族资本、中小企业长期处于资金缺乏以及待遇被歧视的困境，这是利益集团作祟使然，明显也是中国在比较优势下不当决策所致。

中国在加入WTO时接受了将"市场开放与技术转移相隔离"的条件，这实际就是让发达国家对华技术封锁合法化，如此也承受了中国将被钉死在国际分工的低端。加入WTO后，中国更加拼命引进外资，促进出口过度增长，如此导致国内产业支离破碎，产业越来越扁平化。中国名义上已经成为"世界工厂"，实际是世界加工厂、世界组装车间，产业被固化、钙化于低技术密集、劳动密集、资源密集的国际分工低端，中国有越来越多的"世界第一"，如钢材与水泥、服装与鞋帽、家电与汽车等等，但是重要营销渠道、畅销品牌、关键技术、连贸易规则等等都是别人的，中国只是世界的打工仔，拿一

[①] Ben Mah, America and China, Political and Economic Relations in the 21st Century, pp. 12.

份微薄的血汗钱。翻开世界经济史,世界强权都曾拥有"世界工厂"的头衔,但是那是崛起的结果,而不是崛起的起跑线。世界强权的"世界工厂"生产的是自己创造的产品、销售的是自己主导的商品,最后成为世界的消费品。我们不能支配世界市场,反而受世界市场支配;我们不仅没有获得超额利润,而且就连正常利润也不断被挤压。中国如何崛起?

中国为自由贸易付出巨大代价不仅集中在经济上,而且还体现在社会发展与对外交往上。两极分化日益严重。2010年3月,《福布斯》杂志第24次发布全球身价十亿美元以上富豪排行榜,墨西哥的电信巨擘卡洛斯·斯利姆·赫鲁取代微软创始人比尔·盖茨成为全球首富。但是,报道显示大多数墨西哥人觉得这并非墨西哥的荣耀而是耻辱,因为这反映出该国严重的贫富差距。《福布斯》富豪排行榜还显示:中国亿万富豪由2009年的28名跃升到64名,超过俄罗斯的62名,居美国之后排名第二。中国大小媒体趋之若鹜,争相报道。

美国是当今发达国家两极分化最严重的国家,俄罗斯是新兴市场两极分化最严重的国家,在人均GDP只有3000美元的中国,富豪成长速度竟然使美国感到呼吸急促,让俄罗斯自叹弗如,这绝对不是什么值得炫耀的好事情、好兆头。国际经济学家越来越多的研究认为,推进自由经济包括自由贸易是导致两极分化与发展差距的重要原因。国家统计局的数据显示,中国城乡收入差距达到1978年以来的最高水平,2009年城乡收入比为3.33:1。在城市,位于金字塔顶部的10%人群拥有社会45%的财富,而位于金字塔底部的10%人群拥有不到社会2%的财富。按照世界银行的数据,中国基尼系数2007年已达到0.473(0.4以上算是"高度不平等")。

中国两极分化不断加剧的现实与中国特色社会主义所描述的"共同致富"的社会理想、建设目标越来越遥远,社会矛盾也因此日益尖锐。早在1993年9月,邓小平同志就曾指出,"过去我们讲先发展起来","现在看,发展起来以后的问题不比不发展时少","富裕起来后财富怎样分配"也是"大问题",

"分配的问题大得很"。虽然"解决这个问题比解决发展起来的问题还困难",但是一定"要利用各种手段、各种方法、各种方案解决这些问题"。否则,"发展下去总有一天会出问题。"①

离岸经济发达与在岸经济停滞,二元经济日益突出。在出口高涨的浓重阴影下,发展内陆、扩大内需始终得不到足够的阳光雨露。出口增长越快,出口占GDP的份额越大,出口产业在有限资源竞争中的实力越强,内向、内陆与内需发展就越发不足,如此就越是增加对出口的依赖,因此形成了出口高成长、对海外市场的高依赖与内需发展不足的恶性循环。如今,中国沿海与内地、城市与乡村的发展差距日益明显,"沿海城市赛欧洲,内陆农村似非洲",横亘于靓丽的摩天大楼与失修的农田水利之间的鸿沟,越来越大,越来越深。美国前副助理国务卿谢淑丽(Susan L. Shirk)在其《脆弱的强权:在中国崛起的背后》一书中明确指出,中国对国际主要市场的依赖,使中国经济面临极大的脆弱性。

被美国不断敲打与敲诈,对外交往在一些方面日益被动。由于中国经济列车快速行驶于国际市场尤其是美国市场的轨道上,其安全性能近乎完全由美国掌控,中国由此被美国不断敲打与敲诈,中国的国民储蓄(在外向经济与自由贸易下转化为外汇储备)长期、持续被美国廉价使用,而不能用于促进国内经济增长与社会发展。中国教育、科技、文化发展严重落后,养老、医疗、卫生等公共事业严重迟滞,农田水利、农村交通、国土资源整治、环境保护等基础设施严重不足,这些都需要大笔资金,但是中国的充足资金持续巨额流向美国。金融危机过后,美国故伎重演,用贸易大棒、金融大棒、市场大棒威吓中国,逼迫中国持续向美国让步,中国对美国战略日益被动,国家主权与国家利益正受到日益严重的侵蚀。

迄今,世界大国尚无通过自由贸易、自由经济、自由市场而崛起的先例,

---

① 见宋福范:《邓小平晚年对中国发展道路的反思》,载于《学习时报》2009年6月29日。

英国、美国都通过保护主义，促进科技创新、产品创新、产业创新，最终酝酿发起第一、第二次工业革命，成为世界领导者，建立起世界霸权。"中国芝加哥男孩"要另辟蹊径，要通过自由贸易、自由经济、自由市场而使中国崛起，努力向不可能挑战，向历史挑战，对这种置种种国际深刻教训于不顾，拿中国国家、中华民族前途与命运进行理论新冒险，以赢得个人、集团私利之行为，应当引起有识之士的警醒！

第四部分 自由经济的骗局

骗局之二

自由言论：评级机构自由代行美国霸权

1997年11月底到12月初，穆迪急速调降韩国外汇债券和票据的评级，由此韩元对美元汇率暴跌，股市一落千丈，引发韩国全面金融危机。1999年巴西与2001年阿根廷也因评级公司降级而导致金融形势恶化，加快危机到来。2003年德国汉诺威保险被评级机构降级，数小时间市值即损失1.8亿美元。

当今世界有两大超级强权：一个是美国，一个就是以穆迪为代表的三大评级机构。三大评级机构的"自由言论"可以立即引发国际金融市场潮起潮落，决定企业生死存亡。多年来，三大评级机构始终捍卫发达债务国的利益，宣扬西方价值标准，成为美国霸权的工具。如今，三大评级机构控制了中国70%以上的市场，掌控中国金融稳定的命门，如此未来美国可依其战略需要，利用中国金融领域中存在的问题，短时间内急剧调降中国主权信用或重要机构的信用等级，即可适时制造金融动荡。

现代金融，无信不立。然而，世界各国与机构的信用高低，却由标准普尔（Standard and Poor's）、穆迪（Moody's）和惠誉（Fitch Ratings）三大评级机构垄断说了算。2009年12月三大机构先后降低了希腊的国家信用评级，希腊融资成本因此迅速增加。与此同时，三大机构对波罗的海三国、爱尔兰、英国、西班牙等欧洲众多国家实施评级警告，一时间，几乎整个欧洲地区风声鹤唳，债务危机阴霾笼罩。此前，日本泡沫破灭、东南亚金融危机、韩国债务危机等，近乎都是由三大机构在"言论自由"的旗幡下，发出"暴风雨就要来啦"的降级指示而引爆，由此不只是"风乍起，吹皱一池春水"，而是掀起惊涛骇浪，将一个个主权经济体掀个人仰马翻，许多国家至今尚未恢复元气。

▶ 以"言论自由"庇护

三大机构在国际金融市场上一言九鼎，直接影响一国的主权与安全，这是因为它们有一种介乎市场私权与政府公权或兼有私权与公权的独特权力。三大机构常年在市场打拼，树立起一定的公信力，但是其主要权力还是来自美国政府。

政府授予垄断　美国证券与交易委员会（SEC）于1975年认可穆迪、标普、惠誉三家公司为"全国认定的评级组织"（NRSRO），并规定，外国筹资者在美国金融市场融资时，必须接受拥有NRSRO的评级公司的评估，由此确立了三大机构的垄断地位。更为重要的是，美国政府将宪法第一修正案保障"言论自由"的公民权授予三大机构，使之能够逃避因不公正、不合理、不科学评级而招致的法律责任。实际上，多数针对三大机构的诉讼都以败诉收场，因为它们的评级属于"意见"，受到法律保护。

政府认可强化　三大机构的评级结果为美国监管部门所认可，并作为重要的监管指标来监督金融机构，如规定银行、保险公司、养老基金不能购买低于一定等级的债券，以及金融机构资产组合的质量由外部评级机构来测算等。作为美国金融机构的"最后借贷人"的美联储，直接要求与其往来的金融机构的抵押品，一定要获得三大机构给出的可投资级别。这无形中将一个民间中介服务机构的私权转化成了公权。长期以来，美国标准就是国际标准，因此很多国家的监管部门便沿用或默认美国的做法，如此便自然扩张了三大机构的权力。

政府极力庇护 为防止那些"缺乏道德"的评级公司肆意出售 AAA 等高等级评级，SEC 严格限制其他公司进入资本评级市场。在 2001~2002 年安然、世通等一系列公司财务丑闻发生后，SEC 在诸多压力下，也只增加了包括多美年（Dominion Bond Rating Service Ltd.）在内的为数不多的几家评级公司为 NRSRO，但是这根本无碍三大机构尤其是穆迪与标普的垄断地位。此外，名义上，信用评级受 SEC 监管，但事实上三大机构极少向 SEC 报送相关资料，SEC 的例行检查以往平均每五年才有一次。因此，长期以来，三大机构几乎没有受到任何监督。没有监督的权力总是会倾向腐败，这是万古不易的一条真理。个人如此，政府如此，评级机构也是如此。

三大机构所标榜的"科学"集中在评级模型上，然而所谓评级模型，故弄玄虚成分比实际科学成分要多。而且，评级模型以及相关数据很少更新，在美国一般是半年甚至一年，对新兴市场时间更长。全球化下的经济越来越变幻莫测，评级公司"以不变应万变"明显不合时宜。美联储前主席格林斯潘在 2008 年 3 月撰文指出，从数学意义上讲堪称一流的模型，也无法捕捉到驱动全球经济的全部主要变量，更难以预测出金融危机或经济衰退的出现。[①]当评级公司不断出错，屡屡跌破人们的眼镜时，社会强烈要求评级公司公布评级模型，深受其害的欧盟早就要求美国增加评级机构评级的透明度，但是都遭到美国的拒绝。美国当局称，评级模型作为评级技术的载体，是评级机构的核心竞争力，应该受到保护。2006 年 9 月 29 日美国出台的"信用评级法

[①] 近年来，中国国内一些机构与学者也有模有样使用"国际做法"（实质是西方思维、西方标准、西方方法乃至西方资料与数据），用所谓科学模型来测算人民币汇率的均衡值、热钱规模、中国军力等，一般都会与西方社会的要求或所期待的结果基本保持一致，这是当今时兴而又典型的中国人、拿中国钱、在中国建立起一套客观为西方服务的"准西方话语体系"或"亚西方话语体系"。

案"（The Rating Agency Act）规定，评级模型可以作为商业机密受到保护。

美国次贷危机爆发后，对三大机构的批评与指责如潮。美国政府也信誓旦旦要对三大机构进行严厉监管与整肃。但是，从奥巴马政府公布的评级机构监管方案来看，没有改变十分重要的发行人付费（issuer‐pay）经营模式，因而无法解决目前评级行业存在的"利益冲突"这一基本问题。发行人付费经营模式可以保证评级机构获得持续而稳定的垄断收益，因此对政府的不改变发行人付费经营模式的改革草案，三大机构都持审慎欢迎态度。美国纽约大学经济学教授怀特（Lawrence J. White）表示，奥巴马政府只是抓住了评级机构的"衣领"晃了几下，然后说了一句"好好做"。

▶ "自由言论"的标准

三大机构的权力主要来自政府、其强大力量来自国家。政府一直在支持、鼓励、庇护三大机构的垄断。美国政府苦心孤诣，就是将三大机构当作美国强权的工具。在"千呼万唤始出来"的金融监管改革草案中，美国政府在评级机构特别关注的经营模式上并没有"为难"三大机构，主要是"换取"评级机构维持其信用评级标准不变。而这些集中体现美国的世界观与价值观的国家信用评级标准，恰恰是国际信用评级不公正、不合理、不科学的根源，是信用评级改革的关键所在。三大机构的国家信用评级标准概括起来主要有以下几个方面：

按西方民主政治理念进行国家政治排序 三大机构的逻辑是，"三权分立"的政治体制可以保障公民拥有广泛的政治权利并参与国家政治决策，独立媒体可以保证政治透明和政治稳定，如此经济发展就有了明确的体制保障。然而，该标准有着明显缺陷：把信用评级政治化，即用政治标准衡量一个国家的债务偿还能力，"风马牛不相及"；用西方的政治体制与经济发展关系的理念，来评价各国上层建筑对经济基础的作用，严重背离国际现实，割裂了政府对经济发展的管理能力与偿债能力之间的联系。

西方的民主政治理念只是其社会经济发展水平到现代阶段后才最终确立（例如美国到1965年才实现全民普选），而且随着经济和社会的发展，仍需要不断调整与完善，并不具有普适性和永恒性。简单地将西方的政治理念作为衡量所有国家政治风险或制度实力的标准，有不加区分地推行西方价值观之嫌。东亚诸多国家在"二战"后经济发展取得显著成就，是在相对集权的体制下取得的。相反，诸多非洲与拉美国家，照搬照抄西方体制，却陷入持久停滞与动荡的尴尬处境。

按"华盛顿共识"落实情况进行国家经济健康程度排序　即将一国经济的私有化、自由化和国际化（对外开放）程度作为判断经济结构和经济前景的主要依据。三大机构的评级方法普遍认为，经济结构制约经济增长速度，私有化、自由化和国际化程度高的经济结构能够促进经济快速增长。但是，诸多非洲与拉美国家的政策实践反复证伪了这一命题，世界经济发展史证明，过分强调不加选择的经济开放不仅使发展中国家频发金融危机和经济危机，即便能实现经济快速增长的国家，也一再地陷入周期性经济衰退乃至愈演愈烈的金融危机。苏联"十月革命"后国民经济的高速发展以及改革开放后中国国有企业取得的巨大进步，都表明公有制具有其强大的生命力与活力。"华盛顿共识"反映了市场原教旨主义（即新自由主义）的经济观点。一个国家经济结构尤其是所有制结构，是由该国的国情决定的。私有化、自由化、国际化程度与经济增长没有必然联系。2007~2008年次贷危机的爆发以及西方国家政府对金融机构的国有化挽救，再一次充分证明"华盛顿共识"政策主张的荒谬。

按人均GDP进行国家经济实力排序　三大机构认为，人均收入高则国家债务承受能力强，因此人均GDP指标是反映国家经济实力的核心指标。但是，人均GDP无法完全反映一国的经济发展水平，如一些资源输出富国；人均

GDP 无法反映经济的多元化程度和经济活力；人均 GDP 无法反映收入分配状况，若收入过度分化将产生严重的经济和社会问题，不利于经济发展；人均 GDP 更无法反映国家债务偿还能力，因为人均 GDP 高的国家，一方面政府的财政赤字规模可能很大，偿还债务缺乏充足的财政收入支持，另一方面国民储蓄也可能很低，这就限制了政府在国内发债融资的能力。

2008 年年底，世界外债总量为 59.5 万亿美元，其中人均 GDP 高的发达国家为 55.9 万亿美元，占 94%。外债总量排名前 15 位的均为发达国家，净外债排名前 15 位国家中有 10 个是发达国家。人均 GDP 排名靠前的澳大利亚、美国、加拿大等三国，赫然位列世界净债务国行列；相反，人均 GDP 不高的国家，其经济结构符合国情，财政收支状况和国民储蓄较好，经济增长前景明朗，应具有较高的举债空间和偿还能力。人均 GDP 排名分别是第 54 和第 105 名的委内瑞拉和中国，已进入世界前 10 位净债权国行列。但是，三大机构给澳、美、加三国的 AAA 信用级别长期保持不变，而给委、中分别是 B + 和 A +。如此评级结果，可谓颠倒黑白。

将"独立的中央银行"和"货币为国际通货"作为高等级的必要条件。在标普的级别定义中，"央行独立"和"国际通货"作为 AAA 级所必备的条件。美国政治理念认为，中央银行独立于政府，有利于制定灵活的货币政策，而行政干预会增加货币发行的不稳定性。影响一国货币政策制定与执行的因素极其复杂，实际上，即使是央行独立的国家，唯有实行符合国情的货币和外汇政策才能显示其政策的积极效果。著名美国学者迈克尔·赫德森认为，美国使发展中国家的中央银行保持独立，其实就是剥夺该国的货币主权和金融主权，使该国不能有效地稳定经济，也不能为该国长远经济发展计划融资，而成为西方资本的附庸。

标普认为，本币为国际货币的国家在偿还外债时，可以规避国际收支不平衡和汇兑能力的限制，从而可以确保还债。然而，当今诸多国际储备货币发行国债务日益增加，自身创造财富的速度赶不上国家负债增速，国民储蓄又低，资不抵债的现实已使一些国家陷于近乎破产的境地。国际储备货币发行国通过本币贬值堂而皇之地向全球输出其债务，公然无偿地掠夺他国财富。把"货币为国际通货"作为AAA级的必要条件，再次暴露出现行评级标准维护西方债务国利益的根本立场，为"世界最大的债务国"发放进入资本市场的通行证，而不是在真正揭示各国信用风险，使评级机构彻底丧失了公正性。

将政府的融资能力作为第一还款来源，片面强调流动性对主权债务履行的保障作用。正常而言，债务人是以新创造价值而形成的现金流量作为债务偿还能力的基本保证的，而不是以"借新还旧"能力为先决条件，这是信用关系得以存在和稳定发展的基石。评级机构的责任就是遵循这一规律，进而去解释与发现信用风险。近15年来，国际债权债务格局发生了重大逆转，多数发达国家变成净债务国，新兴经济体成为债权国。然而，三大机构给予偿债风险较高的西方债务国高信用等级，使其节省了巨额借款成本。以十年期国债利率估算，每一信用级差形成的融资利差为109个基点，根据2008年底发达国家外债总额推算，每年可节约7826亿美元的发行成本，十年节省近8万亿美元。而这个数字是发达债务国应该付给债权国与债权人的正常借款利息。

因此，三大机构把举债融资能力作为还债第一来源的评级思想，正是国际债权债务格局发生根本性变化，发达国家主要依靠借款维持经济运行的债务型经济模式内在需要的反映。三大机构在评判企业信用风险时，始终坚持把借款企业净资产增加的现金流作为第一偿债来源，与其国家信用评级标准形成巨大反差，这不仅证明了三大机构不公正的评级立场与实用主义评级思想，而且还掩盖了西方发达国家有可能爆发系统性债务危机的风险。

综上所述，三大机构的国家信用评级标准是以西方民主理念为政治前提，以新自由主义为理论基础，以"华盛顿共识"为思想原则，以维护西方发达国家的根本利益为基本立场，以服务美国垄断资本进行全球扩张为根本目标，这就是三大机构评级标准的本质，而这一系列标准的本质恰恰反映了美国强权的实质。

▶⋯"自由言论"下的话语强权

三大机构"自由言论"可令投资者血本无归，令主权国家陷入危机，令相关企业生死沉浮，令金融市场潮涨潮落。这种"言论自由"的威力，通常远胜过一般大盗、军队，决非自然人的力量可以比拟，而美国政府却对三大机构以自然人与公民的同等权利加以呵护。

当今世界的新强权　《纽约时报》专栏作家弗里德曼（畅销书《世界是平的》的作者）于1996年在其专栏发表评论，"我们生活在两个超级大国的世界里，一个是美国，一个是穆迪。美国可以用炸弹摧毁一个国家，穆迪可以用债券降级毁灭一个国家；有时候，两者的力量说不上谁更大"。两个力量，任何一个力量都强大无比，如果两个力量结合，当然会所向披靡。越来越多的迹象表明：穆迪与标普不仅通过大力宣传、积极公关等多种手段建立市场信誉，影响与操控市场，谋取垄断利益；而且还通过多种渠道与方式（如暗中利益输送、直接向本土评级公司购买、聘请政府官员讲座或担任咨询师、与高校及研究机构搞学术合作等），获取各类商业与非商业信息，然后利用这些信息，获取不当利益；更为重要的是，协助美国政府攫取政治利益，"在关键时刻发挥关键作用"。香港中文大学苏伟文教授慨叹：试问当今世上，谁能不臣服于美国和评级机构这两位列强旗鼓相当、且具有杀人于无形的能力的金融巨人？

将灵魂出售给魔鬼　次贷危机发生后，在国内外舆论高压下，美国国会就评级机构严重失职一事展开调查与听证。这期间，一封被披露的穆迪公司员工邮件就如此反省道："我们为了收入将自己的灵魂出售给了魔鬼。"证监会前首席会计师Lynn Turner在国会作证时就指控评级机构见钱开眼，"他们被钱蒙蔽双眼，未向公众预警新风暴危机已经开始成形"。通过"出卖灵魂"，给有毒证券资产（主要是次级房贷）提供高评级，三大机构赚个盘满钵溢，总收入由 2002 年的 30 亿美元倍升至 2007 年的 60 亿美元，其中穆迪的盈利在 2000～2007 年间上升了三倍。

帮助美国金融机构转移风险　评级机构给美国次级债务的约 75% 以 AAA 评级，10% 以 AA 级，另外 8% 以 A 级，只有 7% 被评为 BBB 级或更低。但是实际上，2006 年第四季度次级债务违约率达 14.4%，2007 年第一季度就增加到 15.7%，与评级机构的评估结果相差甚远。相关评论家认为，这有如给予一个垂死的病人，开出了一张健康良好的体检证明，荒谬异常。在雷曼兄弟倒闭前数天，穆迪曾给该投行的债务以 A2 评级；而在美国国际集团（AIG）2008 年 9 月被美国政府接管前一个星期，穆迪还给该保险巨头无保担债券 Aa3 的评级。

配合美国公司于国际扩张　评级公司的评级直接决定融资成本，制约企业的生存与发展空间，已变相掌握了企业的生杀大权，这种权力正被悄悄运用于美国跨国公司全球扩张与经营战略。日本证券市场相对闭塞，长期为本土四大券商垄断，美国投资银行垂涎已久。东亚金融危机爆发后，是穆迪与美国金融机构联手，使美林公司接管了山一证券，原本属于山一的 50 间店面、2000 名精干员工以及经营技巧，都归属美林。

直接为美国政治利益服务　三大机构用不同的标准来衡量本国和他国的信用等级。它们对美国本土市场存在的问题经常视而不见，对他国的金融市场动态则往往明察秋毫。三大机构不仅标准本身成问题，而且标准的应用也成问题。它们向来偏袒美国以及美国公司，对其负面问题往往视而不见。2009 年 12 月，希腊财政赤字达到 GDP 的 12.7%，因为远远超过《稳定与增长公约》所规定的年度 GDP 3% 上限而被三大机构相继调降评级。与此同时，2009 财年美国财政赤字约占 GDP 的 12%，国债累计约为 GDP 的 80%。两大数字都较欧盟总体赤字水平（分别为 7.5% 与 79%）为高，但是穆迪对 AAA 美国主权信用评级的展望仍然维持在"稳定"，表明未来 18 个月内评级不会改变，而对欧盟多个国家发出警告。此外，与美国亲善的国家，一般都会受到"特别关照"；相反与美国关系不和或不合作的国家，往往会受到"特别关注"。2007年4月,穆迪宣称,韩国主权信用评级可能随着韩美自由贸易协定的宣布而得到提高。

或将成为"美元保卫战"的重要工具 在三大机构相继调降希腊国家信用评级,以及对包括西班牙在内诸多欧盟国家发出评级警告后,笔者隐约感觉到一场美欧之间的金融战可能行将到来,评级调降与警告只是暴风雨来临的前奏。金融危机重创了美国经济与美元,为稳定金融与刺激经济,美国发行了天量债券,财政赤字业已临近不可持续的边缘,美元大幅贬值与国际地位下滑在所难免,而美元的国际地位直接关系美国的核心战略利益,因此未来美国会尽全力实施"美元保卫战"。要保持美元的国际地位,打压欧元这个最强劲挑战者,理当成为美国的必然选择。而时下欧盟与欧元最脆弱的软肋就在居高难下的主权债务,美国评级机构的"自由言论"恰恰具有重创这一软肋的巨大杀伤力。

▶…自由地损害中国利益与主权

多年的实践表明:三大机构非但不能提示风险、预警危机,而且本身会制造或加剧风险,引致危机,这最终导致三大机构自身陷入"评级危机"。多年来,三大机构长期坚持以美国的价值观来审视亚洲文化与市场环境,以至于它们对亚洲进行评级时总是"另眼相看",对中国则更是"特别关注"。中国经济高增长和良好发展预期全球为之瞩目。中国的外汇储备超过2万亿美元,国外净资产占GDP的36%,只有挪威、瑞士、日本、中国香港和新加坡这几个高评级的发达经济体,才拥有堪与中国一比的国际投资状况。

但是,2004年前,标准普尔始终维持其对中国主权信用评级10年不变的BBB级("适宜投资"的最低限)。由于一国机构、企业评级不得超过该国主权评级。因此,中国的企业、机构普遍是不值得信任的BBB以下的"投机级"。

2004年迫于中国的压力，标准普尔将中国的主权评级调升到BBB+，2005年调为A-；2006年再调为A。2008年8月，在美国次贷危机的冲击下，整个发达国家经济风雨飘摇，新兴大国成为全球经济汪洋中为数不多的安全岛，而中国更是全球经济冰河中极少的阳光地带，如此标准普尔才把中国的信用评级由A调至A+。具有浓重讽刺意味的是，当被评为"顶级"曾经一时等同废纸，长期拥有AAA评级的美国请求拥有A+评级的中国营救之时，谁虚谁实，不言而喻。大债权国与大债务国之间信用等级倒挂，不仅显示的是信用评级的荒谬与可笑，而且导致中国政府、特别是企业海外融资成本大大增加，严重影响中国政府和企业的国际形象。当然，未来中国的主权信用等级也有可能上调，但是依照三大机构的主权信用评级标准，中国根本不可能获得AAA等级。

　　三大机构不仅影响中国的融资成本与国家形象，而且还积极引导、诱导中国经济的发展方向，尤其是金融自由化方向。2003年底，标准普尔宣布除国家开发银行和中国进出口银行两家政策性银行以外，其余的13家商业银行都在BB级以下，不具备投资价值。有意思的是：标普一方面将中国金融机构定为"垃圾等级"，另一方面高调肯定中国金融机构参与国际化的努力，并示意只要积极参与国际化，引进海外投资者，就能获得更高评级。于是乎，中国金融机构近乎都在努力随着吹笛者的节奏而起舞，纷纷股改上市、走向国际，引进境外投资者，而相互间恶性竞争又给境外投资者压低中国金融机构的报价提供便利。2005年10月27日，中国建设银行在香港的公开发行价格是每股2.35港元，而此前出售给战略投资者——美国银行的价格仅为每股1.19元。

　　三大机构在中国异常活跃、攻城略地。三大机构利用中国金融领域严重的崇美心态、对评级不甚了解以及中国的监管漏洞（多头监管，争利避责）[1]，通

---

[1] 长期以来，中国评级业一直处在"多头监管"状态，相关监管部门"见利都争，见责皆逃"、"只管开放，不论监管"，这给三大机构提供可乘之机。有关机构早在2004年即发出清晰警报，提示应警惕三大机构布局中国、谋求市场垄断、危害中国金融与信息安全，据悉有关领导还作出指示，但是相关监管部门不闻不问，甚至拒绝抵制。有部门甚至直接示意，中国自己的评级机构与会计师事务所一样，是没有诚信的，中国评级业可以交给穆迪去做。正是在个别监管部门的默许与其他部门不作为下，三大评级机构迅速占领并近乎垄断了中国评级市场。

过对中资评级机构的收购控制，令中资评级机构迅速边缘化。目前，三大机构已占据中国主要直接融资产品市场70%以上份额，广泛渗透到包括国防、能源、电信等战略行业在内的各行各业，并建立起包括重点骨干企业、地方政府、中央政府部门等主体在内的较为全面的中国经济数据库。中国信用评级业正继会计审计业之后，面临三大机构全面掌控、垄断的危险。信用关系正在成为中国现代社会的经济基础，信用关系稳定直接关系到经济稳定、社会稳定乃至政治稳定。如今，美国已经掌握了中国评级话语权，掌控中国金融稳定的命门，未来可依其战略需要，利用中国金融领域中存在的问题，短时间内急剧调降中国主权信用或重要机构的信用等级，即可适时制造金融动荡，直接威胁中国的经济安全。

骗局之三

自由经营：跨国公司自由收购主权国家[*]

大众常听说企业间并购，大鱼吃小鱼，偶尔也有蛇吞象，但是很少听说企业收购国家、收购政府。其实，对于企业来说，只要有利可图，都可拿来吃下，政府也不例外。实际上，大企业、强盗贵族收购政府的行动早就发生。由于政府权力结构与治理方式不同于企业，因此企业在对政府实行"收购"与"控制"后，就有了不同于一般企业的经营管理。日本前首相池田勇人如此概括："在日本，政府是船长，财界是罗盘，船长始终按罗盘指引的方向前进的。"

跨国公司在世界大耍"抢凳子"游戏，中国以各类优惠政策甚至是"超国民待遇"（"片面最惠国待遇"的翻版而已）赢得先机。为吸引外资于本地落户，地方政府展开了"冲向底部"的激烈竞争，由此"抢凳子"演化为"脱裤子"，"割喉战"恶化为"割尿战"，竭尽所能、倾其所有向跨国公司献媚。政治经济史揭示，当政府与商业越来越近时，自然与社会越来越远；与企业越来越近时，自然与民众越来越远；与跨国公司越来越近时，自然与民族资本越来越远。多年来，招商引资业已成为越来越多的地方政府首要甚至是唯一要务，由此反映地方政府职能已经严重错位，丢掉了正业，迷失了方向。

---

[*] 本文一些素材来自［美］查尔斯·德伯所著的《公司帝国》（中信出版社2004年1月版）与［英］诺瑞娜·赫兹所著的《当企业收购国家》（浙江人民出版社2007年1月版）。

2010年新年伊始,欧盟官员爆出猛料,称甲型流感(即H1N1)可能是一个医学界的"世纪大丑闻",是疫苗生产商为牟取暴利而故意制造的疫情恐慌。一石击起千层浪,世界卫生组织立即宣布为此展开调查。其实该类事件怪也不怪,大企业尤其是跨国公司翻云覆雨早已成为国际社会常态。跨入新世纪,在全球100大经济体中,有51个是企业,只有49个是国家,全球最大的6家巨型企业的年度营业收入均超过1100亿美元,而全世界只有21个国家的GDP超过这一数额。在国家内部有各种利益集团、形形色色的力量相互制约,但是在富可敌国的大企业内部却是高度集权,其行动力远远超过政府。《财富》杂志曾经揭示,在20世纪90年代微软总裁比尔·盖茨比时任美国总统比尔·克林顿更有影响力。因此,对当今世界的经济安全、社会稳定、政治祥和、国家独立真正构成持久威胁的是大企业,是跨国公司。

▶ 揭穿"自由企业"的老底

今天,世人普遍认为,企业是一种可以自由经营而且是与生俱来的私人产业,是自然而生。经济学教科书、宣传媒体清一色如是说。但是,在企业创立之初,置办企业完全是一项公共事务,企业完全是一个对民众负有责任的机构,根本不是什么私人产业。企业一开始而且很长时间都是政府的特许派生物,如今斗转星移,严重异化,越来越多的政府正依赖企业而生存。"自由企业"——即一种可以自由经营而且是与生俱来的私人产业,完全是一种谎言,一种神话。

企业完全是政治产物 早在16世纪英国都铎王朝时代,企业就被当作君主的伟大创造和忠诚仆从。都铎王朝和此后的斯图亚特王朝都以特许方式,让一些称作"企业"的实体在世界各地扩张帝国版图、操控殖民贸易、源源不绝地招财进宝,为国王(女王)实现商业、殖民和扬威的梦想。王室授权成立企业，王室规定企业的经营准则。世界经济史赫然记载的著名企业，如东印度公司、马萨诸塞湾公司以及哈得逊湾公司等为数不多，但全部、纯粹是政府特许制下的产物，而且是一种完全意义上的政治性与公众机构。

当今世界的企业组织与治理形式的一个重要渊源是美国的企业制度。然而，在美国，从建国开始，美国的法律体系就明确规定企业具有不可回避的公众属性，也就是说现代企业一开始实际上也是作为一种公营机构而诞生的，它具有三大属性：由政府创办，并得到大众广泛支持；最终服务于公众的根本利益；接受公众与政府的监督。美国实行联邦制，早期的美国企业主要是通过各州的相关特许才能成立。在大多数州，企业的生存时间[①]、经营范围以及资产规模等都受到严格的限制，并且要按照指定的方式为公众提供服务。一旦企业无法履行为公众服务的义务，那么州当局就会收回有关特许权，企业也就寿终正寝，随之消亡。因此，现代企业是一种法律产物，一种政治产物，绝对不是大自然的产物，根本不存在与自然界的某种必然联系，与私人之间更无半点瓜葛。1809年弗吉尼亚州最高法院指出，如果开办企业"只是出于私人的或者有益于个别人的目的，如果其存在是有害的或者不能促成公众利益的达成，那么它们就无权向立法机构申请获得特许"。宾夕法尼亚州议会在1834年立法中直接指出："企业是依据公司法设立的一种法律产物。它可以以多种形式、为了不同的目的而存在。但是，立法机构必须确信其存在有益于广大民众"。由此可见，"自由企业"即一种可以自由经营而且是与生俱来的私人产业，完全是一种谎言，一种神话。

"自由企业神话"的诞生 "自由企业神话"的诞生是与以企业家为内核的强盗贵族[②]的崛起以及政府权威的削弱紧密联系在一起的。到19世纪后期，强盗贵族通过他们的强大财力对学者、律师、法官、政客以及神学家进行广

[①] 宾夕法尼亚州批出的制造业特许经营权仅20年，特拉华州在1831年修改法律，所有企业的经营年限设定为20年。银行受到的管制更加严厉，其特许经营权通常只有3年。
[②] 强盗贵族——"镀金时代"商业巨子们的雅号。

泛影响、深入渗透，打着保护私有财产和个人自由的旗号，要求在政治与法律上实现企业私有化。

强盗贵族豢养的学者（经济自由主义者）为自由企业构筑社会理论基础，这一基础就是社会达尔文主义，就是"丛林法则"。该理论谎称，强盗贵族的财富是来自上帝的赐予与祝福，不洁的贫困与贫困的苦痛是来自宗教的道德惩戒。约翰·D. 洛克菲勒最喜欢对达尔文的论点如此狗尾续貂——"企业的壮大仅仅是适者生存的功绩，这是自然的规律和上帝的旨意"。达尔文主义思想家、哲学家赫伯特·斯宾塞断言，拥有财富意味着道德高尚，而陷于贫困则清楚证明道德腐化。自然界一直以来都试图摆脱那些贫困者，把他们从这个世界上清除出去，为更优秀的人们创造出更多的发展空间。或许，死亡正是贫困者的最佳选择。威廉·格拉汉姆·萨拉姆认为，百万富翁的出现是自然的选择，如果"适者生存"不合理，那么就是"不适者生存"。显然，前者是文明的律条；而后者则是与文明和进步相背离。

强盗贵族豢养的法学家从根本上抛开了政府特许理论，而用一种私人之间自愿契约的理念取而代之，把企业塑造成为一个来自于自然界的"自然实体"，即企业人格化。哈佛大学法学史专家莫顿·霍维茨认为，"特许理论的崩溃最终导致了企业权力在所有可能的层面上的扩张。由于企业不再被作为特殊政治性产物来看待，因而它们也享有了与所有其他社会个体和群体相同的特权"。1886 年，美国最高法院在圣克拉拉案件中作出关键性的判决，企业作为法人拥有与所有公民一样的受法律保护的种种权利，即把宪法"第十四修正案"有关保障公民权利的内容赋予了企业。

千里之堤溃于新泽西 1889 年，在强盗贵族的强大游说与频繁利诱下，新泽西州终于修改了公司法，允许一家企业拥有更多的经营实体，放松了政府的特许权力。由此导致众多大企业（尤其是临近的纽约州的企业）将总部迁到新泽西州，这为该州带来了充沛的投资资金与巨额的财政盈余。受到资金流失与财政收入减少的重压，纽约州不得不效仿新泽西州的做法，与新泽西州展开争夺大企业的战斗。1896年，新泽西州通过了一项前所未有的"一般性修正案"，不再为企业在规模和市场占有率方面设定上限，取消了企业经营特许机制，大大放松了设立企业的许可条件。到20世纪初，全美95%的大企业都迁入了新泽西州。该州州长在1905年无比自豪地说："政府全部收入没有一分钱是直接从老百姓手中征收来的"。

新泽西州的举动逐渐在美国引发了一场极具破坏性的"抢凳子"游戏，为了留住大企业，赢回投资资金与财政盈余，各州纷纷展开向大企业屈服的"割喉战"。1899年，特拉华州通过了自己的《普通公司法》，远胜于新泽西州的优惠政策，允许企业界定自己所拥有的权力和自己的行为规范，几乎为企业解脱了所有约束"自由"的绳索，由此政府所有相对于企业的优势在法律基础上已经荡然无存。《普通公司法》成为现代企业掌握实权的法律基石，"自由企业"的概念与观念由此确立，私有化运动由此兴起。"割喉战"导致政府全面溃败，政府不得不将一直掌握在大众手中的公共领域的资源、服务以及职能转交给了企业。

▶…政府变小，企业坐大

"自由企业神话"是强盗贵族及其豢养的理论家一手捏造出来的。然而，强盗贵族通过他们掌握的宣传机器，将"企业是一直实行自由经营的私人产业"这个弥天大谎在重复一千遍、一万遍之后，最终成为让世人普遍接受的真理，并且还天真地加以捍卫。而且，强盗贵族还颠倒黑白，将大众对企业的矛盾与不满，成功地转移到政府的身上，让大众产生如此幻觉，民众与政府的自由始终对立，而自然人的命运与企业法人的命运休戚相关，企业倒闭则工人失业，唇亡齿寒。

"自由企业"所依托的社会达尔文主义与自由契约，在20世纪30年代

"大萧条"之后，遭遇了声势浩大的劳工运动以及美国"新政"的有力制约，企业被迫肩负起越来越多的社会责任，与员工签订带有多种社会保障与福利的长期社会契约。然而，好景不算太长，20世纪70年代末与80年代初，杂货店老板的女儿撒切尔夫人在英国执掌政府权杖，由此开启新一轮私有化，也揭开了"企业暗中收购国家"的序幕，这位一贯用发胶水把头发弄成钢盔状的铁娘子，伙同好莱坞演员出身的时任美国总统里根，用一种近似全新的理论——新自由主义，塑造了一种全新的资本主义——自由资本主义。

私有化依旧是"自由企业神话"的传统内涵，是强盗贵族掠夺社会财富的传统手段。但是，随着资本的演化与企业的发展，原先以企业家为内核的强盗贵族本身也在静悄悄地发生改变，即"所有者强盗贵族"逐渐向"经营者强盗贵族"蜕变。新时代的强盗贵族比老一辈的强盗贵族，在无耻与贪婪上，更有过之而无不及，他们一刻也没有停止"自由企业神话"的捏造与再捏造运动，而数十年间孜孜不倦的最大捏造成果，当数"产权清晰"——"所有权与经营权的分离"。无论是公有财产还是私有财产，凡是一切非自己的财产，在"产权清晰"的指导思想下，都被推上"所有权与经营权分离"的手术台，就像对待连体婴儿一样，进行分离手术。如此，成千上万股东的财产被化整为零，股东虽然还是企业的名义所有者，但是对于企业的经营管理已经一无所知，企业的经营管理权全部落到了管理层（职业经理）手中，由此也真正实现由"所有者强盗贵族"向"经营者强盗贵族"的历史蜕变。

在新强盗贵族的积极推动下，美国新私有化运动被重新燃起，在美国总统里根的办公案头，摆放着有关公营机构私有化的改革计划，其中包括三项具体措施：变卖政府资产、外包核心服务（诸如垃圾收集、监狱管理以及有关社会福利事务等）以及引入第三方资源。撒切尔夫人则坚定地打出"别无选择"的旗号，鼓吹人类社会的发展道路除了自由资本主义外别无选择，在经济社会政策上她认为，私有化是治疗英国经济沉疴和平衡财政预算的良方。1979年，英国政府拥有大量甚至全部的煤、钢铁、天然气、水、铁路、航空、电信、核能以及造船，同时持有石油、海运和陆运等产业的多数股权，但是到了1997年，上述事业几乎全部落在新强盗贵族的手中，成为私营企业。通过私有化，英国政府在1979～1997年间共获得670亿英镑的收入，1979年英国工会成员的数目为股东的4倍，但是10年之内股东的人数就超过了工会成员。

新私有化运动不仅重新分配社会财富，而且肆意瓜分公众权益。在青年教育、健康护理、医疗救治、惩戒罪犯、扶助贫弱以及环境保护等领域，企业已经获得越来越大的权力。这些原本属于政府的职能在被廉价出售给企业后，政府越来越小，企业越来越大。政府在迅速"瘦身"的同时，其本质也发生了根本改变，成为大企业的傀儡，新强盗贵族的玩偶。而大企业摇身变为"私人政府"，在越来越多的国家，新强盗贵族俨然成为公共利益的代言人，有的干脆直接就当上了政府总理与地方行政长官。

过去在美国，旧强盗贵族积极谋取的是各州与地方的权力，是"自由企业"的正名运动。如今在全世界，新强盗贵族更加野心勃勃，积极谋取的是中央政府与国家的权力，是"自由企业"的扩张运动。其结果，当然如愿以偿，终结与化解了中央政府这一对企业最重要的制衡力量，企业权力得到前所未有的膨胀。美国新闻记者埃莉斯·奥肖内西愤怒地把大企业老板们称为"信息时代的流氓或者是信息高速公路上的拦路强盗：他们是计算机、娱乐以及电信行业的领袖，他们拥有的权力和影响力足以在华尔街和华盛顿兴风作浪。"从前，入侵者总是从高山、草原或海洋过来袭击；如今，新强盗贵族则是在所有支撑着社会运行的部门展开掠夺。

▶…"自由企业神话"的破灭

如今,一个"镀金时代"① 就在徘徊的道德沦丧的幽灵,悄悄潜入了我们的生活。这就是新自由主义,或称市场原教旨主义,这种市场原教旨主义其实就是社会达尔文主义在经济领域的一种变体,但是依旧鼓吹"自由企业的神话"。不仅是强盗贵族及其豢养的学者,而且连强盗贵族所控制的政府也一同摇唇鼓舌,通过各类宣传机器乃至外交手段,向世界不断推销自由资本主义,强化"自由企业的神话",除了企业源于自然、自由经营、私人产业的神话外,还编制一系列动人的神话。

股东利益最大化神话 新自由主义者鼓吹,财富创造比财富分配更加重要。良好社会的愿景就在于,自由人在自由市场上能充分发挥其财富创造潜力。跨入21世纪的美国,至少有2000万个家庭沉溺于金融游戏,就好像没有明天那样而将他们近乎所有的积蓄全部押在股市赌博,这也是美国储蓄率低甚至为负的重要原因。强盗贵族豢养的理论家将传统经济人的自私自利的本性扩张到极致,将社会中一切可爱的男男女女都描述成自我利益最大化者。长期以来,强盗贵族一直鼓吹企业就是为股东利益最大化而存在。但是,为迎合新强盗贵族的需要,强盗贵族豢养的理论家又发明了一个"经济余值风险"理论,鼓吹企业经营者在企业管理与经营过程中,承担了股东与雇员所不能承担、同时又是企业无法避免的风险,因为承担了这一风险,因此企业经营者理应要分得更多的利润,这样股东利益最大化也就被无情地抛弃了。这是一个明显的监守自盗的行为,而在"自由企业的神话"下被美化了。

---

① 1873年,美国著名作家马克·吐温出版了小说《镀金时代》。小说通过对一位企业家兼政客的描写,揭露了西部投机家、东部企业家和政府官吏三位一体掠夺国家和人民财富的黑幕。外在的闪光所掩盖的其实是种种丑陋不堪的社会现实。从此,人们用这个词来形容从美国内战结束到20世纪初的那一段美国工业化迅速推进、经济快速发展的所谓"黄金时代"的历史。

2007~2008年美国次贷危机十分清晰地暴露了华尔街银行家这一批"肥猫"、新强盗贵族，为了一己不断膨胀的私利，不仅损害债权人、债务人的利益，而且还直接损害股东的利益。

为大众创造财富的神话　新强盗贵族及其豢养的新自由主义学者向世人允诺：只要新自由主义政策不受干涉，先富的人通过渗漏的方式，最终令大多数人都会享受富裕的生活。当然，这是一个长期过程，问题是在长期内"我们都死了"。传统的布道者告诉奴隶、穷人，你们应逆来顺受，最终你们都可以上天堂，或下辈子享受荣华富贵。新自由主义者超越布道者，他们允诺穷人享受富裕的生活，但是没有时间表，可能是一百年、一千年，也许是一万年。自由主义哲学家伯纳德·艾维夏指出，追逐利润与人文关怀并存的理念只是一种幻想。足见为大众创造财富的神话其实就是地道的谎言。新自由主义者鼓吹的"自由企业"实际上只是把资本与财富从多数人手中聚敛到少数人手中的合法机器。没有约束的"自由企业"必然导致日益扩大的贫富两极分化，因此财富增长显然是以长久的经济动荡和大众贫困为代价。在今日美国，社会顶层5%的人占有近60%的财产，社会底层50%的人占有不到3%的财产。进入21世纪，美国国家统计局的调查显示，有620万个家庭生活在贫困线以下，还有成千上万的家庭生活在类似"贫困"的境地，4000万美国人缺少公共医疗保险。此外，有近三成就业人口生活在贫穷线的八成以下，领取救济粮券者2007年增至2600多万人，无家可归的露宿者2000年已有350万人，如今因危机而持续激增。收入悬殊差距不仅在全社会范围内，而且普遍存在于企业与公司内部，普通员工与管理层的收入差距一般在几百倍，甚至是千倍以上。

企业社会责任的神话　新自由主义者鼓吹市场化有利于提升企业的社会责任感，但是就美国经济史与世界现实来看，市场化除了增加企业的贪婪外，并没有证明企业社会责任感的提升。新老强盗贵族一直视贪婪为美德。毋庸否认，经济全球化下跨国企业的全球扩张，谱写了世界表象繁荣而喧闹的乐章，但是其中的每一个音符无不咏唱着贪婪与权欲，今天的华尔街更是将这种贪婪与权欲推向极致。新自由主义大师、诺贝尔奖获得者米尔顿·弗里德曼指出：商界所应承担的社会责任只有一个，那就是提高自身利润水平。承担一定的社会责任必然与企业利润最大化的目标相冲突。为了提高利润，企业可以不要社会责任，甚至抛弃一切道德，引进无度的贪婪。金融投资大师乔治·索罗斯指出，"在金融运作方面，说不上有道德还是无道德，这只是一种操作。金融市场是不属于道德范畴的，它不是不道德的，道德根本不存在于这里，因为它有自己的游戏规则。我是金融市场的参与者，我会按照已定的规则来玩这个游戏，我不会违反这些规则，所以我不觉得内疚或要负责任"。

为社会增加就业的神话 今天，在整个世界，大企业在利润不断增加的情形下，持续进行"瘦身运动"，不断裁减员工。位列《财富》500强的美国大企业在过去10中，先后裁减了大约1/4的工作岗位。而且，传统的"终生雇佣"被近乎彻底抛弃，代之以"契约式雇佣"，工作岗位出现"临时化"趋势。企业可以像对待一次性筷子那样随意处置员工，明明是出于增加利润、减少社会责任的私利，却打出因全球化而日益增加的竞争压力的幌子。不过，美国的多次民意调查显示，公众与企业有着惊人的认知差异，受访的民众普遍认为，企业裁员与外包业务的行动多半是出于贪婪而不是所谓提高竞争力。通过工作岗位临时化，"自由企业"可以规避支付社会保险、医疗保险、失业保险与残障保险。在企业不断扩张、利润持续增加的同时，越来越多人担心自己会失去工作，在美国有50%的人长期生活在一种长期不安与恐惧之中，70%左右的人在近20年里的实际工资水平出现了停止或者下降。

为国家提供税收的神话 新强盗贵族在所有部门展开疯狂掠夺获取垄断利润的同时，还不断操纵政客通过政府实施有利于自己经营的政策环境，包括尽可能地压低利率、宽松环境污染标准、增加政府补贴、降低税率等等，不断将企业生产成本社会化。税收是新强盗贵族一直炫耀也近乎是今天唯一炫耀的社会贡献，随着企业走向巨型与垄断，企业对社会的贡献（包括税收）是逐步降低的，对政府与大众权力的侵犯不断增加。由于大企业大玩"抢凳子"游戏，全球的企业税收总的趋势是在不断下调。1983～1996年间，美国企业在发展中国家设立的分公司的税率从58%下降到了28%。即便在发达的经济大国，企业对国家税收贡献也在不断降低，在全美国税收中企业所担负的比重从1945年的35%一路下降到2000年的11%。德国政府对企业的控制能力也在不断降低，德国的企业税在本世纪之前的20年中，下降了近一半，而同期企业的获利上升了90%。前任德国总理施罗德的顾问评论说："德意志银行与奔驰等产业巨人的力量已经超过了选举而产生的柏林政府。"在企业的税收不断下降的同时，政府为帮助企业维系一定的利润水平的支出却在不断加大，这就是明显的企业生产成本社会化。连崇尚自由资本主义的卡托研究所，都在不遗余力地讨伐企业享受了优厚的福利，该研究所发布的报告称，企业从联邦政府那里得到的优惠，与低收入家庭所享受的福利，大致相当。

▶…公司帝国崛起

在经济自由主义的长期侵蚀下，政府越来越小，公共职能不断虚化，有的甚至失去了方向，而企业越来越大，大企业权力空前——直接影响一国的就业增减、科技创新、网络覆盖、业务外包、税收转移与市场稳定，此外还通过献金与游说影响政府政策、司法审判乃至国家立法，等等——而且还在不断膨胀，俨然成为"私人政府"，成为八面威风的"公司帝国"。如美国波音公司，一家民用飞行器生产商，当今世界仅有的两家此类企业之一，美国两大航空和军工企业之一。波音公司所拥有的权力、规模与主导能力明显超出了世界许多国家，与美国政府一直有着极为复杂而密切的互动，有时候很难区分彼此。五角大楼所采用的相关技术大部分来自波音公司。同时，该公司的大部分研发费用则出自五角大楼，联邦政府是波音公司大部分重要产品的唯一买家，公司也正是凭借这种优势而顺利将产品推销到世界，获得准政府式的权威。

企业有、企业治、企业享 大企业、强盗贵族用其巨大的金钱力量，像磁铁一样吸引各类优秀学者与社会精英竭诚为其服务。发达国家的媒体近乎全部私营化，强盗贵族通过所掌控的媒体，完全屏蔽了普通民众与反对派的声音。例如，传媒大亨默多克的新闻集团拥有英国报纸30%以上的发行量，旗下的报纸包括《太阳报》和《泰晤士报》，其读者群跨越各个阶层，保守党与工党甚至其他国家的政治人物都要向他示好，默多克由此被称为"幕后总理"。多年来，被强盗贵族所吸附的学者炮制新自由主义，鼓吹自由企业，在由企业控制的市场上，一切都可以交易，包括爱情、性、儿童甚至是良心；努力让企业被视为"自然人"而享有宪法赋予公民的权利，延伸保护公民的《权利法案》能够覆盖企业。在苏东解体，冷战结束后的当今世界，几乎没有一块净土能够逃脱公司帝国的操控。1876年美国总统海斯（Rutherford B. Hayes）曾这样批评道："这是一个企业有、企业治、企业享的政府"。大企业已成为"封地"遍及全球的"领主"，21世纪的全球正在成为跨国公司有、跨国公司治、跨国公司享的世界。一切政治家、社会精英、优秀学者纷纷屈从企业，向金钱磕头鞠躬，时时处处生怕没有跟随吹笛者的节奏起舞。

大企业俨然成为"私人政府" 大企业在产品、工资以及价格等方面对市场有着越来越大的影响力，此外也不断增加对政治事务、公共政策、民众观念的影响。大企业通过控制就业这一谋生手段而操纵社会大多数。为了获得一份工作、一个职位、避免被时代遗弃的可怕命运，人们往往不得不全盘接受企业雇主提出的种种苛刻要求——有些要求是政府连想都不敢想的，涉及员工的方方面面，如服饰、言谈以及思维方式等等必须与"企业文化"（新强盗贵族可以随意修订的清规戒律）保持一致。有的企业甚至规定可以随意查看雇员的办公桌抽屉和电子邮件，在规定的时间上洗手间。繁杂而严密的规章制度，使企业俨然成为"国中之国"、"私人政府"。美国的金融史学家罗恩·切尔诺称，花旗集团改变了我们对于企业规模和国家界线的认识。问题是政府有多种力量监督与制衡，而在企业内部企业家可以为所欲为。这就是普通民众可以随意批评、咒骂甚至控告他们的政府，但是企业员工绝对不可以非议他们的老板。

"影子内阁"与"公司帝国" 一些大企业不仅富可敌国、权势倾国，而且几乎所有的大企业都加入了不同的国际联盟，如美国国际商业协会、欧洲企业家圆桌会议、国际商会等，由此织就了一个庞大的企业网络。在联盟的协调下，在"完全一致的游戏规则"下，成员企业往往采取特定的经济政策与政治策略，从而成为一国经济的"影子内阁"。强盗贵族不仅明修栈道，而且暗度陈仓，目的就是在尽可能短的时间内，实现利润最大化。迪斯尼公司与麦当劳公司两大企业巨头之间就建立了长期交叉许可合作伙伴关系。迪斯尼乐园内随处可见麦当劳餐厅，而麦当劳餐厅内则充斥迪斯尼广告，这种联盟很自然地把世界儿童引入"电影＋汉堡"的生活方式，由此成长起来的年青一代，也很自然地按照由迪斯尼塑造出来的美国价值观来行事。因此，企业在挥舞商业大棒的同时，也在潜移默化地影响社会的意识形态，向世界广布自由主义之道，由此塑造了一个个正在超越越来越多国家的"公司帝国"。

长着多个触角的政治章鱼 大企业、强盗贵族可以通过各类基金会，抛出符合自己利益的报告，或者直接搭建有利于自己的政治平台。他们通过贸易组织、游说团体、政治献金来进一步影响国家的政治生活乃至立法活动。例如，贝尔电话公司通过游说华盛顿政客，改写了《放松电信监管法案》的有关规定；默多克通过向美国众议院时任议长金里奇预付450万美元的稿费，而成功影响相关电信法案尽早在国会通过。大企业通过向政客捐赠"软钱"[①]，愈广愈深地控制着国家，1996年美国大选，大企业投入的资金超过20

[①] 原本用于临时办公室开支、后来成为影响美国选举的政治献金。"水门事件"后，直接选举捐款被禁止，"软钱"于是成为"合法的贿赂"。

亿美元。政府本身是作为企业权力来源而存在，作为企业监管与制衡的力量而存在，而如今越来越多的政府也变成了一个股份公司，谁在该公司里的股份越多，谁就拥有更多乃至绝对的权力。政府从制约企业权力扩张的最前线，转变为大企业的忠实保护神及其国际市场开拓的急先锋。政治舞台成为商业利益的避风港，政府的公权与企业的私权界限越来越模糊，20世纪20年代美国前总统柯立芝的名言如今已经成为美国政府工作的基本指导方针："美国的事业就是商业"。正是由于大企业、强盗贵族的大量介入与深刻影响，政治业已成为一项昂贵的、商业化的与资本密集的行业，普通大众越来越消费不起政治。因此，在西方大众对政治的热情持续降低，民主投票的参与率越来越低。

企业在无声地收购国家与政府 中国古代有一个笑话故事，叫"齐女两摊"。说齐国有一个媒婆要给一个女子找婆家，说村东富家子弟，品行不好，不务正业，而村西穷苦人家，忠诚老实长得好。她告诉该女子，若选择村东的摊开右手，若选择村西的摊开左手。女子思考片刻，然后摊开双手，羞涩地说，"我到村东吃饭，到村西睡觉"。类似"此事古难全"的选择在经济全球化下的企业帝国则可以轻松实现。大企业可以在一个地方生产，另一个地方办公，在第三个地方缴税，甚至根本就不用缴税。1987~1999年，默多克的新闻集团在英国赚了230亿美元，但是没有缴一分钱税，而该集团在全世界的平均缴税率也只有6%。与此同时，大企业还不断从政府那里获得减税、补贴。为了说服宝马汽车不要关闭罗孚汽车的长桥厂以保留那里1万个工作机会，英国政府曾直接表示愿意提供1.5亿英镑的补助。

在古罗马，由富人豢养的角斗士，会在竞技场内战斗至死；在日内瓦，或多或少由企业供养的政府，在WTO舞台上相互竞技，却无法自己决定它们及其公民如何生活和开展贸易。因为，大企业以及由这些企业联盟而成的庞大的企业网络最终决定着世界贸易。在自由经济理论的指导与影响下，企业持续做大，政府则不断变小，经济自由主义者还美其名曰"最小的政府就是最好的政府"。而被公众高度期待的反垄断、反不正当竞争之类的法律往往无不是"高高举起，轻轻放下"，早已成为"银样镴枪头"。而且反垄断、反不正当竞争的立案宗旨也发生了巨变，以前是保护公众权益不受损害，如今是保证其他大企业的利益不受"不遵守游戏规则的另类大企业"的损害，防止市场效率的降低。在大企业、强盗贵族压倒性威权下，学者与一般媒体对反垄断的讨论也近乎销声匿迹了，他们要么是无关痛痒地吹毛求疵，要么是掉转头来批评"大政府"的随意干预。大企业、强盗贵族在降服西方母国政府后，开始向世界进军，如今越来越多的国家政府对大企业尤其是跨国公司越来越无能为力。

▶…跨国公司驰骋中国

在中国进一步扩大开放的路线指引下，跨国公司在华扩张正涌现新一轮高潮，主流媒体充斥着"自由企业的神话"，为跨国公司高唱赞歌时常登上主流媒体。跨国公司高调登场，形象光鲜靓丽，但是暗中不断逃避社会责任，蔑视中国法律，肆意派送糖衣炮弹，俘虏一个又一个地方政府，地方政府的权威正在不断被腐蚀，公共职能在迅速萎缩，终日为企业尤其是跨国公司尽心竭力。在企业员工、社会大众、小投资者的权益不断遭受企业侵害的同时，依照现在的态势，中国越来越多地方政府与中央政府部门似乎也难逃被企业尤其是跨国企业逐渐控制的命运。

改革开放以来，中国通过廉价劳动力、廉价资源、廉价环境甚至是廉价主权（超国民待遇）等，在跨国公司于整个世界玩弄"抢凳子"的游戏中，争得了"先机"。中国得到了跨国公司扩张所带来的一般好处：GDP增长、就业增加、低端技术与经营管理外溢；也得到了跨国公司扩张所带来的一般坏处：政府的独立性降低、为大众服务的职能削弱、民族资本遭受空前挤压。

历史惊人地相似,中国在重复美国的故事,更严重的问题是,美国国内的利益集团发育相对均衡,不同的力量相互制约,政府为大众服务的基本职能尚能得到基本保障,但是在中国的政治博弈中,地方政府近乎完全倾向企业的一边,尤其是跨国公司的一边。政府集权使政府掌握极大与过多资源,由此驱使企业尤其是跨国公司不遗余力向政府渗透,政府在被逐渐腐蚀而丧失独立性的同时,大众的利益也在迅速流失。

随着改革开放的深入,跨国公司在中国"抢凳子"游戏驾轻就熟,"抢凳子"游戏越来越多地从中央到地方、从沿海到内地迅速扩散。中央政府有关部门敌不过跨国公司与境外利益集团的游说,将越来越多、越来越大的引进外商投资审批权下放给地方,内地为了经济发展、创造政绩,也不断争取与沿海同等引进外资的政策权力。如此,整个中国都卷入向跨国公司献媚的热潮。

权力媚商,媚商中又特别媚外,其实某种程度上已成常态。广东与上海恰如当初美国的新泽西州和纽约州,对外资展开"优惠到底"的"割喉战",珠江三角洲与长江三角洲由此你追我赶实现经济繁荣。跨国公司在整个中国大玩"抢凳子"游戏,而那些不愿意或不能够参与这场游戏的省市,很快将不得不面对失业率上升或劳动力流失、耕地抛荒、财税收入枯竭、更重要的是主要官员政治上难以升迁的苦果。于是,中国各地方政府,纷纷效仿广东与上海,到中央要政策。各省市为了吸引外资,展开了"底线竞争"或"冲向底部"(race to the bottom)的经济"割喉战"。昔日美国各州之间"抢凳子"情形在中国又真实再现,而且激烈程度远远超过原先美国各州,"抢凳子"变成"脱裤子",给外资开出的优惠条件令人瞠目结舌,嫁女不仅陪嫁妆,还搭上小姨子。20世纪90年代中期,很多经营良好的国有、集体企业,在引进外资的政治任务之下,或在外资特别要求下(因为很多国有、集体企业有很好的厂房、场地、熟练劳工等基础条件),强行实行破产,后来一度盛行的"政策性破产"中,很多就是为跨国公司而"定向破产"。一些国产著名品牌(如金星、飞跃、凯歌等)多半在地方政府的干预下,就此成为历史。

当政府与商业经济越来越近时，自然与政治社会越来越远；与企业越来越近时，自然与民众越来越远；与跨国公司越来越近时，自然与民族资本越来越远。这早已超越旧时的"把杭州当汴州"，而是"把他乡作故乡"，甚或"把洋人当爹娘"。政府与（跨国）企业打得火热，原先的职能越来越模糊，于是不能解决或不愿解决的经济与社会问题越来越多。正是在政府的一手帮助下，诸多公众利益被公司利益取代与驱逐。在"抢凳子"变成"脱裤子"的同时，"割喉战"也恶化为"割尿战"，而竞相走上"吃祖宗饭，断子孙路"的发展模式。纵看我们一些地方数十年的发展观，可概括一"引"一"卖"，相对于简单的招商引资，"卖"的名堂可谓繁多，卖苦力、卖资源、卖国企、卖土地、卖祖宗、卖子孙、卖灵魂，凡发展最后就是"一卖了之"，政府一届比一届卖得更起劲。其实，在政府的众多职能中，促进市场体系建设而不是直接进入市场，只是政府职能之一，但是现如今，越来越多的地方政府的职能严重模糊，除了市场化、除了"引""卖"外，近乎就无所适从，失去了方向。政府诸多重要职能如保护民众健康、发展基础教育、提高社会保障、促进社区建设、维护公正公平、推进公用事业发展等等，要么被市场化，要么"顺其自然"，半死不活。履行公共职能是一个文明社会及其政府的本分，而这些职能的市场化只能是导致社会的退化与堕落。正是在市场化过程中，越来越多的地方政府正在沦为企业尤其是跨国公司的附庸。

▶⋯地方政府为谁服务、为谁忙？

为了吸引跨国公司落户，一些地方政府几乎将当地所有优势资源以及向中央争取的政策资源，集中向跨国公司呈现，"有水快流"，一次性兜售。国际化程度越高的地方，思想越解放，卖得越彻底，由此往往也就越先进，越是有升迁的机会，著名的"××模式"（硬是把一个举国举世珍稀的"人间天堂"改造成为一个"世界加工厂"而到处炫耀）就给了非常好的注释，而这些优势资源不仅是国内民营企业碰不得，而且连看都看不得，没有知情权。

创新是企业的生命，而中国一些地方政府视"创新"为终南捷径。国内有那么一个城市，几十年来，孜孜不倦地搞一个莫名其妙的"国际企业家咨询会议"，名义上是利用外资、外脑，实际近年来越来越明显地为外资、外脑所用，一直兢兢业业、津津乐道为跨国公司鞍前马后。"咨询会议"劳民伤财，场面极其奢华，细节极其讲究，"一天的会用一年来准备"，一年中，要召开多次预备会议，多次市政府工作协调会、汇报会、联络人会议、准备会议等等各式各样会。其目标是"全力提高其国际化程度，让不同国家、不同文化背景的人都能生活、创业"。实际做法，就是唯独不让中国人自己舒适生活、创业。长期以来，该城市对国际异常开放而对国内相当封闭，不仅在政策上入户难，而且不断抬高房价，让居民立足更难。正是政府职能错位，导致该城市业已成为越来越多的国际投资家与投机家的乐园，却是越来越多市民的梦魇。近年来，拆迁城市再造，原来祖祖辈辈生活在城市的主人，迁居城市的边缘，给有钱人、洋人腾出阳光下的底盘、黄金地带。房价地价不断飙升，弱势一群无以立足，平民百姓难以聊生，但是为确保房价地价飙升不对跨国公司生产经营以及引进外资构成负面影响，该市（区）政府给进驻本地区的跨国公司在自建、购买或租赁办公用房时实行补贴。该城市二十多年发展之怪状，活脱脱分明印证了一个政府职能严重错位、丢掉了正业、迷失了方向的典型案例。

在跨国企业在中国高歌猛进、如入无人之境的时候，中国本土企业的生存空间日益狭小。美国通用电器公司原首席执行官杰克·韦尔奇有一句名言："在遍及世界各地的营运部门当中，如果有哪一家企业无法坐上当地市场的头三把交椅，那么唯一等待它们的命运便是出售"。在富可敌国的跨国企业面前，越来越多的中国本土企业最终只有出售的命运，加工业如大豆压榨、制造业如化妆品、服务业如物流等等，都近乎遭遇行业性覆灭。而这种命运就是它们所谓"父母官"与跨国公司联手造成的。跨国公司在母国国内受到诸多因素制约，贪婪行为有所收敛。但是，在国际、在中国则是肆无忌惮。在母国国内，大企业通过一系列操作可以实现经济成本社会化，在国际尤其是在中国，通过赢得系列"超国民待遇"，跨国公司可以轻易将母国经济与社会成本转嫁给中国，实现母国乃至国际成本中国化。过去，大企业在美国大玩"抢凳子"游戏的目的是持续推进私有化，减少社会责任，将大众财富、社会财富集中到自己手中；如今，跨国企业在中国大玩"抢凳子"游戏，其目的除了推进私有化、减少社会责任外，还有持续推进中国的国际化，将中国的财富转移到跨国企业、国际强盗贵族手中，如国有金融机构股份廉价售卖给境外战略投资者、优质垄断企业海外上市等等。政府对大企业的依赖本来就很危险，而对跨国公司的依赖则是十分危险。政府与企业的联姻铸就的是虚假的繁荣，政府与跨国公司的联姻则是吸毒者成仙的短暂错觉与幻觉。在中国，正是这种联姻，前者导致权贵资本的猖獗，后者导致买办势力的肆虐。大众利益被不断侵蚀，国家利益被严重损害。

骗局之四

自由市场：跨国粮商自由图谋中国粮仓[*]

新华社报道，有"中国蔬菜之乡"称号的山东省寿光市，国产种子占有率不断下降，大宗蔬菜种子市场已基本被国外品种垄断。外资垄断蔬菜种子后出现的"天价种子"现象：一亩大棚茄子，用国产种子只需要50元左右，而用"布利塔"要1800多元；更有甚者是"1克种子1克金"，外资种子公司生产1粒甜椒种子的成本只有1分钱左右，但在中国市场要卖1元钱，比黄金还贵。但是，由于市场已被国外公司垄断，农民只能被迫接受。

中国粮食安全在大豆成为第一个倒下的骨牌后，玉米、蔬菜正相继沦陷，转基因种子在中国暗度陈仓业已多年，如今趁势乘机浮出水面，由此粮食安全与食品安全界限模糊。在中国的"芝加哥男孩"与他们的国际友人正跳着欢快的小步舞的时刻，从草根民间不断发出了一个个微弱但是清晰的呐喊——如若再不重视粮食与食品安全，中华民族不仅在经济上不断遭遇盘剥，而且在生物上或将面临存续的危险。

经济自由主义学者鼓吹，市场可以解决一切问题，粮食问题当然也不例外。然而，2006~2008年席卷世界的粮食危机给世界迷信经济自由主义的大

---

[*] 本文主要内容曾以《自由市场：中国粮食安全的最大威胁》为题，发表于《世界知识》2009年第23期。

众上了深刻而痛苦的一课：国际市场各行各业都由垄断资本把持，自由竞争实乃子虚乌有，所谓依靠市场调节就是听任垄断资本操纵，维护粮食安全无法依靠国际市场。这场"沉默的海啸"再次表明，经济自由主义学者要么是垄断资本的傀儡，要么是玩弄经济概念的无用书虫。[1] 中国粮食安全面临耕地不足、水资源缺乏等诸多因素威胁，但是最主要的威胁因素在于经济自由主义学者鼓吹的"自由市场"。

▶⋯自由市场之殇

多年来，自由主义经济学家反对穷国对农业有太多的投入，认为全球之所以有数十亿人生活在贫困之中，就是因为被生存农业束缚了手脚。他们开出的药方是：让他们依照比较优势从事制造业、旅游业或服务业，如此，不仅可以赚钱买粮，而且可以发家致富。自由主义经济学家坐而论道，而西方国家与它们把持的国际组织——世界银行、国际货币基金组织（IMF）和世界贸易组织（WTO）——则积极践行，它们从20世纪80年代初开始，以经济援助为杠杆，向发展中穷国推销结构调整计划：积极敦促受援的发展中国家让本国农民改种经济作物出口以获取更多利润，通过降低关税从国外进口便宜的粮食；"建议"一些国家减少甚至取消谷物储备，实施依靠私营公司的粮食零库存模式，取消政府控制粮食供应的机构，取消来自欧洲和美国谷物的关税，取消对肥料及其他农业投入的补助。

自由主义经济理论与国际组织经济政策的实践在一个又一个国家导致了相反结果：国家扶持的取消凸显了私人投资的外部风险，如此"吓走了"而

---

[1] 巴西前中央银行行长（1997~1999年）古斯塔沃·佛郎哥曾经间接而粗鲁地宣称，他的政策目标是"摆脱40年的愚蠢行为"，而唯一的选择就是"要么成为新自由主义者，要么成为新的白痴"。后终因为被实践证明为糟糕的政策而被咒骂为"白痴"。

非"吸引了"私人投资。相关国家政府对农业的扶持取消后并没有像预期的那样，为私人部门开辟道路，也没有造成市场振兴农业发展的结果。一些非洲国家在世界银行的"鼓励"下进行经济调整，将重点放在生产出口经济作物上，如此集中调整带来生产过剩，导致相关经济作物的国际市场价格暴跌。例如，加纳推广可可豆种植导致1986~1989年国际市场可可豆价格下跌48%，这使得可可豆生产国的经济"在市场的变幻莫测面前变得更加脆弱"。

IMF和世界银行的结构调整计划摧毁了受援国政府在农村的投资，使当地农业生产变得极不稳定。紧随结构调整计划的是WTO的"自由市场"粮食政策，如此使得到补贴的欧盟便宜牛肉进入西非和南非的市场，得到补贴的美国便宜大豆、玉米、小麦进入众多发展中国家的市场，导致当地农业生产者纷纷破产。由于享受WTO农业协议批准的补贴，美国的棉花生产者以低于成本20%~55%的价格涌入国际市场，轻而易举即令西非和中非的棉花生产者破产。结构调整计划与"自由市场"的粮食政策推行的结果是：发达国家为自己的农产品打开了市场，消灭了从非洲、拉美到亚洲国家的农业家庭，破坏了他们为本国民众提供粮食的能力，破坏了他们为本国民众提供健康食品的能力，而家庭农业是食品质量的重要前提与基础。

在摆脱殖民主义后的20世纪60~70年代，非洲不仅粮食自给自足，而且是一个粮食净出口地区，1966~1970年间平均每年出口130万吨。如今，经过结构调整计划与"自由市场"粮食政策的洗礼，非洲25%的粮食需要进口，几乎所有非洲国家都是粮食净进口国。饥饿成为家常便饭，仅最近三年来，非洲之角的国家塞舌尔、南非和中非就爆发了粮食危机。粮食从自给自足到依赖进口的国家不仅出现在非洲，而且出现在拉美、亚洲。在1984年"乌拉圭回合"谈判之前，墨西哥和印度等国的粮食都可自给。自从WTO要求放开农业部门、跨国粮商进入本土市场以来，墨、印等国都已经变成了粮食短缺的国家。2006~2008年，由于粮食价格高涨，有约40个国家爆发了民众骚动乃至暴乱。在一些本来就不稳定的国家，如孟加拉国、海地、肯尼亚、墨西哥、莫桑比克和巴基斯坦，粮价高涨导致众多人员死亡，加剧了人民的痛苦，自由市场之殃触目皆是。

海地就是遭受自由市场之殃的典型代表。处于加勒比地区的海地拥有良好的粮食生产资源，其稻米产量基本能够自给。20世纪80年代中期，美国和世界银行要求海地一再削减大米进口关税，用更便宜的美国"迈阿密稻米"取代本地稻米，将投资从当地农业转至其他领域，比如生产用于出口的内衣裤，以赚取外汇进口美国稻米；将腾出的土地种植西红柿，相关专家鼓吹这样可以带来更高的回报，但是生产出来的西红柿还没有运到市场就腐烂了，因为那里的交通实在糟糕。产业结构的调整与自由贸易的实施使海地农业遭遇重创，在国际大米价格飙升的态势下，海地发生严重骚乱，仰美国人鼻息、奉行自由经济的政府被赶下了台。

发达国家与国际组织的经济及粮食政策遭遇国际社会的持续批评与抨击，连美国彭博新闻社也在2008年12月发表长篇报道，毫不客气地指责世界银行"错误地建议"穷国进行所谓的"结构调整"，导致穷国从粮食出口国变成进口国。美国哥伦比亚大学地球研究所所长、联合国秘书长特别顾问杰弗里·萨克斯直言："世界银行犯了一个根本性的错误，认为市场可以解决一切。而历史证明，人们首先要生存下去，市场才能发挥作用。"2006年世界银行承认，对向发展中国家农业开出的政策药方所产生的副作用关注不够。2008年世界银行报告明确指出，投资农业是消除贫困和饥荒的最有效手段。

▶⋯自由粮食市场子虚乌有

在国际组织与自由主义经济学家鼓吹通过国际市场解决粮食安全问题的背后，有着极大极长的利益链条。在垄断资本的支持下，玛格丽特·撒切尔于 1979 年出任英国首相，罗纳德·里根在 1980 年当选美国总统，由此揭开了英美大资本谋求垄断国际市场的自由经济运动。里根 1981 年任命美国银行前首席执行官奥尔登·汤姆·克劳森接替麦克纳马拉出任世行行长。克劳森的使命就是"纠正一个国家的政策，使之能更好、更有效、更快地战胜贫穷。"国际经济组织主要由美英把持，忠心耿耿推行美英自由经济政策。自由经济政策强调由国际市场对各类资源与商品进行调节，然而包括粮食市场在内的国际市场根本就不是一个自由市场。

国际粮食市场是一个高度垄断的市场　资本的天性是逐利，逐利的最好途径是垄断。简称为"ABCD"的四大跨国粮商——ADM（阿彻-丹尼尔斯-米德兰，美资）、邦吉（Bunge，美资）、嘉吉（Cargill，美资）和路易达孚（Louis Dreyfus，法资）——垄断了世界粮食交易量的 80%，控制了美国、巴西、阿根廷等主要原料市场及全球运输和仓储系统，极大地影响着纽约商品交易所和芝加哥期货交易所的期货和期权投机交易，是国际大宗商品的定价者，是国际粮食市场的"幕后推手"。

国际粮食市场是一个脆弱且充满投机的市场　国际粮食市场本来就面临一系列不稳定因素，如人口的增加、饮食生活的高端化、异常气候的频发、水资源的枯竭、转基因作物的普及、农药和化肥等投入成本的上升、生物燃料的急剧增长、经济民族主义的高涨等等，这当中任何一个因素都有可能被垄断资本炒作投机运用，使粮食市场出现剧烈波动，直至引发世界性的粮食危机。最新一轮粮食危机就是国际粮商借口粮食生产国减产、粮食需求国需求增加、库存减少来进行市场炒作。

国际粮食市场是一个严重扭曲的市场　粮食安全依赖市场调节的理论基础就是有效市场假说。根据这一假说，所有相关信息都体现在价格之中，价格变化引导世界粮食供给与需求实现均衡。但是，在粮食垄断资本的游说与施压下，作为世界重要粮食生产与输出地——美国和欧盟，通过持续而巨额的粮食补贴，严重扭曲了国际粮食市场的价格体系①。目前补贴占农业产值的比重欧盟为40%，美国为25%。欧盟每年的农业补贴高达320亿欧元，而且通过各类技术壁垒严格限制牛肉和家禽进口。为鼓励农民种植玉米生产乙醇，美国政府给予每加仑乙醇51美分补贴，并对进口乙醇征收每加仑54美分的关税。ADM公司致力于生物燃料的生产，其43%的盈利都来源于美国政府的补贴产品。在农业游说集团的压力下，美国即便是对外粮食援助，也规定必须从美国农场主手中购买，并用美国船只运输。

在粮食商品化的另一面，是粮食政治化 粮食政治化除了粮食生产补贴外，一个重要的新体现就是在相关利益集团的积极推动下，美国政府鼓励与支持转基因粮食的发展。美国农业部和由洛克菲勒财团支持的粮食寡头联合推动基因革命，包括研发了一项种子绝育技术，即在种子成熟前产生一种毒素，使种子的植物胚胎自动毁坏。该技术可应用于所有植物种子，并于2007年获得了名为"植物基因表达控制技术"的专利。此外，美国政府1992年裁定，所有的转基因植物和食品与同品种的传统植物"实质上相同"（substantially equivalent）。有专家评论，这实际上给了孟山都等美国种子供应商一张全权委托的署名空白纸（任人填写条件）的借口，农民一旦使用了美国的转基因种子，就必须再次向孟山都等供应商购买新种子，从而被迫沦为美国种子公司的新农奴。

美国政府与粮食寡头利用阿根廷的经济困难以及阿政要与美国的密切关系，于20世纪80年代初将这种带有绝育技术的转基因种子全盘兜售给了阿根廷，如此这个农业资源极其丰富、被誉为"世界粮仓"的国家就被美国粮食寡头紧紧地控制了。到2004年，阿根廷48%的土地被用来种植转基因大豆，由于种子和农药都要从美国公司购买，粮食流通、储运由美国粮食寡头垄断，

---

① 西方发达国家每年给予农业补贴大约1000亿美元。根据乐施会2002年的估计，通过补贴与关税，欧盟每年向牛奶业提供的扶持高达160亿欧元，相当于每头奶牛每天获得超过2美元补贴，而世界竟有一半人口的每天生活水准还在2美元以下。

仅 10 年时间，阿根廷就逐渐丧失了粮食自给能力，整个国家的农业经济彻底受控于美国粮食寡头，美国粮食寡头又借助阿根廷的强大粮食生产能力影响世界。

1970 年 3 月，美国国会成立了"人口增长与美国未来研究委员会"，该委员会是一个不同寻常的任务机构，由来自美国国际开发署、国务院、农业部、中央情报局和五角大楼的代表组成。委员会在 1974 年拟定了一份名为《国家安全研究第 200 号备忘录：世界人口增长对美国安全和海外利益的影响》的机密报告，报告视粮食为一种"国家权力工具"，可被用来实现美国的战略利益。里根政府的农业部长约翰·布洛克曾说："粮食是一件武器，用法就是把各国系在我们身上，他们就不会捣乱。"美国中央情报局的一份报告说，第三世界国家缺粮"使美国得到了前所未有的一种力量……华盛顿对广大的缺粮者实际上拥有生杀予夺的权利"。很明显，在美国政治家眼中，粮食不仅是一种商品，还是一种战略物资，一种政治手段。

美国不仅利用它本土以及海外的强大粮食生产能力、价格控制能力、种子垄断培育能力，积极"调控"世界的粮食供给与价格，例如美国农业部通过不断调整播种面积防止生产过剩导致粮食价格下跌，同时通过对生物乙醇技术的突破，打通粮食与石油的关联，实行粮油联动，将自己的粮食优势转化为能源优势，直接影响缺粮的石油输出国。基辛格博士名言：如果你控制了石油，你就控制了所有国家；如果你控制了粮食，你就控制了所有的人；如果你控制了货币，你就控制了世界。当今美国既想控制石油，又想控制粮食，还想控制货币，借以控制整个世界。这就是美国的战略。

▶…继大豆之殇，将有玉米、蔬菜……

农业是一个弱势产业，粮食生产是弱势中的弱势。粮食问题绝不能用简单的市场调节来解决和所谓的效率来衡量。但是，长久以来，在中国一直存在着通过市场来解决粮食安全的思路，有的甚至还上升为政策，从而对中国粮食安全造成难以弥补的伤害。

大豆之殇折射自由市场之害 中国已沦为粮食进口国，短缺最严重的就是大豆，而大豆之殃恰恰在于国际市场。在 WTO 谈判期间，中国在农业领域作出巨大让步，其中大豆尤甚，中国承诺：实现大豆油的贸易自由化，取消关税配额制和准国家专营制；大幅度降低大豆进口关税，取消进口配额制。由于美国以及由美国控制的拉美种植的都是转基因大豆，生产成本低，单位出油高，而且还得到政府的巨额补贴。根据有关学者的研究，20 世纪 80 年代和 90 年代初期，美国对大豆的补贴总额平均每年为 8 亿～8.5 亿美元，《2002 年农业法》生效后，大豆补贴进一步增加，2004 年达 50.5 亿美元。这意味着，美国农民每生产 1 吨大豆得到的政府补贴，从 90 年代初期的 15.2 美元，增加到 2004 年的 59.1 美元，在每 100 美元的大豆收益中，24 美元来自补贴，76 美元来自市场。因此，相对于中国小农生产的有机大豆，美国的转基因大豆具有明显的竞争优势。1994 年中国进口大豆只有 5 万吨，1996 年达到 100 万吨，2000 年超过 1000 万吨，2003 年超过 2000 万吨，2005 年则为 2600 万吨，占世界大豆贸易的 1/3。中国大量进口转基因大豆使本土有机大豆生产迅速萎缩，仅 2006 年黑龙江省的大豆种植面积就萎缩了 25%，2007 年继续萎缩 5%，成千上万的豆农不得不转种其他粮食作物，或干脆抛荒土地加入外出打工者的队伍。

更为严重的是，跨国粮商利用中国对国际大豆市场的依赖，通过一组精心布局，一举击溃了中国大豆压榨与流通企业。2003 年下半年，美国借口对华贸易赤字而不断提升对华贸易战，为缓解这种紧张状态，中国政要于 2003 年 12 月访美息事，期间宣布中国将派代表团采购美国的大豆和棉花。在该声明发布之前（2003 年 12 月），芝加哥期货交易所大豆期货交易月平均价格是每蒲式耳 7.7 美元。当中国企业大批采购时（2004 年 3 月和 4 月）大豆价格冲到 9.82 美元和 9.89 美元。中国企业集中采购后（2004 年 8 月），大豆价格快速下跌到 5.93 美元。大豆价格潮涨潮落使中国采购 300 万吨多花了 15 亿美元，期货交易令诸多中国油脂企业陷入困境乃至绝境，最后有半数企业破产，而跨国粮商趁机通过并购、参股、合资等形式，控制了近 60% 的国内油脂企业、80% 大豆压榨能力，在中国市场掌握了从大豆采购到仓储运输、油脂加工各个环节的主动权。仅新加坡郭氏家族控制的丰益国际旗下就有 12 家大豆压榨企业，年压榨能力超过 1000 万吨，占据了中国小包装食用油近 85% 的市场份额。跨国粮商控制了国内豆油销售，因此国内植物油价格暴涨，国家价格调控难以到位。大豆的沦丧再一次表明，威胁中国粮食安全的恰恰就是天真地信奉自由市场，依靠国际贸易来解决中国的粮食问题。

市场可以解决一切吗　中国大豆沦丧而不得不大量从国际市场进口，这反过来又成为国际社会指责"中国威胁论"的一种口实。2008 年 4 月 28 日，德国《明镜周刊》发表一篇题为《为满足中国和印度的胃口而努力》的文章。文称，中国人吸干了从拉普拉塔河到亚马逊河的大豆市场，大豆种植加剧了森林乱砍滥伐并促使大批小农户纷纷破产，马托格洛索州的大片土地已经变成了绿色沙漠，除了使用大量杀虫剂种植的单一作物外，别无他物，巴西的大豆生产已经成为一种"死亡文化"。

然而，大豆之殇并未令中国人警醒，迄今仍然听到有关精英在喧嚣，"中国最好通过进口而不是国内种植来满足大豆需求，我们应重点发展我们最适合生产的作物。"越来越多的研究、报道以及调查表明，跨国粮商正是通过游说、贿赂、课题资助等各种途径，让中国相信，中国粮食问题可以依靠自由市场、国际贸易来解决。

长期以来，国内诸多研究机构及其相关学者，一直宣扬"只要有市场，一切都可以解决"，包括中国的粮食安全。某机构及该机构某学者更是大肆鼓吹"只要市场在，就不愁买不到粮食"，甚至肆无忌惮抨击中国政府维护粮食安全的一系列政策，尤其是 18 亿亩耕地底线。而且还精心炮制了一份名为

《粮食安全与耕地保护》的研究报告，大肆鼓噪，混淆视听。然而，该机构与相关学者长期以来一直接受国际资本的资助，《粮食安全与耕地保护》的研究报告就是在福特基金的资助下完成的。多年来，福特基金一直是东欧、中亚颜色革命的重要"幕后推手"，同时也一贯而不知疲倦地为中国学者与官员到美国"自由圣地"学习"自由精神"以及在中国国内传播"自由思想"提供慷慨资助。中国粮食安全的危险不仅在于跨国垄断资本在中国的肆意妄为，更在于买办代言人的无知妄说，在于主流学者与重要官员对"自由市场"的痴迷。在买办代言人混淆视听、主流学者积极鼓噪、政府官员犹豫不决下，跨国粮商加紧布局中国粮食市场。

跨国粮商拥有强大的资金优势、系列品牌优势以及在全中国建立起食用油营销与信息网络优势，国内没有哪家大企业能真正与之抗衡。目前，中储粮作为全国最大的粮源控制企业，具有较强的实力，但没有粮食加工业务；中粮集团有加工业务，却不能掌控粮源，销售网络也不够；华粮集团虽然规模较大，但实力同样无法与跨国公司相提并论。而国内民营企业更是难以望其项背，无一具备与跨国粮商抗衡的实力。

大豆前赴，玉米后继　从2008年开始，WTO关于外资企业进入中国粮食流通领域的过渡期已经结束，跨国大粮商开始悄悄地进入中国粮食流通与加工领域。作为国际顶级金融机构高盛竟然在中国大规模投资养猪，一口气收购了数十家专业养猪场，匪夷所思。但是，据了解内情人士分析，类似高盛这样的外资企业通过入股参股中国肉类、粮食企业，借以谋求影响乃至控制中国饲料，进而影响乃至控制中国粮食。

据嘉吉公司的调查估测，中国肉类产品需求和加工企业的快速增加，使得未来中国对玉米等饲料原料的缺口不断加大，国内玉米库存不断下降，由此不得不大量增加玉米进口，预计中国在2009年将有80万吨的供需缺口，2012年将有580万吨的净进口。据日本专家分析，美国在华大肆圈地养猪的用意是扩大对中国出口用作饲料的玉米。玉米可能是继大豆之后，中国粮食沦陷的第二个领域。益海嘉里集团已经在山东、河南、河北、黑龙江、湖南等粮食主产区建立或并购粮食加工企业，并在江苏等省准备建立粮食收储企业。新加坡丰益国际集团斥巨资进驻东北，企图垄断国内非转基因大豆市场。显然，跨国粮商已开始了他们在中国的粮食战略布局，旨在把中国粮食供求纳入由他们控制的世界自由市场。

▶ 转基因粮食商业化经济风险重重

一石激起千层浪 2009年10月，中国生物安全网公布《2009年第二批农业转基因生物安全证书批准清单》，包括两种水稻和一种玉米的生产应用安全证书，由此开启转基因水稻和玉米两大主粮的商业化生产程序，引发社会广泛关注与大众激烈议论。一方面，专家通过媒体各抒己见，观点针锋相对；另一方面，绿色和平等非政府组织和社团参与其中，质疑非转基因作物食用安全及高产、高效、抗病等特性。此外，群众尤其网民受此影响，广泛参与转基因安全、伦理问题讨论，科学问题已经"社会化"，转基因安全证书审批程序也连带遭到质疑。

转基因作物本身是一个自然科学问题，笔者作为一个经济研究工作者不便直接妄加评论，但是转基因作物涉及专利技术、粮食安全、国家战略、市场流通、利益集团、跨国垄断资本等诸多社会乃至人文科学问题，这些是一般科学家所难以甚至无法准确回答的。依照笔者以及笔者所在研究团队分析，中国若实施转基因主粮商业化至少存在以下几类经济风险：

专利技术侵权风险 中国正在申请商业化种植及在研的8个转基因水稻品系中，没有任何一种拥有独立的自主知识产权，相反，上述转基因品系至少涉及了28项国外专利，专利分别属于美国孟山都、德国拜耳和美国杜邦三家跨国生物技术公司。孟山都在转基因粮食方面申请了533项专利技术，几乎覆盖了粮食生产一切环节,这意味着中国一旦在粮食上大面积推广转基因粮食后,每年要向美国公司支付昂贵的粮种费和专利费。有关专家认为,即使相关专利未在中国获得授权,外资同样可通过与种子分销商签订协议等手段实现控制。此外,未来若转基因水稻输出到相关专利受保护国家,中国势必面临巨额经济赔偿风险。

种源被外资控制风险 转基因粮食与传统粮食不同,传统农业可以从收成中留种,但转基因种子必须每年都购买新种子。垄断企业为了防止农民留种,发明了"绝育种子",这样跨国巨头便可以轻松地保证农民必须每年购买种子,以保证自己巨大的商业利益。中国新近授予生产应用安全证书的主粮转基因品种包含了由跨国公司垄断的核心技术,这使中国相关研发及应用受主要跨国公司要挟风险增大。发展中国家受跨国垄断种子企业控制的先例早已有之。尽管阿根廷不授予任何与大豆相关的专利保护,但是孟山都公司依然垄断了其大豆种源的99%以上,完全掌控其大豆市场。巴西种植转基因大豆合法化后,孟山都立刻以8美元/吨价格收取技术许可费。绿色和平组织数据显示,至2008年,巴西大豆总产59%为转基因大豆。水稻作为中国主粮,在知识产权未完全自主状况下投入生产,或将面临如阿根廷、巴西等国被跨国公司控制的窘境,如此将严重威胁中国粮食安全。

粮食价格振荡风险 中国大米出口量虽占总产量比例很低,但因国际大米市场空间狭小,因此占世界总出口份额较大(在10%左右)。并且,韩国等传统市场已对中国大米形成依赖。同时,世界范围内转基因主粮壁垒已经形成。若转基因水稻正式进入商业化运作,未来中国大米出口的些微波动都有可能导致部分国家供应短缺及国际米价暴涨暴跌。

涉转基因国际纠纷 目前世界绝大多数国家对转基因食品的谨慎和拒绝,中国一旦大面积产业化转基因粮食,欧盟、日本等许多国家极有可能拒绝进口中国的粮食,而且大面积产业化转基因粮食后,转基因作物一般会污染周围其他农作物,导致中国其他相关农产品也有可能被这些国家所拒绝,从而使农民与企业陷入困境。实际上，由于中国存在部分违法私种转基因水稻，导致其他水稻受转基因污染。自 2006 年起，德、法等欧盟部分国家及日、韩已在进口大米中检测出违禁转基因成分，并采取下架、召回、连续检测及拒绝入境等措施，使中国相关企业受到严重影响。

第四部分　自由经济的骗局

骗局之五

自由竞争：工业间谍自由搜窃商业机密*

天底下人，没有几人会比中国人更可爱，为了光辉自己的形象，什么都可以做。一首《北京欢迎你》将这种"傻得可爱"体现得淋漓尽致。几乎每一段、每一句歌词都可演绎"傻得可爱"的动人故事。听——

"我家大门常打开，开放怀抱等你"（原来是"朋友来了有好酒，若是那豺狼来了，迎接它的有猎枪"。如今，整个世界都是"朋友"了！因此要进一步扩大开放，把"开门"、"敞怀"进行到底！）

"不管远近都是客人，请不用拘礼"（随便偷，随便拿，随便开发！土地、资源、劳动力、文物、女人、……量中华之物力，结与君之欢心）

"北京欢迎你，为你开天辟地"（沿海污染"昏天黑地"，再到西部"开天辟地"，"超国民待遇"恐怕世界仅此一例）

"相约好了在一起，我们欢迎你"（我先去卧底，做好内应等着你）

"北京欢迎你，有梦想谁都了不起，有勇气就会有奇迹"（一个胡士泰就能让中国损失7000亿元，有梦想—有勇气—有奇迹！）

---

* 本文部分内容曾以《工业间谍：搜窃中国商业机密》为题，发表于《世界知识》2009年第16期。

骗局之五　自由竞争：工业间谍自由搜窃商业机密

"力托案"被澳大利亚方面、一些国际媒体、国内外自由派学者解读为商业竞争的自然形态，认为中国是出于某种需要而采取的过激行为，违背了国际自由竞争与自由经济。虽然间谍是一个"古老职业"，但是工业间谍则是西方文明的产物，是西方文明的遗毒，是丛林法则最生动、最鲜活的体现。

美国中央情报局有言：间谍的历史几乎就像卖淫行业一样久远，这就是为什么间谍被称为"第二古老职业"的原因。冷战结束与经济全球化兴盛，使这个"古老职业"又焕发新的生机。这就是如火如荼的商业情报战。商场如战场，商业情报不仅涉及财富分配，而且直接关系到企业的生死存亡。商业情报战是以工业间谍（又称商业间谍）为核心，以获取商业秘密为手段，以消除对手竞争优势为目标的一种灰色行为。

▶…国际商业情报战愈演愈烈

美国中央情报局把通过公开材料而分析获取的情报叫"白色"情报，占总情报的80%；而由秘密渠道得到的情报叫"黑色"情报，约占全部情报来源的20%。根据最新调查报告，名列财富1000家大公司每年因商业机密被偷窃的损失高达450亿美元，每家平均每年发生2.45次、损失超过50万美元的案例。美国可口可乐公司有一个经营信条：保住秘密，即保住了市场。肯德基为保护其核心商业机密——1940年由肯德基创始人哈兰·桑德斯上校发明的炸鸡配方，而进行的硬体保护设施堪称一绝。比尔·盖茨在其著作《未来时速》一书中也认为，商业情报会影响一个公司的发展，而泄密则会给丢失

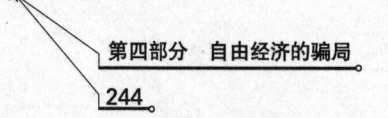

情报的一方带来重大打击。

国际经济竞争、企业之间的商业竞争通过工业间谍获取情报，投资少、见效快　日本人认为，既然可以花 100 万美元的贿赂收买工程技术人员非常快捷地解决问题，为何要花 10 年时间和 10 亿美元来进行研究呢？因此提出"情报立国"。"二战"后，日本有一万多人被派到美国学习新工艺和管理技术，并陆续学成回国。美国人后来经调查研究出惊人的结论：这些日本人仅仅花费了 25 亿美元，就几乎把西方的所有技术都搞到手，而这笔花费仅占美国每年研究经费的十分之一。日本大企业集团每年将它们营业额的 1.5% 用于经济情报，日本企业将竞争情报的触角伸向全世界，著名的九大综合商社先后在海外设立了 690 个办事处，凭借这些遍布全球的信息网络及时获得世界各地的科技、经济情报，作出准确的判断预测，适时采用有效的战略对策。日本某商社人员曾自豪地说："除了地球的南北两极，世界上凡有商品市场的地方都有我们的商业情报网。"据统计，目前日本从事经济情报活动的注册机构有 400 多家，不少企业在国外都设有强大的情报网，仅日本三菱公司在世界各国就有 115 个办事机构，约拥有 3000 名情报人员，每天收到的电讯条子可绕地球 11 圈。日本的汽车、摩托车、摄像机、电视机、手表等产品进入并占领欧美市场首先要归功于得力的情报工作，日本是一个"情报大国"。

国际商业竞争情报系统完善、情报人员技术专业　世界 500 强企业中，90% 以上都设有竞争情报部，建立了较为完善的竞争情报系统，收集并储存有关市场和竞争者的一切消息，并将获得的情报直接用于公司的发展策略上。如摩托罗拉公司在世界各地都布有情报点，它们的任务就是监视竞争对手，窥探对方的发展规划或有无新技术等有可能影响到竞争大局的情报，甚至监视同行公司的信心和士气。该情报部门是由从中央情报局退役的间谍高手简·赫里恩于 20 世纪 80 年代初建立的，情报部列席公司大多数的战略性会议。

西方国家商业情报早已成行成市，许多公司可能雇佣一些所谓的"情报经纪人"，"自由间谍"（俗称"情报贩子"）盛行。在美国诸多大公司除了拥有自己的情报信息部门外，还要利用外部机构或人员（自由间谍）搜集对手的情况。宝洁针对联合利华的谍战，就是宝洁雇佣的一个工业间谍公司——阿拉巴马州的凤凰咨询集团，而该集团正是由一些前政府专业情报人员组成的。诸多中介服务机构如投资银行、评级公司尤其是会计师事务所都有自己的情报部门，如安永与德勤会计师事务所都有一个庞大而精干的情报部门，它们凭借行业优势，对所获取的情报进行筛选分类，不仅为自己服务，而且还接受客户（个人、企业乃至政府部门）的委托，提供情报服务。例如，在美国次贷危机爆发后，摩根士丹利就曾接受美国财政部的委托，调查对金融系统具有重要影响力的金融机构的实际财务状况，为政府出手救市提供重要参考。

不要小瞧这些私人情报机构，它们丝毫不会逊色于政府情报机构。因为它们可以聘请政府资深情报人员担任教员进行非常专业的训练，法国还设立了一个新的研究生院——经济战学院，专门培训商业间谍专才；或直接聘请政府特工担任雇员，因为它们可以比政府提供更高的报酬，在美国大公司情报部门提供的报酬——15万~20万美元的年薪，远高于中情局工资，这对于面临退休、子女的大学学费尚无着落的人而言，非常有吸引力。在美国，所有大私人情报机构都至少雇佣了一名前中情局特工，许多雇佣了不下半打。前政府特工带来了更专业、更先进的技术，极大地补充了私人情报机构从前使用的粗陋策略，使用的情报技术和政府几乎完全一样，在很多方面甚至比政府的情报机构更有效率。

以日本为例，其九大综合商社都在国内外设立了各种名目办事机构，它们有的以工商业情报搜集活动为主，有的虽然主要负责经销，但也都负有情报搜集任务。它们使用各种先进的通讯设备与总部保持紧密联系，仅三井物产公司的"三井全球通讯网"的专线就长达40万公里，而且该公司还使用人造卫星把驻87个国家和地区的185个分支机构结合起来，让这些机构每天能源源不断地送回3万多条工商业情报信息。其专业、先进程度使诸多政府情报机构都无法比拟。

此外，苏联解体以后，众多克格勃人员面临失业威胁，为谋求生计，他们只好利用自己的专业知识，纷纷组织起各种保安公司，目前已有200多家，业务范围包括了政治、军事、经济等各个领域。Alex公司是俄罗斯目前最大的保安公司，拥有3000多名保安人员，遍布全国，不少人视其为半官方机构。除了为重要人物、重大活动提供保安外，Alex公司的业务还包括：当保镖，调查背景材料，搞企业策划研究，安装电子对抗系统以反间谍，从事经济情报的搜集工作又做经济间谍。总之，使出克格勃的全部看家本领，如此使克格勃的人"在商业界有很好的声誉"。

▶ 间谍手段无所不用其极

间谍无法无德 美国联邦调查局的档案里记载了许多令人意想不到的间谍手法。比如，韩国人看似不小心地让领带沾上美国实验室的液体；日本人在参观车间和实验室时故意让手帕掉到地上，以获取灰尘的样品；法国间谍扮成空姐，把窃听器安装在飞机的头等舱内；俄国代表团在鞋底贴上胶条，带走美国飞机制造厂里生产战斗机的合金微粒……办公垃圾被"回收"。

在美国，商业情报搜集、交易早已成行成市。1986年，美国竞争情报从业者协会（SCIP）成立，并在同年出版了《竞争情报评论》和《SCIP新闻》两本期刊，至今已拥有一万多名正式会员，并在事实上成为竞争情报界的权威组织。根据SCIP的定义，"竞争情报"（Competitive Intelligence）是对整体竞争环境和竞争对手的一个全面监测过程，通过合法的手段收集和分析商业竞争中有关商业行为的优势、劣势和机会的信息。哈佛商学院把竞争情报列在了资金、技术和人才之后，决定企业生存和发展的"第四种生产要素"。根据1997年的统计，竞争情报对企业贡献率，微软为17%、摩托罗拉为11%、IBM为9%、通用电气为7%、惠普为7%、可口可乐为5%、英特尔为5%。

在实际运行过程中，由于情报部门运行都是不公开甚至是非常秘密的，所以很难判断其行为的合法，而被曝光的，多是非法的或灰色的。西方在间谍问题上的价值观是错乱的。在西方人看来，如果他国对本国进行经济间谍活动，即使是友好国家，也将其视为一种罪恶，绝对不能容忍；如果本国间谍对他国进行经济情报活动，纵然丢丑，也当作一种高尚的爱国、英雄之举。名义上都在法律下运行，但是"有战争就有欺骗，商战亦不例外"。间谍的眼中没有法律，没有道德，只有利益，或国家利益或一般商业利益。

"窝里斗"与"兄弟战"同样激烈 商场如战场。商业情报战是极其残酷和丑恶的，竞争者不仅想要对方的技术和商业机密，而且还想掌握对方的阴暗面。在美国，包括甲骨文与微软、波音与洛克希德·马丁、宝洁和联合利华等在内的众多大公司之间，工业间谍战故事层出不穷。斯坦福信息处理中心认为，靠不正当手段搞商业竞争情报的人越来越少了，尤其是1996年美国通过了《商业间谍法案》后，联邦调查局根据《商业间谍法》调查了800多个社团的违法行为。但是，《经济间谍法》，避免商业间谍外泄该国企业的商业机密，主要用来对付从美国公司盗窃商业机密的外国间谍活动，确保美国国家经济安全，而美国对外间谍手段仍然无所不用其极。

欧洲议会"科技委员会"曾公开一份美国间谍势力在欧洲盟国无所不在的报告，引起各国哗然。有关媒体为此采访了卡特时代的国家安全顾问布热津斯基，回答是"地球上所有新动向、新运动，都可能对美国的福祉与安全产生冲击。美国必须具备情报灵通的能力：不仅仅对敌人，对朋友也是如此。"美国《福布斯》等杂志提供的资料显示，很多欧美大公司都曾采取"不光彩"的手段获取竞争对手的机密材料。德国大众汽车公司曾派出商业间谍到通用汽车公司偷取数箱机密计划文件，被诉后不得不向对方支付1亿美元的庭外和解费。日本日立制作所和三菱电机两家电气公司窃取世界头号计算机生产商 IBM 的最新技术情报，被 FBI 用近似"好莱坞"手法破获，IBM 的 OS 操作系统的著作权由此声名大震。

除了利用钱色、发展线人、窃听窃照等传统手段外，现代科技手段也被广泛运用，如通过发明更新网络木马、实施黑客攻击等如今也成为家常便饭。但是，专业情报人员一般认为，众多有价值的情报并非都有实际载体，而是"存储"在相关涉密人员的脑中，因此交谈依旧是获取机密的重要渠道。

▶…官民联手参与商战

间谍活动服务于经济竞争 苏联解体，冷战结束，西方强国由此展开激烈的综合国力竞争，冷战时的盟友转眼间变成了"经济敌人"，美国政府的决策层认识到：在 20 世纪末及以后的时间内，最重要的挑战来自经济领域。间谍活动由服务于两极政治对抗转向经济竞争。克林顿入主白宫后，明确指示，CIA 把搜集全球各地重要的经济和科技情报放在首位。CIA 的新任务主要有：一是保护和维护美国经济、科技在世界市场的高度竞争优势；二是保证美国金融市场的绝对稳定；三是预测并防止有可能直接影响全球金融市场和损害美国经济利益的重大经济、金融危机的发生。

由此，中央情报局应密切注视世界经济和科技发展情况，随时提供这方面的情报为政府各部门决策使用；同时，还应向美国商界通报外国经济间谍所构成的威胁的种种宏观和微观信息。美国中央情报局的情报工作做了战略性调整，新任局长任尔西向参议院提出了 290 亿美元的巨额年度预算，其谍报工作的具体部署是：派间谍打入境外的公司，窃取其经济和科技领域内的技术、知识以及构想等情报，并监视境外公司侵犯美国专利权的行为；向美国大企业的管理权构和其他经济领域派遣反间谍人员以甄别外国间谍，等等。

1947 年美国与英国军事情报部门联手，决定共同运营一个代号为"梯阵"的联合监视系统，以监视威胁自由世界的"独裁分子"。此后，三个英语国家加拿大、澳大利亚与新西兰也加入该计划。美国将窃听站点设在西弗吉尼亚州的糖树林里，英国则将窃听站点设在英格兰北部约克郡的曼维斯山。但是，苏联解体后，"梯阵"监视并未拆除，2002年2月东窗事发，"梯阵"监视系统被曝光用来监视与美英亲近的同盟国的商业活动。据后来的一位涉及此案的律师披露："法国部长打的每一通电话都会被录音"。欧洲议会后来发布报告称，美国借助"梯阵"监视系统窃取欧洲与亚洲公司合同的内容概要与相关数据，然后由美国国家安全局将其转交给美国商务部，为美国企业服务。在欧洲，空中客车集团和法国汤姆逊公司都是该系统的受害者。在亚洲，日本NRC与印度尼西亚的合约信息，被设在澳大利亚的窃听站截取，此后美国AT&T赢得了这笔交易的半数合约。

官民联手谋求整体利益 美国情报机构的许多情报设备与人员在政府主导下，开始刺探外国的商业机密，当然他们的出发点不是为了特定美国公司，而是整体利益。据报道，美国商务部的"促进贸易协调委员会"主持了一个行动中心，专门负责侦测外国厂商是否在第三国利用不当方法取得合约，而影响到美国公司的商业利益。1993年，法国的空中客车集团与沙特阿拉伯之间价值50亿美元的武器、民航机及维修合约，就是因为美国情报机构（国家安全局）事先掌握有贿赂问题而胎死腹中。损人是为了利己，沙特阿拉伯将巨额合同交给了美国波音。

国家利益与安全不是虚的，是建立在一个个实体经济利益与安全之上，建立在一个个企业、一个个行业基础之上。保护好一个个企业、行业就是保护好国家利益，为本国企业增进利益，也就是为国家增进利益。从1989年起十来年间，美国连续破获20多起法国工业技术间谍案。美国有一半以上的公司委托CIA实现相关情报需求。当然，实现谍报工作中心转移的不只是美国，德国联邦宪法保卫局称，"目前外国的情报机关的一半开支都用来为经济情报侦查服务"。"二战"后，以"经济立国"的日本一开始就十分重视官方谍报机构（内阁调查室、通产省情报所、警察厅警备局甚至自卫队的防卫厅防卫局）与各大公司的驻外机构建立紧密的情报联系，签有长期合作协议。通过所谓"委托调查"的方式，充分利用半官方和民间情报机构，尤其是九大综合商社情报机构的作用，获取了大量对国家安全具有重大意义的情报，同时也为各大公司提供服务。

▶…黄色间谍：肆意诋毁中国

多年来西方一直肆意诋毁中国　改革开放后，随着中国逐步融入国际分工，广泛参与国际经济交往，国际社会主要是西方国家防范"黄色间谍"的报道越来越多，呼声越来越高。尤其是近年来，随着中国经济的迅速崛起，西方国家对中国的戒防日益严重，有时甚至到神经过敏的地步。早在1996年，CIA就将中国和法国、以色列、俄罗斯、伊朗和古巴等6国列为"美国境内从事非法工业间谍行为最猖獗的国家"。1999年4月美国国会抛出《考克斯报告》几乎就是一本"中国间谍大全"，洋洋洒洒近900页，罗列、编造一系列似是而非的材料，把"华人刻画为都是不可信任的"。《考克斯报告》称，中国"对于信息和技术的欲望似乎是贪得无厌的，而且从事这项工作干劲十足"。

2003年，美国联邦调查局局长罗伯特·米勒在国会听政时作如此评述，"未来十年内，中国将成为给美国制造最大间谍威胁的国家。"美国反间谍研究中心把中国列为在美进行商业间谍最频繁的国家，FBI估计有3000多家在美国的中国公司"以做生意为幌子"偷窃军事、商业和技术情报。2005年，美中经济安全审查委员会举行多次听证会，以中国公司海外上市为中心，将会要求美国证券交易委员会（SEC）对在美国和国际资本市场上市的中国公司进行更加严格的审查。

2007年10月份《时代》周刊撰文称"中国的间谍活动是美国技术面临

的最大威胁。"2007年8月26日出版的《明镜》周刊，抢在德国总理默克尔访华之前刊登了封面文章《黄色间谍》，详细"介绍"了"中国人民解放军的黑客"对德国总理府、外交部、经济部和科研部电脑系统的全面攻击，并称大批中国侨胞和留学生正作为"黄色间谍"在暗地活动。与此同时，其他西方国家关于"中国间谍"的报道也频频见诸报端。

其实，工业间谍缘起西方，随着工业革命的兴盛而日趋泛滥，英国早先就落后于欧洲大陆的"低地国家"（如布鲁日、根特与伊泊尔等），由此英国便发起对荷兰等国贸易保护以及窃取先进技术的间谍行为。著名的《鲁滨逊漂流记》作者丹尼尔·迪福是一个传奇式人物，他不仅是小说家，还是商人、税务员、政治评论家，此外还是一个有着双重身份的政府间谍。如今在知识产权、工业间谍等问题上叫嚣最厉害的德国与美国，曾经很长一段时期（百年间），是国际工业间谍最活跃的国家，为获得当时先进国家英国的先进技术，往往采取偷窃英国的工业设备、吸引甚至诱捕英国的技术工人。如今被大肆宣扬的专利权，在美国一直到1836年才出现，而且只保护本国专利，对于国外的专利则肆意侵犯，到20世纪60年代才真正广为实行。

西方的推己及人　西方依照"我原来如此，你也应是这样"的逻辑推理，后进的中国必然垂涎西方先进的技术，然后也是按照他们一贯所采取的"偷窃"的方式，来不正当获取想要得到的东西。

中国是个文明古国，虽然长期处于农耕社会，但是自有文字记载的夏商开始，商品经济就有一定的规模，商业文化源远流长。在中国传统主流思想中，始终强调，"君子爱财，取之有道"，"富与贵，是人之所欲也，不以其道得之，不处也；贫与贱，是人之所恶也，不以其道得之，不去也。（《论语·里仁》）"历史上著名商帮无不以"诚信笃实，童叟无欺"为经营之本。这与西方文明所遵循的"丛林法则"，商场竞争突出"弱肉强食，尔虞我诈"形成鲜明对照。

在世界历史上，在西方工业文明尚未开启之前，中国科技、文化、生产等诸多方面一直处于世界领先,因此总体上也一直是技术输出国,但是并无专利与知识产权的樊篱,火药、印刷、造纸、司南等传到了西方,为西方的现代文明做出贡献。直到近代,随着东西方交流的不断增多,中国也逐渐从西方那里学会了保守商业机密。但是,茶叶、丝绸、瓷器等传统优势产品的生产与制作工艺还是被西方窃取。

鸦片战争后,中国主权日益沦丧,作为经济主权象征的海关由英国人掌管长达55年(1863~1908年),列强在华设立难以数计的租界与"特区",肆意进行各类间谍活动,日本间谍就绘就了城市到巷、农村到村的中国地图。近年来,一些西方网络信息公司利用西方先进技术与中国廉价人力以及政府监管漏洞,对中国各类不名建筑与设施进行了细致勘测与勘察。一个大跨国科技公司中国区总裁甚至要挟过中国政府,对我们而言,中国很透明,没有秘密。

▶ 中国:国际工业间谍的乐园

中国工业情报失窃现象严重 改革开放后,昔日被赶走的"帝国主义",又夹着皮包被请回来了。一开始,我们将所有的洋人(无论西洋还是东洋)都当作"国际友人",给予热情接待。如此,我们在新中国成立后逐渐恢复的许多民族传统优势技术、工艺,就这样拱手交给了"国际友人"。20世纪80年代的代表案例有景泰蓝制作、"英雄"、"金星"不锈钢笔套的抛光技术、诸多中药技术、宣纸制作、湖南龙须草席工艺等等。中国传统工艺、传统技术基本被偷光了,一些产品在西方(东洋)不被生产(因而没有竞争对手),是因为相关产品在西方没有多大市场,如"王致和"臭豆腐、"十八街"麻花等;有的是因为产品生产受制于特殊地理环境,如茅台与五粮液,而并非这些企业的保密措施做得如何地好,像肯德基那样。

情报盗窃与一般盗窃不同的是，失窃者并非真正"失去"什么，而是被人非法"同享"了，所受到的损害也不是立竿见影地显现出来，直到对手携其新产品大规模掩杀过来，自己才猛然醒悟——遭人"暗算"了。中国安徽泾县的宣纸，素有"千年寿纸"、"纸中之王"美誉。然而，这种独步天下的优势被日本人打破。安徽泾县在浙江扶持某镇办起一家造纸厂。某年，造纸厂迎来了3个日本某造纸公司的"技术人员"。座谈会上，日本提出有关宣纸生产过程及工艺加工方法等问题，就连蒸原料的盐水浓度这么细的问题都问到了。还赠送加工原料以作日方研究之用。如今，日本人便骄傲地宣称：世界宣纸，中国第一，日本第二。

国有企业成为国际工业间谍工作的重中之重　近些年来，中国在一些行业领域与西方的差距迅速缩小，如电信、网络、航天等领域，甚至在个别领域、个别企业还超出西方的竞争对手，因此这些企业的核心技术、企业发展规划等便成为相关对手极力想获取的"竞争情报"；更为重要的是，中国市场不断开放，日益成为国际市场的一个重要组成部分，是很多跨国企业极力争夺、尽可能多地拓展份额的市场，而掌握相关市场资源的那些在本行业有影响力的中资企业，便成为跨国企业想极力"摆平"的对象；国有企业尤其是大型央企，不仅是行业龙头，掌握众多而广泛的资源，而且与中央血脉相连，有的甚至扮演职能部门的作用，因此当然成为工业间谍工作的重中之重。因此得出现阶段中国是国际工业间谍高发期的结论，逻辑上不成问题，实际也是如此。

理应正视中国经济安全　看看当今间谍老大的所作所为，就可知道中国形势的严峻。2006年，美国国家情报局长内格罗蓬特披露："美国情报机构由16个联邦机构组成，差不多有10万名爱国的、能干的、苦干的美国人在保密的范围内工作。"但据不完全统计，目前美国情报部门正式雇员总数已经超过了15万人，如果再算上在美国国内和世界各地为美国政府搜集情报的"线人"，美国拥有的情报人员达到约20万人。尽管如此庞大，但是为对抗"来自东方的威胁"，CIA 与 FBI 大量增加反间谍领域人手，他们在华人报纸上大做广告："如果你有为国家服务的能力，为什么要为公司工作"，"你的努力会成为国家高层政策的一部分"，有些职位起薪高达 9 万美元，积极劝说华裔加入组织。喜欢看 NBA 全美篮球总决赛的人都很清楚，从防守到进攻只是在分秒之间。实际上，西方对华情报工作比任何时候都要密集。

在中国，活跃的工业间谍不仅是跨国公司，很多境外媒体、非政府组织也非常活跃。其手法众多，现只列举一二。媒体中境外媒体不言自明，世界各国都纷纷通过驻外通讯社、报社分社等进行间谍活动，早已是公开的秘密。2005 年西方某通讯社记者就是因为获取中国人民银行与在华十大金融机构达成的人民币掉期业务，而准确获得人民币升值情报，而受到本部重奖。还有相当一部分是隐蔽的境外媒体，如同我们金融市场，很多名义上是中资基金与证券公司，实际是外资一样。如今我们境内不少报纸、杂志名义是中资的，实际是外资的，这些媒体一方面为西方宣传自由、民主等"普世"理念，更重要的是还为出资人获取相关情报。

另一个重要进行工业间谍的载体是非政府组织，很多西方非政府组织在华苦心经营多年，在高校、科研部门乃至在一些中央与地方政府部门有着广泛的人脉与良好的声誉。某家基金会常年为中国学者出国学术访问提供资助，同时也为一些高校与研究机构的研究提供资助，它的研究项目设计非常"巧妙"，总是与国家自然科学基金或软科学等相关重大研究项目相一致，当某个重大项目研究承担者快要结项的时候，这家基金就会找上门来，提供同样或近似的项目研究资助，如此即可事半功倍、经济快捷、轻而易举地拿到相关研究成果。

站起来·富起来·强起来[*]
——中国应努力提升国际话语权

中国有一个著名成语故事叫"指鹿为马",其实反映的就是话语权问题。佞臣当道,重权在握,谁敢说出是鹿而非马,祸便从口出,定要吃不了兜着走。话语权是指说话的权力,该权力能以非暴力、非强制的方式改变他人、他国的思想和行为。《孙子兵法》强调"攻心为上"就是这个意思。话语权的本质不是"权利"(right),而是"权力"(power)。法国哲学家米歇尔·福柯认为,"话语就是人们斗争的手段和目的"、"话语即权力"。换言之,话语权是通过语言来运用和体现权力。一个国家的国际话语权大小,直接取决于该国在国际社会实力的强弱,以及实力的有效使用。

▶ 用天鹅绒包裹的铁拳

话语权是"软实力"的重要体现,一个国家硬实力的强弱直接决定该国国际话语权的大小。人微言轻,国强势大。强国通过一系列的地缘政治整合使自己处于地区有利地位,而霸权国家则通过一系列的国际秩序安排使自己处于国际中心地位。美国就是通过雅尔塔体系与布雷顿森林体系而奠定了自己在"二战"后国际政治与经济中的主导与中心地位。

---

[*] 本文主要内容曾以《中国要说话,世界在倾听——关于提升中国国际话语权的思考》为题,发表于《红旗文稿》2010 年第 5 期。

在国际政治领域，美国与苏联一开始近乎平分秋色，但是以美国为首的西方国家凭借其强大的经济、技术实力，建立了许多超大功率的发射台，利用多种语言对社会主义国家以及一些发展中国家进行不间断的广播，宣传西方的价值观念、政治主张与生活方式，对社会主义国家和发展中国家持续进行思想渗透。以美国为首的西方国家利用强势话语权在与东方阵营竞争中先拔头筹，而且不断强化这种领先优势，最终为赢得"冷战"的胜利奠定了基础。

在世界经济领域，美国则通过操纵世界银行、国际货币基金组织、关税及贸易总协定，主导世界投资、金融与贸易，将世界大小国家，按照近似"同心圆"的布局、最有效传递"美国声音"的方式进行序列排座，通过美元媒介、美联储政策中心与华尔街金融中心将世界编织成为一个以美国为中心的国际话语体系。美国的超强经济话语权，不仅是美国强大的国家实力的体现，反过来也能进一步维护与增进美国的利益与实力。

话语权可以表现为同时也能决定着话题选择权、事务主导权、市场定价权与利益分配权。当今世界经济起起伏伏、国际金融潮涨潮落，都与以美国为首的西方国家对世界经济的主导以及对国际金融的操纵密切相关。美元是最重要的国际储备货币，国际金融资本主要是美元资本，国际主要大宗商品的计价、交易与结算用的是美元，决定大宗商品价格的期货市场当数美国最集中、最发达，美国的投资银行、对冲基金与各类中介服务机构等形成了分工协作的网络体系而覆盖全球，美联储拥有世界独一无二的操纵货币政策的天时、地利与能力，等等，这一切赋予了美国强大的金融话语权，华尔街与华盛顿的谋略家依照美国相关利益集团的利益最大化、国家利益最优化来设计与使用金融话语权，在全球兴风作浪，将世界的资源与财富吸引或驱赶到美国。

话语强权早就是国际政治与世界经济秩序的常态，除了直接用于鼓动宣传外，以美国为首的发达国家还不断向同心圆外围的发展中国家兜售"好政策"和"好制度"，但是这些所谓"好政策"和"好制度"在发达国家的历史发展早期或没有很好地用过，或根本就没有用过。当今的发达国家尚处于经济追赶阶段时,都努力保护自己的幼稚工业,从先进国家走私机器,频繁从事工业间谍活动,甚至直接猎取先进国家的技术工人,侵犯他国的知识产权一直就是家常便饭。而当这些国家先进与发达之后,便摇身一变,由偷猎者变为狩猎者,转而大肆宣扬维护自由贸易、保护知识产权等政策和制度的必要性与好处。

近代以关税保护本土产业的始作俑者就是发达国家。14~15世纪,英国对当时的主要工业——毛织业一直给予保护,而毛织业对英国工业革命与国家富强曾经具有决定性意义。到1846年旨在保护本国谷物生产的《谷物法》被废止以前,英国根本称不上是一个完全奉行自由贸易政策的国家。美国和德国就是直接受惠于关税保护而成为经济强国的。美国建国后长期采取高关税保护政策,直到19世纪后期关税保护的平均水平仍在40%以上,而当时美国的人均购买力已经是英国的3/4。自由贸易政策一贯都是强者给弱者、先行者给后进者指示的"好政策",如今在世纪金融大危机的打击下,以美国为首的发达国家纷纷抬高贸易保护的门槛,自由贸易被纷纷抛弃。

世界上第一个专利体系是1474年在威尼斯出现的,美国通过专利法则是在1793年,尽管如此美国在1836年专利法修订之前,对本国公民无须任何原创性证明,即可取得专利。在美国快速工业化的整个19世纪,美国一般都是将他国技术看成通用技术,采取"拿来主义",只有本国技术才当作专门技术加以保护。只有到19世纪最后10年,当美国有更多的知识产权在海外遭受侵害的时候,美国国会才通过了知识产权延展法案,使国外知识产权享受美国居民同等待遇。如今,以美国为首的西方国家将知识产权之剑悬挂于中国等发展中国家头顶,显示其"己所不欲,硬施于人"的不良用心。

发达国家不仅向地球泼洒了第一桶脏水,而且几百年来一直没有停止过泼洒。自工业革命以来,占全世界人口不到1/4的发达国家消耗了全球3/4的资源,排放了80%的温室气体,至今人均排放量还是发展中国家的8倍,是"人类行为导致地球变暖"(假设该命题成立)的祸首。如今,发达国家在实现富裕之后，在经济与产业实现低碳化之后，登高一呼，承担起"拯救地球"的责任，要从发展中国家的发展进程中釜底抽薪，用心何其险恶。《京都议定书》曾经是发达国家所积极推动的，"共同但有区别的责任"是他们倡导并接受的，但是在哥本哈根会议上，他们近乎抛弃了自己的选择与承诺，反而将矛盾指向中印等新兴大国，用意何其虚伪。

▶ 国际舆论格局：西强中弱

苏东剧变，冷战结束，中国水落石出，政治上成为西方的关注焦点。新中国成立以来尤其是改革开放以来，中国经济持续快速增长，国力日盛，"异军"突起，商业上成为西方的竞争对手。尽管今日中国经济实力于国际排序已经是坐三望二，但是中国在国际经济事务中远未能取得与自身经济实力相称的话语权，在主要国际经济组织中的地位甚至不及一些欧洲小国。例如，中国经济实力数倍于比利时、荷兰和卢森堡三国，然而比荷卢在 IMF 中的投票权曾长期超过中国。国际新闻市场的资讯来源及资讯解释权几乎被西方通讯社垄断，全球大部分地区 80%～90% 的资讯由西方通讯社提供，而以华语为载体的信息量仅占全球信息总量的 5% 左右。客观制约与主观忽视导致中国的国际话语权严重不足，成为中国综合国力的一只跛脚，国家安全的一大软肋。在西方话语处于近乎绝对强势的情形下，中国为自己争取说话权力的道路漫长而艰辛。

话语权大小与经济实力强弱密切相关，但是并非总是如影随形。国际经验表明，一个国家可以在经济实力一定的前提下，通过将有限力量进行合理整合与有效使用，而提升话语权。新中国成立后很长一段时期内，经济实力并不出众，更无法与今天相比，而且还处于被孤立状态，被排除在绝大多数国际组织之外，但是中国通过对有限实力的有效运用，引起了国际社会持续高度重视，赢得了举世瞩目的话语权。20世纪50年代，中国提出"和平共处五项基本原则"，而后成为国际关系的基本准则；60年代，中国提出"三个世界"划分理论，至今仍被写在西方国际政治教科书当中，"毛泽东思想"对于西方左翼产生了重要影响，成为西方学生运动的思想和理论的重要来源；70年代，中国纵横捭阖，确立了在中美苏大三角中的发言权，也正是中国的话语力量，1972年，尽管美国百般阻挠，第三世界国家硬是把新中国"抬进"了联合国，而且还是常任理事国，而当时的新中国长期徘徊在联合国大门之外，没有任何议题设立和规则的制定能力。也是在1972年，身为世界最强大国家的总统"屈尊"来到中国，在中南海毛泽东的书房内，毕恭毕敬地说出"主席，您改变了整个世界"。

近30年来，中国聚精会神搞建设，一心一意谋发展，在国际始终匍匐于美国主导的秩序之下，近乎是不再恪守独立自主的对外政策，在遇到国际矛盾和国际冲突时，中国一般都是少出头而低调应对。在国际组织和国际会议等场合，很少成为议题的发起者、议程的设立者和文本的起草者，若不触及中国的核心利益，总是一个沉默寡言者、被动参与者或中立弃权者。这种做法被概括为"韬光养晦，有所作为"。然而，有专家指出，"韬光养晦，有所作为"说白了就是见机行事，而一个战略信誉卓著的国家在很多时候是不能见机行事的，而应是立场坚定，旗帜鲜明，因为只有这样，才能在其他国家心目中形成一个稳定的行为预期，从而在必要时能够动员起足够多的国家站在自己一边。所以，尽管中国经济日渐繁荣富裕，但是经济振兴非但没有使中国的国际话语权得到相应的提升，反而令国际话语权总体不断下降，从波峰逐渐滑向低谷。

中国不仅不再恪守独立自主与特立独行，而且持续努力与"国际接轨"。西方式样的话语纷纷涌入，并多数被中国自觉与不自觉地加以采用。在政治领域，民主、自由、人权、法治、公民社会等等理念被引进，而且相当一部分人认定，这是人类文明的共同成果，是"普世价值"；在国际关系领域，国家利益、硬实力及软实力、地缘政治、人道主义、历史终结、文明冲突、失败国家等等说法纷纷进入中国外交话语体系；在人文和社会科学领域，诸如实用主义、存在主义、非理性主义、后现代、后结构主义等等概念也不断出现。在文化领域，西方歌舞、音乐、电影等逐渐成为中国大众生活的一部分，有的甚至成为主流，承载美国世界观与价值观的电影在中国被广泛追捧，《泰坦尼克号》与《阿凡达》在一些地方近乎形成万人空巷的场景。尤其是在经济领域，近乎是一边倒，照单全收，自由经济、理性经济人、市场机制、股份制、股票交易、私有产权等等概念与理论所构成的话语体系，近乎覆盖了原有的体系。西方话语已经成为中国各学科、各领域、各行业的主流话语，昔日那个的古朴、厚重、个性鲜明的"中国"在迅速暗淡。

中国沿用西方的话语体系不仅体现在言语表达与思想思维上，而且还体现在国家意志与政府行动上，改革开放后相当长一段时期凡是从西方"学成归来"的人才，都能得到重用和提拔——在中央政府，博士曾经可以直接得到副司局级待遇；在知名高校，博士可以直接担任教授，不管是否有真才实学，不论该博士是"克莱登大学"毕业的，还是山姆大叔特意栽培与赠送的，而这些人凭借捷足先登，凭借举国崇洋的大环境，不否认也有凭借自己的才学很快掌握了中国经济领域的管理权，其中一些或明或暗、有意无意扮演西方代言人的角色，并形成一个行业与部门特色明显的"准西方话语体系"，个别部门甚至用英文作为工作语言，领导经常用英文给属下批示，是否出国进修而且还是赴美进修、是否在美国获得相关学位成为任用提拔的一个重要标准，如此等等直接延伸与放大西方在中国的话语权。全面与"国际接轨"的政策结果直接导致当今中国几乎没有一种话语能与西方国家争锋，西方设置话题，中国则跟着学习、讨论，有时连怀疑权都没有，只有背书、附和与遵照执行。国际关系历史表明，话语的附和及听从与政治的依附及经济的依赖基本是一致的。

▶ 灌小米汤、抡狼牙棒——西方对华滥用话语权

拿破仑有句名言，一旦中国醒来，世界会为之震动。对正在苏醒的中国，西方国家既爱又恨，爱恨交织。他们爱中国，爱中国人任劳任怨，为他们提供优质而廉价的劳力、环境与资源，为他们提供压低通货膨胀的"中国制造"，爱中国人"钱多人傻"，为他们提供用血汗换来的外汇资金而廉价地供他们使用，整个国家都在定向为他们开放，为他们的企业提供"超国民待遇"，为他们分担了一个又一个经济风险；他们恨中国，是因为中国崛起正在影响他们长期以来养尊处优的生活，担心中国日后总有一天会超过并取而代之，也担心中国人会跟他们算新仇旧恨的总账。西方对华矛盾心态带来对华矛盾政策，即既捧又打，在"灌小米汤"忽悠中国的同时，不时"抡狼牙棒"敲打中国。西方对华或捧或打，边捧边打，捧打结合，如此滥用话语权，实质是在尽可能遏制中国崛起与延缓中国发展。

改革开放后到苏东剧变前，中国与西方关系有过一段暧昧时期，但是苏东巨变与冷战结束后，西方很快翻脸不认人，话语上对中国打压成为主流，由此攻击和贬损扑面而来。这当中，借"银河号事件"来羞辱中国，借"李文和案"来污蔑中国，借"误炸驻南使馆"来戏弄中国，借"血汗工厂"、"中国制造都是假冒伪劣"来诋毁中国，借"人民币币值低估"来敲诈中国，……"中国威胁论"间或"中国崩溃论"，你方唱罢我登场，越唱越来劲，从独唱到小合唱，而后更有了大合唱，从"京奥盛会"到"汶川强震"，从拉萨"三·一四"到新疆"七·五"，西方媒界与政界戴着明显的"有色眼镜"来评判中国，更有甚者公然违背新闻操守，颠倒黑白，移花接木，混淆视听，捏造事实来抹黑中国，而且毫不掩饰使用双重乃至多重标准，如中国的西藏和加拿大的魁北克一样，明明是主权问题，但是在西方那里，西藏就成了人

权问题。在西方咄咄逼人的强大话语面前，中国显示出惊人的忍辱负重之耐力，虽然不断尝试反击，但是话语体系主流由西方操纵，中国的回击是疲弱无力的，尽管也有一些"阿Q式"自我陶醉的胜利，然而根本无法改变"西强中弱"的话语格局，无奈的选择也有闭目塞听，可是在西方看来沉默就等于默认，如此导致西方话语更加强势，有时近乎是绝对优势。

也许真的是"多行不义必自毙"，2008~2009年爆发了席卷整个西方的金融大危机，一时间令诸多西方金融机构甚至一些国家风雨飘摇。因为经济相对落后（金融在国民经济中的比例低、金融自由化程度不高），或许还有几分"老天保佑"，中国虽然不是风雨如磐，倒也能称得上是金融海啸的中流砥柱，由此中国一下子被推到国际舞台的中心地带，国际社会主要是西方社会殷切地表现出对"中国责任"的高度期待。习惯直挺腰板的美国政要，在危急关头身段柔软了许多，不约而同在多个场合，笑容可掬地引用中国古典语句吹捧中国，一直被西方所拒绝与诟病的"中国模式"也热了起来。如今，在西方一种"重新定义"中国、调整对华政策的非主流声音也渐渐响亮起来，在继"利益攸关方"、"中美利加"（Chimerica）之后，有学者甚至提出"G2"（两国集团）主张，而且还一度引发西方舆论热议，如此种种一下子令世界诸多反华人士无比错愕，也让不少幻想与美国"同舟共济"中方人士激动万分，精神恍惚，真的不知"今夕是何年"。

世纪大危机加速世界经济力量由西方向东方转移，西方主流开始艰难地接受这一不争事实，而且还有不少先知先觉的开明人士也不时表示，乐意看到中国成为国际经济体制中负责任的"利益攸关者"，但是他们的用意明显只是想把中国纳入由其主导的国际秩序当中，而不允许中国改变、挑战既有国际经济准则与话语。因此，西方在增加对华接触与合作的同时，也在加快对华遏制与竞争的步伐。如今，美国危机渐趋平息，西方经济情势趋于稳定，以美国为首的西方正逐渐收起了柔软与友好姿态，再次露出遏制与打压中国的苗头。在商品贸易、知识产权、人民币汇率等诸多议题上，发起了对中国的"合围",声浪似乎一浪高过一浪。在气候变化、人道主义援助等诸多方面,要求中国承担发达国家不愿承担、发展中国家不能承担的"大国责任"。如此也充分暴露出西方实用主义的世界观、利益至上的价值观以及唯我独尊的思维标准,强权意志十足。

正是由于处于强势甚至有时还是绝对优势,以美国为首的西方国家对华话语权的使用上越来越肆无忌惮,基本上是怎么拿捏中国方便,就选用什么话语标准,就定义中国一个"合适"的国际身份。而中国的国际角色、国际责任、国际地位任由西方主导与界定这一事实,清晰反映出中国要成为话语大国、世界强国的路途依旧遥远。

▶…站起来,富起来,强起来——努力提升话语权

中国应取得与经济实力、大国形象相匹配的话语权。国际话语权可以划分为"形而上"与"形而下"两类,反映政治意识形态和文化价值观的可列为"形而上"话语权,而在具体的国际事务问题上的则可归为"形而下"话语权。长期以来,包括自由、民主、平等、人权、市场经济等概念与论述,是当今世界意识形态和价值观领域的主导性话语,西方明显居于优势。但是,在诸如经济合作、气候变化、反恐防扩、地缘政治等具体国际事务或问题上的话语权则因具体情况而异。例如,2009年哥本哈根气候大会,西方一度抛出"丹麦草案",试图强行要求发展中国家接受,但是很快遭到发展中国家的一致而强烈抵制,哥本哈根会议最终未能使西方国家如愿以偿,西方话语权优势无法得到发挥。中国提升国际话语权应是一个系统性工程,是一个"争取权利"与"谋取权力"的浩大工程。中国应努力通过立足中华文化的核心价值观塑造、民族自信心重建与主体意识唤醒、在"形而上"与"形而下"两类话语上实施有限力量的恰当配置,调动国内外一切积极因素,最大化地

将财富转化为权力，尽快摆脱"国大声弱"的困局，提升国际话语权。

抓住时机，促成飞跃。尽管美国依然是当今世界的超级强权，但是美国再也不能无视本国经济创伤而勇往直前。目前的美国正处于力量使用过度、实力相对衰弱、国际信誉最差的时点，众多国际经济专家认为，美国恢复经济活力或许需要五年乃至更长的时间；欧洲原本就是一个"老大帝国"，经济活力始终不足，由于长期以来追捧美国金融创新，肆意购买美元"优质资产"，美国在爆发金融危机后，第一时间就将欧洲拖入泥潭，遭遇重创的欧洲要想在短期内恢复元气，概率如同神话成真；日本经济将一如既往，继续在泡沫破灭后的泥沼中挣扎。西方大国普遍遭遇危机重创，全力打压中国已力不从心。美国曾"殷切希望"中国在西方舔舐伤口的间歇中发挥"代理领导"的作用，中国应当抓住这一历史机遇，促成飞跃，不仅置身国际舞台中心地带，而且要能在舞台中心发出强音，让世界各国都要认真倾听。未来，美国等西方国家一旦从经济与金融危机中完全恢复，中国要从西方那里取得经济话语权，难度恐怕要比现在大得多。

进一步壮大硬实力。硬实力是话语权的基础，话语权是硬实力的重要体现。西方话语权处于优势与强势，并不是因为政治制度、发展模式、生活方式等本身有多么先进，而是因为有强大的硬实力，而且长期以来，西方将强大的硬实力通过一系列安排与布局，经由各类方式、多种渠道充分体现出来。中国有了强大的实力，加上明确的意志、具体的方向与合理的行动，就能够抢得话语权。1839年6月，清廷钦差林则徐虎门销烟，英国发动鸦片战争，始有丧权辱国的《南京条约》签订。2009年12月，中国依照自己的法律处死了英国毒犯，英国只有表示遗憾，国际社会波澜不惊。鸦片与海洛因都是毒品，物品的性质未变，但是导致的结果迥异，其实很简单，国际环境变了，中英之间的相对实力变了，18世纪中期的大英帝国不可一世，可以指鹿为马，可以自由定义商品的范畴，可以自由界定"正当贸易"，可以在任何名义下捍卫"自由贸易"。

树立自己的世界观与价值观,解决"我是谁"的问题。经过现代化建设60年、改革开放30年,中国已积累起于世界坐三望二的经济实力,这为中国抢占国际话语权、提升软实力奠定了坚实基础。在中国努力提升话语权的过程中,国内外的一些专家不断叫嚷着中国应遵循所谓的"普世价值",引进西方政治制度,仿佛不如此,中国就永无软实力以及强大话语权可言。的确,西方话语权中有很多合理的成分,比如环境保护、可持续发展、公民社会、人道主义等等,这是西方对人类文明的巨大贡献,中国应根据自己的国情有鉴别地加以吸取,将其改造成为自己的世界观与价值观的一部分。但是,纵观历史,环视世界,国际强国及其话语权无不立足自己的核心价值,彰显自己的个性,如此才有生命力,才有独特魅力。为确保决策效率与执行经济,"集中力量办大事",以及一脉传承中国传统威权体制,中国应坚定以协商民主代替选举民主,以社会改革促进社会发展,开启国家政治与社会生活新篇章。目前,全世界有将近300家孔子学院,中国的对外广播、电视等外宣工作在不断加强。但是,作为传统"至圣先师"的孔老夫子及其思想在中国大陆至今名不正言不顺,类似这种尴尬问题应及早加以解决。

在国际,国家应用一个声音说话才有力量。当今世界,在以经济为基础的综合实力方面唯一能与美国一较高下的当数欧盟。但是,欧盟是一个国家联合体,不能用一个声音说话,这严重削弱了欧盟的话语权。因此,在很多关键时刻,美国并不把欧盟"放在眼里"。国际金融大危机来袭,美国忙活以G20代替G7,甚至已不把欧盟"挂在嘴上"。改革开放以来,在放权让利的指导思想下,众多部门、地方、行业在利益最大化驱使下,恶性竞争,各行其是,全国"一盘棋"早就无影无踪,一些行业不仅不能做到"一盘棋",甚至根本就是"一盘散沙"。中国是世界最大钢铁生产国,是世界最大铁矿石需求国,依照惯例,中国在相关国际博弈中理所当然处于强势。但事实恰恰相反,由于相关部门行业长期不作为,让700多家钢铁企业肆意恶性竞争,让112家具有进口铁矿资质的企业,无序地去跟国际三大铁矿石供应商(巴西的淡水河谷以及澳大利亚的力拓、必和必拓）谈判，最终导致中国钢铁企业遭受巨大损失。问题是，钢铁行业因乱象而导致巨亏，在中国，不是第一例，也不会是最后一例。中国迄今尚缺乏有效的"止血机制"，相关问题或事件莫非到了不可收拾挽回或灾难性地步，一般是不会给予关注重视的。

在国内，主管部门应发出洪亮而清晰的声音。长期以来，有关部门以"不争论"为名，任由极右言论泛滥，任由为西方代言行为肆虐，对跨国资本渗透中国媒体视而不见，这种不作为或暧昧态度实际就是主动放弃话语权。福特基金长期以来在中国投棋布子，苦心经营，很多有身份、有地位、有影响的人士都受惠该基金，从而为美国在华编织了一个广泛（到各学科领域）、密植（到各行各业）、深入（到地方基层）的话语与信息网络，因此凡遇到重大事件与决策（如时下的人民币币值、"米袋子"与"菜篮子"安全、基层民主选举等等热点问题），在中国国内都清晰地听到"标准的美国声音"。苏联解体与东欧剧变原因复杂，但是其中一个不容忽视的重要原因就是，苏共放弃了在意识形态领域的主导与控制地位，而那些得到西方资助的媒体与所谓社会精英，完全跟着西方的舆论和理论的导向游走，这使本来就占优的西方话语权在美苏博弈中变得更加强大。量变引起质变，当苏共意识到要掌控话语权的时候，为时已晚，永远地失去了舆论和理论的自卫能力，最后被彻底淹没在右翼与西方的话语之中。毛泽东主席说过：凡是要推翻一个政权，总要先造成舆论，总要先做意识形态方面的工作。革命的阶级是这样，反革命的阶级也是这样。因此，现代意义的话语权关系国家与政党生死存亡的意识形态主导权。

谋取国际话语权不仅需要有实力、有勇气、有谋略，还要有队伍、有平台、有手段。越来越多的后进国家、新兴大国都意识到国际话语权关系国家核心利益。在国际关系中，传统上就有寸土必争、寸利必夺，如今又有了寸言必取，因此未来国际话语权的争夺将日趋激烈。中国自1980年4月正式恢复在IMF的代表权后，花了几十年的时间与努力，在IMF中的投票权才从

2.34%提高到如今的3.72%，但是如今中国GDP占世界GDP超过7%。在世纪金融大危机的压力下，发达国家作出妥协，未来将IMF投票权的5个百分点让渡给发展中国家，为分配这5个百分点，发展中国家已争得鼻青脸肿，说不定还要头破血流。对于来自西方国家的话语遏制，中国应针锋相对，不屈服，不示弱，不妥协，开展有理、有利、有节、有力的斗争。中国只有提升自己的话语权，才有可能在这场"包装在话语权背后的国家利益之争"中胜出、成功地捍卫自己的利益。

　　世人是否注意到，在2009年G20伦敦金融峰会新闻中心悬挂着3只时钟，分别显示华盛顿、伦敦和北京等三地的时间。金融危机将中国不经意推到国际舞台的中心地带，世界越来越多的国家、机构与人士正按"北京时间"对表，全神贯注并努力适应中国这个重新步入国际舞台中央的大国，体味汉语言的魅力，了解"中华文化"的奥秘，认知"中国道路"的奇异，把握"中国发展"的脉搏，希望从她的举手投足中、音容笑貌间解读迥异于西方的复兴路径。中国早就站起来了，如今富起来了，中国急需要"强起来"，说白了，就是"心里有了弦，手上有了钱，嘴上还要有话语权"。笔者与很多国人一样都在殷切期待着，期待着中国说话，世界都在认真倾听。

后记

《猎杀"中国龙"？——中国经济安全透视》一书出版后，其引发的反响出乎预料。很多师长、朋友、读者给我写信或打电话加以支持与勉励。"千人之诺诺，不如一士之谔谔"，这使我有信心将这个"另类事业"持续做下去，以便在社会乃至政治效益基础上更上层楼，于是就有了现在这本"中国经济安全透视"之二，取名曰《中国困局》。

中国人本应非常具有智慧，大人物有大智慧，小人物有小智慧，而且诸多小人物也不乏大智慧。所以，历经五千年生生不息。但是，近些年来，在社会经济领域，由于自由主义思想肆虐泛滥，物欲横流，越来越多的人越来越急功近利，金钱蒙蔽了智慧的双眼，铜臭锈涩了智慧的大脑，因此在日益激烈的国际经济博弈中，屡屡处于被动，直至多方落入西方的陷阱。盛世之中，潜藏着诸多不祥乃至危机之相。

三十年来的改革与开放使中国大多数人受益，但是受益程度是严重不均衡的，基本情况是不到20％的人获取了80％以上的财富。由此诞生、壮大一些受惠于私有化、自由化与国际化的利益集团与所谓的经济精英，他们在日益扩大的两极分化中，不断强化"强者"思维，自我意识不断膨胀，在弱肉强食的残酷竞争中，愈发自命不凡，认定是他们创造了中国的辉煌，创造了中国当代历史。

唯物史观真切地告诉我们，历史是人民创造的，是80%的"沉默的大多数"合力创造的。"识时务"的精英只有准确感知与及时满足大多数人的期待与需求，也就是顺应时代的潮流，才能成为弄潮儿，成为真正的英雄。人民诗人臧克家曾这样写道：骑在人民头上的，人民要把他摔垮。给人民当牛作马的，人民永远记住他。摔垮那些危害国家的经济精英、与新自由主义者论战是个长期而艰辛的过程，因为这些所谓精英很多位高权重，掌握丰富而强大的资源，在一些领域甚至是拥有压倒性话语权。

闻一多先生有诗云：有一句话说出来就是祸，有一句话能点得着火。为此，常常萌生退却之念，过自己的井底生活。然而，当我们那些经济精英仍在全力推动"与国际接轨"，全力让中国挤进泰坦尼克的头等舱时，我切身感知，从大学堂内莘莘学子，到乌有之乡的耄耋老者；从北京市井小商小贩，到珠三角民营企业家，都在为民族独立生存权、国家自主发展权而忘我地鼓与呼，我没有理由退却，没有理由拒绝与不再沉默的大多数一道为维护共和国利益而尽绵薄之力。即便是因话点火而惹祸，也义不容辞。

经济科学出版社的罗志荣总编总是这样鼓励我：青年人（曾经年轻）要有蓬勃朝气，要有英勇志气，要有浩然正气，只有生气，具备了这些气概，才能撰写出令人鼓舞的优秀作品。

本人不敢以仁人志士自居，也不敢自夸拙文如何卓越，只是努力使之优秀。高山仰止的东坡居士曾曰：古之所谓豪杰之士者，必有过人之节。人情有所不能忍者，匹夫见辱，拔剑而起，挺身而斗，此不足为勇也。天下有大勇者，卒然临之而不惊，无故加之而不怒，此其所挟持者甚大，而其志甚远也。我很喜欢这段文字，常以之自勉，《猎杀"中国龙"？》与《中国困局》两部拙著更多是"匹夫呈勇"之作。由于个人才学与精力有限，书中的论点与论据并非一一都很恰当，请大勇、有识、知情之士多多批评指正。

在斜风细雨的成长过程中，本人曾得到多位师长的呵护与扶植，每每为自己不能成为栋梁之才而辜负师长厚望深感愧疚。拙文成书，自觉也是对这些恩师的一丝交代。这些恩师如我诸多家乡父老一般平凡，但是在我的记忆中他们从不失伟大。他们是我小学与中学的焦三和先生、任云卿先生与吴高一先生，以及华中科技大学的徐晓林教授、华中农业大学的王绪朗教授与武汉大学的高玉芳教授。谨以此书献给这些恩师们！

江涌

2010 年 5 月·万寿山庄